本成果受國家社科基金冷門絕學研究專項學者個人項目"皖派絕學中
理必文獻的發掘、整理與研究"（20VJXG038）資助

馮勝利 著

段玉裁《說文解字注》精讀選

無惛惛之事者，無赫赫之功。
——《荀子·勸學》

上海教育出版社

前言

QIANYAN

    清段玉裁的《説文解字注》是清代學術的巔峰之作。胡小石説："徽州戴東原,治學用論證法,能開闢新途,其門人如段玉裁,如王念孫,都是如此,這才是清學。"①一語道破乾嘉學術之根底。太炎先生亦云:"段氏爲《説文注》,與桂馥、王筠並列,量其殊勝,固非二家所逮。何者? 凡治小學,非專辨章形體,要於推尋故言,得其經脈,不明音韵,不知一字數義所由生。此段氏所以爲桀。"②可見《段注》在清代《説文》學中,卓然獨樹一幟而無與倫比;故刊行後旋即引發學界的普遍關注,不僅視爲乾嘉訓詁的奠基之作,遂亦成爲模仿、研究、繼承、發展以至糾誤、匡謬③和針砭的對象。時至今日,它不但沒有失色,反而仍然是訓詁學入門的必由階除。

    我和《段注》的結緣是在 1973 年陸宗達先生的私塾授業之時。先生讓我"買一部《段注》,從頭到尾點讀一遍",讀完一遍後,先生説"再點一遍"。後來 1979 年從先生治《説文》作《論段玉裁對漢語詞義引申的研究》的碩士論文,又點了一遍。《荀子》説:"無惛惛之事者,無赫赫之功。"我便是從惛惛然的點讀"之事"中,逐漸體味出段氏訓詁的"赫赫之功"——當然也讓我有了理解和所得。故此,在我 2010 年辭掉哈佛之職到香港中文大學任教時(幸哉没去港大,否則不會有本書),便開設了一門《説文段注選讀》課,把多年籀讀《段注》的心得和體會,講

---

① 胡小石《胡小石先生追悼季剛先生講辭》,張暉編《量守廬學記續編:黄侃的生平和學術》,第 21—22 頁,生活・讀書・新知三聯書店,2006 年。
② 章太炎《國故論衡・小學説略》.北京:商務印書館,2010.
③ 徐承慶有《説文解字注匡謬》八卷.

給像我當年一樣渴學的年輕學子。講述中注意到清同治年間馬壽齡所作《説文段注撰要》,然而他只注意字形而未洞及《段注》"推尋故言,得其經脉"與發明音韵"推求一字數義所由生"的精華所在,於是我便擇取一些自己有體會的注釋條目,嘗試給學生作一點如何精讀的提示和旨要,這便是《段玉裁〈説文解字注〉精讀選》(以下簡稱《段注精讀》)的來歷。回想當時選取的原則,撮其要,蓋有三焉:

第一是提示段氏在其理必思想下發明的語義、語法和語音、文字等方面的精闢闡釋①,旨在展示段氏深厚的文獻功底及其精湛的理性思維。譬如"俄"字下注曰:"《廣韵》曰:'俄頃,速也。'此今義也。尋今義之所由,以俄、頃皆偏側之意,小有偏側,爲時幾何? 故因謂倏忽爲俄頃"——一語道破"偏側"和"倏忽"之間的語義關聯。再如"天"字下注曰:"求義則轉移皆是,舉物則定名難假"——不僅將詞義引申和詞族義軌聯繫在一起,同時區別了"同源意通"和"詞指義專"的不同(王引之,包括今人,就把"光被四表"的"光"的詞"義",與"横、廣、擴"等"同源通用意"混淆起來,即是其例)。又如,《段注》每據"古意_{古人命名之取意}"而求"古義_{詞義}"者,以往學者均措意不足,以爲段氏僅僅是在考證詞義的引申或來源。其實,他的工作還在於發掘古代丢失的"詞"! 譬如《説文》"偶,桐人也。"《段注》曰:"偶者,寓也,寓於木之人也。字亦作寓,亦作禺,同音假借耳。按,木偶之偶,與二枱並耕之耦,義迥别。凡言人耦、射耦、嘉耦、怨耦,皆取耦耕之意,而無取桐人之意也。今皆作偶,則失古意矣。"這裏段氏從"木偶"和"耦耕"得名的取意入手,辨别"木偶"和"人偶",判然二義。木偶得名於"寓"而人偶得名於"耦"。顯然,"寄寓≠並偶"。後代之"偶"丢失了它所以得名的"古意",因而混"偶""耦"而爲一,"寓偶"的"古義"也便失而不存。② 據段

---

① 乾嘉理必的思想是筆者在香港中文大學中文系主持每年全系研究生必修"講論會"的"論文點評"中,形成和發展出來的。對此有興趣的讀者可參拙著《乾嘉皖派的理必科學》第一章。科學出版社,2023.

② 《晏子春秋・内篇雜上》:"若是不可得,則依物而偶于政。"俞樾《諸子平議》:"偶,讀爲寓。古字通用。寓猶寄寓也。"是其證。

氏,上古之"偶"是一個表"寓木之人"意義的詞(人在木上),而後代詞義轉變而爲"人形之木"。顯然,二義的所指截然不同,因此應該視爲兩個詞。倘如此,段氏爲我們厘清的就不只是混而不明的"古義",更重要的是他發現了一個失而復得的"古詞"! 再如,《説文》"赴,趨也。"《段注》曰:"《聘禮》:'赴者未至。'《士喪禮》:'赴曰君之臣某死。'注皆云:'今文赴作訃。'按,古文訃告字祇作赴者,取急疾之意。今文从言,急疾意轉隱矣……"顯然,據段氏所考,古代的"赴"是一個獨立的"急告某死"的詞,"訃"只是它的一個下位詞。諸如此類,不一而足。我們不禁要問:段氏究竟爲我們找出了多少"失而復得"的"古詞"? 這是我給聽課同學布置的作業,今天看來也可以作爲當代訓詁學的一個新的研究課題。

第二是提示《段注》表現出的"造詞"和"構字"的"取意"系統觀。前者如《説文》"議,語也"下注云:"上文云'論難曰語',又云'語,論也',是論、議、語三字爲與人言之稱。按,許説未盡。議者,誼也,誼者,人所宜也。言得其宜之謂議。"(揚雄《法言·重黎》:"事得其宜之謂義。"韓愈《原道》:"行而宜之之謂義";是"宜""義""議"三字同源)又在"侖"字下又曰:"論者,侖之假借。思與理,義同也,思猶鰓也,凡人之思必依其理。"就是説,"論"這個詞的創造是從"侖=有條理"取意而來,"議"是從"宜=合當"取意而來,"思"是從"腮=有文理"取意而得。從"取意"的角度來闡釋和理解上古的文獻詞義,我們發現,更能科學而深刻地揭橥古人的思想和用意。譬如《莊子》説:"六合之外,聖人存而不論;六合之内,聖人論而不議。"用段氏的取意法來解釋,就是:宇宙外的事,聖人讓它存在而不加以"條理化=分析=論",人間的事情聖人則要對它們進行"分理別异=論",但不能"是非化=議"。這無疑是用訓詁來"逆志"——以訓詁之"意"逆作者之"志",藉此發掘出《莊子》所用"論、議"二字的深意所在。

段氏的"取意法"不僅在詞的命名上有詮釋文獻語言真諦的作用,在文字構形上也不例外。譬如,《説文》:"芟,刈艸也。从艸从殳。"《段注》説"殳取殺意也";《説文》:"殽,相雜錯也。从殳肴聲。"《段注》説

"(从殳)取攪之之意";《説文》:"毅,妄怒也。一曰:毅,有決也。从殳
豙聲。"《段注》説:"(从殳)取用武之意。"《説文》:"斀,相擊中也。如車
相擊。故从殳从壴。"《段注》説:"殳可用擊之物……取意于車相擊
也。""殳"本是一種"杖"類的兵器,但在小篆構形的"取意部件"裏則具
有不同的"構意"功能,於是讓我們洞悉古人造字的"意圖"和系統。無
疑,這種"取意部件"的"構意系統"反映了小篆"字法"的系統性(參比
古代的音法、詞法和句法)。正因如此,段玉裁在解釋小篆構形的原
理、機制和規則時,概不用那時他所見(和所能見)的金文形體(如王筠
所爲)。這一點似乎今天的古文字學家尚未給予充分的關注和認識。
然而,今天我們既然不能否認上古漢語有斷代音法、斷代句法和斷代
詞法,那麽爲什麽就不能有"斷代字法"(甲文字法、金文字法和篆文字
法)呢? 僅從這一點上看,段氏之取意系統觀,仍在挑戰着今天的文字
學! 此亦《段注精讀》的當代意義之一也。

　　第三是《段注》反映出的現代學術的思想火花,非常值得後代學人
認真學習和深入發掘。譬如段氏的"公理"觀,在當時無疑是超前的,
放到今天,也不失其前沿性。再如上古音韻學公理——凡諧聲者皆同
部;以及《段注精讀》涉及的古文字構形公理——一點一畫皆有意焉;
還有漢字構形原理的"分理別異",漢語造詞機制的"聲義同原"等等,
即使今天仍舊堪爲前沿學術的思想和觀念。雖然《段注精讀》中沒有
(也不能)對此展開詳盡的發掘與論證,但均提出要點,標示津梁,以供
有興趣和有志於此的同學和同寅,繼續開掘和發展。

　　在上面三項原則的驅動下,我選了《説文段注》100 餘條來"示要"
(當然不排除還有其他條目而未能收入者)。這裏要補充説明一下這
本小書的名稱取意。《段注精讀》的"精讀"取意,蓋有三焉。其一是
"精選(讀物)"之義——從 9 353 個字的注釋中挑選出 100 餘條來研
讀;因此,段氏《説文注》的全部精華自然不是這 100 餘條示要所能涵
括。換言之,這本書只是讀段注的指路標(希望不會太偏),而其中豐
富多彩的絢麗美景,還要讀者深臨其境,自己領略。其二是"精(心閲)
讀"的意思——即一個字一個字地細讀原文,弄明白字裏行間的每一

個意思,也有期待學生歷練自己的"坐功"之意! 三是"讀(出)精(華)"的意思——即細品和深思文字後面的"精義"所在,經此一番理性思維的訓練,最後達到與戴震、段玉裁、王念孫的"理必訓詁"對話的高度。

由上可見,《段注精讀》不是段氏《説文注》的全部"精華",而是筆者自己的讀"段"筆記和些微體會,庶可忝爲報恩穎民師(陸宗達先生)授業《説文》的微薄祭奠。因此,這本《段注精讀》絶不是奠定訓詁基礎的功底書,姑作啓發思維和彰顯乾嘉前衛思想的"開胃菜"或"起始點"。本書的讀者自然也就不限于訓詁專業的學子和研究者,還可以包括文學、歷史、哲學、邏輯學等相關學科中有興趣的學生和研究者。更重要的,是讓當代學子們體味和繼踵古人如何在惛惛之事上下死功夫,最後獲得自己的赫赫之功——如同"千七百年來無此作"的段氏《説文注》!

是爲序。

馮勝利

2024 年 8 月

目録

MULU

凡例

FANLI

1. 本編所涉及《説文解字段注》條目共 115 條，與内容相關字條一起講解，故編號共 99 條。

2. 每條先列出該字在《説文解字段注》中的卷目、部目信息，下列該字條的《説文解字段注》原文，然後爲"精讀示要"部分。

3. 本編所涉《説文解字段注》字條原文及標點據許維賢整理本，并將許維賢相關校勘内容録入相應脚注處，以"校勘"字樣標明。

4. 字條中大宋體字部分爲許慎《説文解字》原文，小宋體字部分爲段玉裁注文。

5. "精讀示要"部分爲作者對段玉裁注中精華内容的講解，每個字條中所選講解點數量和側重不同，視具體内容而定。

6. 段氏注解多爲結構嚴謹、層次分明之"理必注論"，故"精讀示要"亦分條縷析，揭櫫其詳，既資讀者洞見其學，亦見古人立言之本。

7. 有些條目在《精讀釋要》後附以理必用語箋識，旨在説明其非一般用法；故箋識之中往往列出英文以資參照，旨不在譯，唯在加深理解段氏理必之理也。

8. 不同條目之間有相關内容者，擇要以"參見"形式標出，以便讀者檢索。

9. 本編中訓詁術語首次出現處用下劃綫標記，編末附有《段注》用語與《精讀選》術語匯釋音序索引。

10. 本編中希望讀者關注的學理要點用着重號標記。

11. 本編字形使用準則：凡引典用籍，原文中的保留原字形，其餘部分一律使用新繁體字形。

第 1 條

《説文解字注·卷一上·一部》①p.1

一 yī,惟初大極,道立於一。造分天地,化成萬物。《漢書》曰:"元元本本,數始於一。"凡一之属皆从一。一之形,於六書爲指事。凡云凡某之屬皆从某者,《自序》所謂"分別部居,不相襍厠"也。《爾雅》《方言》,所以發明轉注假借。《倉頡》《訓纂》《滂熹》及《凡將》《急就》《元尚》《飛龍》《聖皇》諸篇,僅以四言、七言成文,皆不言字形原委。以字形爲書,俾學者因形以考音與義,實始於許,功莫大焉。於悉切。古音第十二部。○凡注言一部、二部,以至十七部者,謂古韻也。玉裁作《六書音均表》,識古韵凡十七部。自倉頡造字時,至唐虞、三代、秦漢以及許叔重造《説文》,曰某聲,曰讀若某者,皆條理合一不紊。故既用徐鉉切音矣,而又某字志之曰古音第幾部。又恐學者未見《六書音均表》之書,不知其所謂,乃於《説文》十五篇之後,附《六書音均表》五篇,俾形聲相表裏,因尚推究,於古形、古音、古義,可互求焉。弌,古文一。凡言古文者,謂倉頡所作古文也。此書法後王、尊漢制、以小篆爲質,而兼録古文、籀文,所謂"今叙篆文,合以古籀"也。小篆之於古籀,或仍之,或省改之,仍者十之八九,省改者十之一二而已。仍則小篆皆古籀也,故不更出古、籀;省改則古籀非小篆也,故更出之。一、二、三之本古文明矣,何以更出弌、弍、弎也? 蓋所謂即古文而異者,當謂之古文奇字。

【精讀示要】

1. "大極",又作"大始"。"道立於一": 道,可大可小,既可指太極

---

① 本文旨在通過示例揭示《説文解字注》條目中的主要觀點,以及介紹閱讀和學習《説文解字注》的經驗、方法,而不在勘誤。因此,《説文解字注》正文之句讀、標點悉依許惟賢整理點校本(該本由鳳凰出版社出版)。引自許慎撰. 段玉裁注. 許惟賢整理. 説文解字注[M]. 南京:鳳凰出版社,2007.大字體爲《説文》原文,其餘爲段注文字。下同。

之道，也可指自身之道。非必道家之"道"也。"一"的意義，許慎是從"字形引發出的文化意義"來解釋的，"惟初大極，道立於一，造分天地，化成萬物"是漢代流行的哲學思想。它告訴我們"一"蘊含着"全、整、完、備"的意思。"一至於此"的"一"之所以能解釋爲"竟然"的意思（如"德行之弊，一至於此乎"）就是因爲"樂曲盡爲竟"[①]；"一身"是全身、"曲竟"是全曲；可證"一"和"竟"在"足""盡"的意義上是相通的。

2. "造分天地，化成萬物"，即《老子》"一生二，二生三，三生萬物"的思想在數字上表現出來的古代文化和哲學的觀念。"一"并非簡單的數字概念。"一"有"獨一""獨特"的屬性，因此可以引申出"沒有匹敵"的意思。殷朝國王自稱"余一人"，就含有天地之間"獨一""沒有匹敵"的意思。古代的"二"也不是簡單的"1＋1"，而是"偶"或"對兒"的意思，"二之"是"使之成雙"。所以《説文》曰"二，从耦一"，《段注》説"以一儷一也"（"儷"是兩個相并的意思）。"三"也不是三個"一"的相加，古代"三"與"參"通。章太炎《文始》説："三，孳乳爲曑。"《詩經》毛傳曰："三星，參也。"《説文》："驂，駕三馬也"。"一"插入"二"的中間才是"三"，因此"參加"是"插入其中"而不是"附在首尾"。所謂"一耦二爲三"者，"二"是天地，一入其中，上與天"偶"，下與地"偶"，這才是所謂的"三才之道"，所以叫做"成數"。數目到了"三"，就進入了另一個範疇，複雜了，所以"三生萬物"，所以"三者，多也"。古代的"三"有"多"的意思。《論語》"三人行必有我師焉"以及"三思而後行"中的"三"，都是"多"的意思。清人汪中專門寫了一篇《釋三九》，可參讀。北京的天壇圜丘頂層地面上的磚的第一圈，是九塊，最大的一圈，是八十一塊，共九圈，都是三和九的倍數。由此可知："一""二""三"都是中國"數字文化"的典型代表。[②]

3. "凡一之屬皆从一"以及"凡云……"中的"凡"字，王力《古漢語詞典》的解釋是"所有的，一切的"。注意：古代的"凡"字不是邏輯

---

① 許慎. 説文解字［M］. 北京：中華書局，1963：58.

② 讀者可參馮勝利. "寡人"詞義觀念考與"2＋1"三重證據法. 中國語文［J］，2022（05）：617－640.

術語，它是"一般而言（in general）""原則上説（as a matter of principle）"的意思，它和"概"的語義觀念和用法很相似（見本書第 61 條"槩"字示要）。總之，要從古人的"語義觀念"上去理解古代的詞義和表達，不能用今天的思想觀念，尤其不能用今天邏輯上全稱判斷的"所有"和"全部（all）"的概念，去苛求古人，那就曲解了古人的意思，因爲古人的"凡"不是"所有的、一切的"的意思（除非古人自創系統的約定）。

4. "僅以四言七言成文"是説許慎以前的識字課本如《倉頡》《訓纂》《滂熹》《凡將》《急就》《元尚》《飛龍》《聖皇》等，都是四言或七言的，没有像後來《三字經》那樣的"三言體"的兒童讀本。中國語言文學史上的二言、三言、四言、五言、六言、七言的詩歌形式和發展，是一個有待深入研究和開發的"語言和文學"的跨學科的新課題。[①]

5. 段玉裁作《六書音均表》，將古音分爲十七部，同樣是"功莫大焉"。章太炎、黄侃（世稱章黄之學，或章黄學派）沿此路綫進一步發展，將古音分爲二十八部（韵母）、十九紐（聲母），從而奠定了今天的上古音系統（參鄭張尚芳《上古音系》古韵三十部）。《六書音均表》中的"均"古通"韵"字，兩字實属同一個義根（定義見下），取"平均"之意（"取……意"的概念見下文）。

6. "因形以考音與義"這是許慎的創造，所以段玉裁説"實始於許，功莫大焉。"漢語的每個字都是由音、形、義三方面組成，這三方面相輔相成，缺一不可。譬如"而"字，最常用的意思雖然是"和"（連詞），但這個意思是"假借義"，它的"本義"是"下巴上的鬍鬚"。許慎造《説文》的目的不是講解字的"常用義"或"使用義"，而是解釋該字構造的形體意義（亦即"構形之意"，簡稱"構意"。詳解見下文）。《説文》是分析和説明漢字如何通過形體的構造意圖（"構形義"）來表現該形體所代表的"詞（＝音＋義）"的意義（＝word meaning）的。譬如"齊"字，許

---

① 讀者可參馮勝利. 漢語詩歌構造與演變的韵律機制［J］，中國詩歌研究，2011（00）：44-61.

慎不關注它的"齊整"意思，而把它解釋爲"禾麥吐穗上平也"，因爲"齊"的形體像"禾麥吐穗"。當然"字形"的解釋要和詞義挂鈎（也要有書證，見下文），所以"上平也"三字就是"禾麥吐穗"所象徵"詞義"的核心綫索（參第15條"止"字）。

　　7."古形、古音、古義可互求"，這是段玉裁發明的一大訓詁原則（按，發明＝發之使明，是乾嘉理必範式的一個重要概念）。歷史上，上古音的集大成者是段玉裁；漢字字形的集大成者是許慎，但是"詞語意義"方面的類别與通轉，至今無人集成。"每下愈况"（《莊子・知北游》）之所以會被誤説成"每况愈下"，就是因爲不懂古義，將"况"理解爲"情况、狀態"造成的。事實上"况"的意思是"甚"、是"厲害、嚴重"。如何把千差萬别的不同意義，像千差萬别的南北語音、千差萬别的古今字形一樣，分出類别、找出軌迹、濾出條例來，則是今天或將來意義研究者的艱巨任務。然而，無論將來誰想做"語義集成"的工作，都要從段玉裁的《説文解字注》開始。

【附】由"三生萬物"與"X＝ZY"所想到的

　　老子《道德經・四十二》曰："道生一、一生二、二生三，三生萬物。"在傳統中國，"一、二、三"不只是數字，而且還被賦予了深廣的哲學含義。"一"在漢朝許慎的《説文解字》裏是"惟初太始，道立於一，造分天地，化成萬物"。"一"是一個數，但是它的作用遠遠大於一個數。

　　"三"的哲學意義是"多"與"無限"。孔子説"三思而後行""三人行，必有我師"，其中的"三"都表示"多"的意思。清人汪中有《釋三九》，專門講"三"和"3×3"都表示多的意思。老子説"三生萬物"，顯然，數目到了"三"便涵括一切、無所不包了。正因爲這個道理，我們的祖先在造字上，也遵循這一法則："三木成森""三水爲淼""三石爲磊"……

　　"一"爲"獨、尊"可以理解：最早的天子自謂"一人"；後來也自稱"寡人"。"寡"有"獨"的意思，因此"尊、長"也謂之"寡"。"寡人"就是"獨一無匹敵之人"，這和古人稱"長兄"爲"寡兄"、"嫡妻"爲"寡妻"同

出一源。"二"爲"偶"、爲"對兒"也很清楚,毋庸贅言。可是,爲什麽到
了"三"就"多"了呢? 從數學上講,"二"是"1+1","三"是"1+1+1"。
"三"上還有"四":1+1+1+1,還有五:1+1+1+1+1,等等。下一
個數都比上一個數大,爲什麽我們的祖先把"多"的概念放"三"上,而
不管"三"上還有"四""四"上還有"五"呢?

其實,"二生三"裏的"三"不是"1+1+1=3"裏的"三",而是"2+
1=3"或者"1+2=3"的"三"。哲學權威馮友蘭説:"有一個東西,同時
就有它的對立面,那就是二。二與道加起來就是三"。換句話説,中國
文化裏的"三"不是簡單的數學裏的"3"。數學裏的"3"既可以是"2+
1",也可以是"1+1+1"。然而,中國文化上的"三"只能是"2+1"。這
就是老子爲什麽説"二生三"而不是"一與一與一生三"。從我們祖先
的文字上,也可以看出這一點:"森"源於"林+木",亦即:

中國人的"3"是"2+1",這就導致了中國人的"3"是"多",因爲它不
僅是純數學上的"3",還是人類對數字的心理、數理、哲理等的綜合
反映。

爲什麽"2+1=3"就是"多"、就能"生萬物"呢? 古人没有説。他
們只告訴我們結果,而没有告訴我們"why"。這是中國學問的特點,
有了正確的結果,何必還問爲什麽。從另一個角度説,不管原因是什
麽,結果都是這樣。這難道還不够嗎? 於是,和其他古老的哲學命題
一樣,"一生二、二生三,三生萬物"便以自己深刻哲理影響着歷代的中
國學人。

然而,中國的先哲没有想到:正確的結論如果没有清楚的原因與
論證,不免會受到來自各個方面以及各個時代的懷疑、誤解、攻擊以至
否定。即使是炎黄子孫,今天有誰把老子的話當做科學的定律、自然

的真理呢？其原因是它未經嚴格的論證。

老子的命題是正確的。因爲不僅中國人的語言心理是這樣，其他民族也如此。英文的"thrice"和拉丁文的"ter"都含有兩個的意思："三倍"和"許多"。拉丁文的"三 tres"和"超越 trans"之間有着明顯的語源關係；而法文的"甚 tres"和"三 trois"之間的派生關係更是一目了然。人類如此，鳥類亦然。據説（參 Dantzig *Number——The Language of Science* 1938），鳥巢裏如果有四個卵，那麼可以安然拿去一個。但如果拿去兩個，鳥通常就要逃走了。鳥會用奇怪的方法辨別二和三。人難道和某些動物一樣，賦有一種天生的"數覺"嗎？有人研究了南部非洲的布須曼（Bushmen）原始民族，發現他們除了一、二和多之外，再没有别的數字了。布須曼人的"三"就是"多"、就是"萬物"、就是"無限"。

然而，鳥不會計算，雖然它們可以辨別二和三；布須曼人也没有更多的數字，雖然他們的"三"就是"多"。因此，如果把老子的"三生萬物"等同於原始的"數感"，不説是詆毀老子，恐怕也貶低了古代哲學精邃的意藴。原始的"數感"和老子的"三生萬物"怎能同日而語？！那麼不同是什麼呢，[1→2]、[2→3]、[3→無限]又有什麼根據呢？

這個命題可以從西方的哲學家 Charles Hartshorne 的論證裏推導出來。他説：

"X＝X"——單元式：只跟自己發生關係。

"X＝Y"——雙元式：只跟自己的另一個名字發生關係。

但是"X＝YZ"——三元式：最基本的真正關係。

單項式是自我重複、自己跟自己的關係。兩物雖然彼此對立，但無論怎樣不同，均可用邏輯的方法（如定義）使之成爲等式關係。因此從數學上講，仍然是"自己"跟"自己"（的名字或定義）的關係。只有三元式，才代表真正的組合，才是這正的關係。同時，任何多元關係，均可以表達爲複雜的三元式。在表達所有純真的關係上，三元式不僅是必要條件，也是充分條件：三元式表達世間一切關係的基本形式。此外，數學家 George Gamow 在 *One*, *Two*, *Three... Infinity* 裏進而論道：數學裏僅有的數字只是：1、2、3 跟無窮大。"11"不算一個重要的數字。不管什麼東西，要是它有"11 個部分"，那麼"forget it(算了吧!)"科學家不會作任何努力去研究它，去理解它。

對數字來説，"3"已經够大了：在解決物理問題時，如果找到了一個三體問題的處理方法，那麼解決多體問題的大門就打開了。數學上的歸納法，亦同此理：

1. 驗證 n 取第一值 n_0 時，公式成立；
2. 假定 n＝k 時公式成立；
3. 驗證 n＝k＋1 時公式也成立。

驗證的步驟只需如上三次則足矣。換言之，如果公式當 n＝n 時成立，n＝n_0＋1 時也成立，n＝n_0＋1＋1 時仍然成立，那麼一切大於 n_0 的正數 n 公式都成立。驗證至 3，可推一切。從這個意義上説，"3"代表萬物，一點不假。"三生萬物"講的就是[2＋1]可以概括所有事物之間的基本關係。

從這裏，我不禁有感於下。中國學人（至少是傳統訓詁學家）一向把"以三爲多"作爲自己的文化特點，殊不知外國人也認爲"三是多"。不僅如此，*Mekeel's & Stamps Magazine* 四月十四在解釋"The U. S. Pan American Stamp(三人舞郵票)"時説："三這個數字總是象徵着完滿(completion)、完全(fullness)與完美(perfection)。"因此，如果把"[三＝多]"作爲中國獨具的特點，就會把我們引入要麼"中國人不是人"、要麼"外國人不是人"的悖論上去。而國人爲學，至今猶倡中國特點，這是不是也會把我們引入上面的悖論中去呢？此外，中國人"以三爲多"，原始部落人"以多爲三"，而鳥類數感中的"多"也止於三。據此，如果對中國人的"以三爲多"不給以科學的論證，那麼我們和布須曼人、甚至和鳥類又有何區別呢？老子往矣，又何求哉！問題是他的後代，是我們這些至今猶唱"三生萬物"的子孫後代呢？

其實，客觀真理都在人類的感知之中，問題是我們抓到了沒有，問題是抓住後用什麼方法來論證，用什麼形式來表徵。老子感知到了，同時也抓到了，只是沒有從更深、更高的層次，用抽象、嚴密的方法來

論證，來表徵而已。中國的"三生萬物"跟 Hartshorne 的"三元式代表
一切關係"，實乃殊途同歸。偉哉！老子得真理於千載之上。悲夫！
其無論辯至千載之下。

　　　　——1995 年 7 月作於堪薩斯大學；2024 年 3 月訂於北京語言大學

第 2 條

《説文解字注·卷一上·一部》p. 1

元 yuán，始也。見《爾雅·釋詁》。《九家易》①曰："元者，氣之始也。"从一，兀聲。徐氏鍇云：不當有"聲"字。以髡从兀聲，軏从元聲例之，徐説非，古音元、兀相爲平入也。凡言"从某某聲"者，謂於六書爲形聲也。凡文字有義、有形、有音，《爾雅》已下，義書也。《聲類》已下，音書也。《説文》，形書也。凡篆一字，先訓其義，若"始也""顛也"是。次釋其形，若"从某、某聲"是。次釋其音，若"某聲"及"讀若某"是。合三者以完一篆，故曰形書也。愚袁切。古音第十四部。

【精讀示要】

1. 從"徐氏鍇云"到"謂於六書爲形聲也"，段氏此條注解堪稱"科學訓詁"的典範。他用"或體字"（亦即"髡"又作"髡"从元聲、"軏"又作"軏"从元聲）證明"兀"和"元"兩字相等（同音）；并以此"例之"，説明"徐説非"。這就是乾嘉學者的科學精神之所在。他所説的"例之"就是用了數學上"等量代替"的原則，因此是邏輯的必然！② 這是《段注》（以至"乾嘉學術"）的精華所在之一。今人對此很少關注和闡發，實爲可惜。

2. 此注的精華所在之二是：義書、音書、形書三者各不相同，各有各的原則和系統，各有各的專著可以參考。然而，在考證一個字的時候，則要三者相結合，才能得其真諦之所在。

3. 再次强調：《説文》是形書，必須區別於《爾雅》（義書）和《聲類》（音書）。

---

① 《九家易》是漢代的一部易家著作。

② 當然還要結合其他證據才能把這倆的"條例"變成真理；故今人在使用其法時，要特別注意。

4. 尚推演：先以髡从兀聲，軏从元聲"例之"（＝歸納出通理generalization），得到"兀""元"可以互代；從這裏再進而推演之，使之成爲一個更廣的"古音……相爲平入"的音理上的"平、入"相轉的音變條件（亦即丟失韵尾的演變）。這種科學推演的過程在《段注》裏面比比皆是。所以，説段氏是<u>文獻語言學</u>科學家，并不過分。

5. 注意：許慎對字形的解釋很多與甲骨文、金文不合，但不應簡單地説這是錯誤，因爲不同時代的文字體系是不同的。學者既不能以今非古，也不能以古非今，而應該在研究了兩個系統的異同、原理及其發展規律後，再作出後代文字如何"重新構意（構造意圖）"的判斷。"元"在漢末的小篆系統裏的構形理據（構意）是形聲字，意思是"開始"；"元"在甲金文系統裏則不同，其構形的理據是象形，其本義應爲"頭"。這裏的判斷是基於下面的證據：

甲、字證：金文"元"作 �，像大頭。又，"冠"字"从寸、从冖、从元"，其中的"元"就是"頭"的意思。還有"髡"字可以從"元"作"髨"，其中的"元"也指的是"頭"："髡"是剃"元"之髮的刑罚。

乙、詞證：元首（＝頭儿）、元日（＝頭一天）。注意：時間段"頭"當然就是時間段的"開始"。雙音節詞或成語裏"元"直接用作"頭"的本義的，似乎没有了。

丙、書證：《孟子・滕文公下》："勇士不忘喪其元"（＝丟腦袋）。

一個字形的意思，需有上面的三證（字證、詞證和書證）而後可信。注意：即使甲骨文、金文有形可象，如果没有"字證"和"詞證"，也不能遽斷某字爲某義。這是當代訓詁學的一大原則。

第 3 條

《説文解字注·卷一上·一部》p.2

天 tiān,顛也。此以同部疊韵爲訓也。凡"門,聞也""户,護也""尾,微也""髮,拔也"皆此例。凡言"元,始也""天,顛也""丕,大也""吏,治人者也",皆於六書爲轉注,而微有差別。元、始可互言之,天、顛不可倒言之。蓋求義則轉移皆是,舉物則定名難假。然其爲訓詁則一也。顛者,人之頂也,以爲凡高之偁。始者,女之初也,以爲凡起之偁。然則天亦可爲凡顛之偁,臣於君、子於父、妻於夫、民於食,皆曰天是也。**至高無上,從一大。**至高無上,是其大無有二也,故從一大。於六書爲會意。凡會意,合二字以成語,如"一大""人言""止戈"皆是。他前切。十二部。

【精讀示要】

1. "同部疊韵爲訓"即<u>聲訓</u>,是一種用音同(或音近)的詞來解釋詞義的訓詁方法。聲訓有何道理和根據? 如果我們從詞"聲音＋意義"結合的任意性上看,聲訓是没有道理的。但是從"聲隨義轉"(或"義隨聲轉",見戴震《轉語》。其後,錢大昕有"聲隨義轉",胡樸安有"義隨音异"之論)以及"聲義同源(聲中有義)"的屬性上看,聲訓又是有道理的。關鍵是要看哪些聲訓是"聲義"(聲中之義)和"義聲"(義之本聲)的表現(下文還會提及,亦可參第 4 條"祺"字)。所以,我們要先找出"聲音"和"意義"的關係以及其中的道理,然後才可以用其中的道理來解釋和判斷什麽是合理的聲訓。

2. 聲訓的時代性。聲訓是東漢以前注釋家的創造,因此原始的聲訓都在東漢以前的文獻裏。爲什麽聲訓出現在東漢以前而不是以後呢? 這個問題值得思考。主要原因是漢時去古未遠,師傳和口語還保留着古音。比如《釋名》説:"古者曰車聲如居,言行所以居人也。今曰車。車,舍也,行者所處若居舍也。"可見東漢的"車"有二讀,其中音

"居"是古音。但漢之後，讀音改變，聲訓的語音根據就要大打折扣，因此很少使用了。東漢末年劉熙的《釋名》是聲訓最著名的著作，既是第一部，也是最後一部，其所以如此者，值得探究。竊謂或許就是上面的原因。

3. "皆於六書爲轉注，而微有差別"，六書中的轉注有很多説法。段玉裁從其師戴震之説，認爲"轉注"就是"互訓"。即用 A 訓 B，再用 B 訓 A，就是"轉注"。段玉裁説它們"微有差別"，但"微別"在哪兒，尚需認真研究和體味。

4. "元、始可互言之，天、顛不可倒言之。"譬如，"元日"是開始的一日，"元年"指開始的那一年。所以"元"和"始"的意思一樣，兩字可以互訓。但是"天"和"顛"則不可以互訓，爲什麽呢？這就是段玉裁説的"微有差別"——"元、始"互訓和"天、顛"互訓不一樣，原因是"天"的引申方向（君、父、夫）和程度（上天）與"元"的引申方向（開始）不一樣，因此《韓非子·奸劫弑臣》中的"高陵之顛"，不能換成"高陵之天"。

5. 讀《段注》需知段氏所據的構字體系的時代特點，就如同不同時期的語言有不同時期的語法一樣，不同時期的文字也有不同的"字法"。這是今天學界需要（但尚未）對歷時文字學系統進行理論化研究的大問題。這裏段氏對"天"字字形的分析是根據小篆字形體系的"重新構意"來解釋的，所以他説"（天）至高無上，是其大無有二也，故從一大"，并指出這"于六書爲會意"。換言之，"天"字發展到小篆體系後，和它在甲文裏的"構意字法"（文字構造的法則）大不一樣了。原來"天"是象形字，指的就是"顛（腦門）"，其證如下：

（1）字證：甲骨文的"天"作 𡗕 ，最上面的方塊狀像是人的大腦袋。

（2）書證：找到"天"當"頭"用的例句：

《山海經·海外西經》裏有"刑天"，是"砍頭"的刑罰；①

《易經·睽》裏有："見輿曳，其牛掣，其人天且劓。"這裏的"天"就是"砍頭"。頭叫"天"，砍頭也叫"天"，就如同鼻子叫"鼻"，砍掉鼻子也

① 章太炎.文始[M]//章太炎.章太炎全集[M].上海：上海人民出版社，2014：278.

叫“鼻＝劓”。

（3）出土文獻之證：

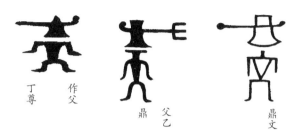

丁尊　作父　　　鼎父乙　　　鼎文

上述金文圖像説明上古確有“斷頭”之刑，但這些圖形不是文字，更不是“天”字。

6. 顯然，小篆的“天”不再象形而是會意。什麽是“會意”？段玉裁的定義精審之極：“凡會意，合二字以成語，如‘一大’‘人言’‘止戈’皆是。”這就告訴我們：如果説甲骨文、金文的“天”還是“圖像”性文字的話，小篆“天”的構形則是“語言”性的文字了。換言之，“天”字的構形從“圖像→視覺”法（構字法則）發展到了“句子→理念”法。段氏所謂“合二字以成語”的“語”字，是這裏的點睛之筆。它告訴我們：會意＝句子。“凡由兩個以上的形體組合而成的字，都可以譜成一句話（或一個短語）”[①]，可以説是段氏“合字成語”最好的注解。段玉裁“合二字以成語”的涵義究竟還有多深，仍然值得再發掘；但無論如何，這一思想是非常超前的。因此，我們如果拿着甲骨文説段氏解字有錯誤，就如同拿着“稍奪之權”（《史記·項羽本紀》，“之”和“權”是雙賓語）説“稍奪其權”（蘇軾語，“其權”是單賓語）不合語法一樣，是缺乏語法古今不同的概念和認識的。

7. “蓋求義則轉移皆是，舉物則定名難假，然其爲訓詁則一也。”這也是此條段注的精要之點。“義”指的是幾個引申義或一組派生詞之間所共有的“義”。“求”是“推究”的意思。譬如，“北”有“後背、北方、用背背物、逃跑”等意義，其本義是“後背”。再如，“天、顛、頂、腚、

---

① 馮利.造意語境考義法芻議[J].古漢語研究,1993,(02):18-21.

巔"這幾個詞是同源詞,其根義就是"頂端"。因此,"轉移皆是"指的是
"無論怎麼轉變繁衍、它的根義(詞族的 DNA)都還在"的意義。一個
"根義"可以通過不同的引申方式和方向指稱很多不同的對象,這就是
所謂"轉移皆是";一個家族的同源詞都是"根義"轉移、繁衍的結果。
然而"舉物定名"之後,就不能再"轉移"了。就是說,派生後的詞義固
定在所指的對象上以後(天=君、父),事物和名稱就一一對應,互訓的
詞就不可以任意換用了。《詩經・鄘風・柏舟》中"母也天只"不能說
成"母也顛只"。"然其爲訓詁則一也"是對"訓詁"性質的揭示和要求:
訓詁學的任務就是要把"核義"和"根義"發掘出來,把不同家族成員中
(引申義串中的成員和派生詞族中的成員)每一位都具有的相同"義
核"找出來,使之在家族中無所不在,即所謂"一也"(用"義核",即家族
成員的 DNA,把不同成員串聯起來)。從訓釋的角度來看,無論是
"天"還是"顛",意思是一樣的(指的是"核義"或"根義")。換言之,
段氏這裏"一也"的現代意義,就是在語義和詞彙的發展中,把"用根
義來指稱不同物件"的"對應關係"確定下來(使之與特定物件固定
不變)。

　　8. 本注中段氏把"求根義"的訓詁和"求所指"(指稱物)的訓詁,
清楚地區分開來。如果我們分辨不清,就會覺得段注自相矛盾。譬
如,他既說"'天''顛'不可倒言之",又說"'天'亦可爲凡顛之偁",豈不
前後矛盾,兩不能立? 徐承慶《匡謬》就批評段注說:"言顛者不能稱
天,……若易爲天,不成文理矣。"事實上,段氏正是在區分了"求義
(求根義)"和"舉物(求所指)"的基礎上,才有"可爲凡……之偁"的
"根義",同時又有"不可倒言"的"物指屬性"。段氏之精審(科學性)
由此可見;而後人若不"好學深思",則很容易誤解、誣段而不自知
其淺。

　　9. 最後,本注中術語"凡"的意思,如前文所示,不宜理解爲"所
有"。"亦可爲凡顛之偁"的"凡"是"一般(in general)"的意思,亦即"可
用爲一般'顛'名稱"。如果誤解爲"所有",那麼就成了"(天)也可以用
爲所有'顛'名稱"了,這顯然不是事實,因爲"顛頂"之義的詞不止"天"

一個,還有很多其他的。其次,"'天'亦可爲凡顛之偁"是就"天、顛"的"音義相通"而言的,所謂"求義則轉移皆是",而非就"舉物定名"而發。

10. 綜上所示,此條段注的現代意義可以理解和歸納爲:

(1) 聲訓理論及歷史。

(2) 當代語言學中的詞義演變與詞語派生的機制和理論。

(3) "求義則轉移皆是,舉物則定名難假"的語義學原理及其意義。

(4) 訓詁學的任務、方法和技術。

第 4 條

《説文解字注・卷一上・示部》p.3

禎 zhēn，曰眞受福也。从示，眞聲。此亦當云"从示，从眞，眞亦聲"。不言者，省也。聲與義同原，故龤聲之偏旁多與字義相近，此會意、形聲兩兼之字致多也。《説文》或偁其會意，略其形聲；或偁其形聲，略其會意。雖則渻文，實欲互見。不知此，則聲與義隔。又或如宋人《字説》，祇有會意，別無形聲，其失均誣矣。側鄰切，十二部。

【精讀示要】

1. "聲與義同原"中的"原"當理解爲"義根"，而"龤聲之偏旁多與字義相近"，是説不同的字（詞）的聲符之中，含有相同的根義。

義根即意義的根，能够派生詞義的那個意義叫義根。不是每個意義都是義根。能够派生詞的那個"母義"才叫義根。義根是産生意義的母體。義根和根義是同一個東西，只是從不同的角度來説的。譬如：能生孩子的人叫媽媽，媽媽的身體是母體。哪些意義能够産生意義？這是段氏文獻語義學關注的大問題。由根義派生出的意義叫作派生義。派生和引申雖然相似，但需注意：根義是相對於派生義而言，本義是相對於引申義而言的。二者在和其他概念建立的關係上很不同。即：

根義——派生義

本義——引申義

具體而言，義根和根義是從派生的角度來界定的，派生義可能根本没有字形的信息在裏頭，而本義則是與字形密切相關的（帶有字形的訊息或特徵）。義根是語義學研究的重要内容。不同的時代，根據某一時代特有的事和物所産生的詞及其根義，具有不同的特點。所以，根義不一定都是上古所獨有的。

詞義派生（引申）是圍繞着一個核心義進行的。同源詞的派生也是遵循詞義引申規律的。

"淺、錢、盞、綫"等從"戔"的字,都有"小、零"的意思(所以是"戔亦聲"類的)。"小"就是"戔"的聲、義之"原"。"聲義同原"沒有錯誤。元朝戴侗《六書通釋》說:"夫文生於聲者也,有聲而後形之以文,義與聲俱立,非生於文也。"明朝方以智《通雅·卷首》也說:"欲通古義,先通古音。"都領悟到了這個道理。但乾嘉之前沒有嚴格的"聲與義同原"之說。古人論古音、古義者,均就通假而言,尚未洞察"同源"之機。即使有的學者領悟到同源的關係,看到"齰聲之偏旁多與字義相近"的事實,也沒有達到段玉裁的深度,也不夠科學。事實上,看不到"以聲求義"的內在機制,很難理解"聲義同原"的原理之所在。段玉裁的"聲義同原說"之所以具有現代意義上的思考和證據,是源於他下面的這些分析:

> 有縣蹏謂之犬,叩氣吠謂之狗,皆於音得義。("犬"下注)
>
> 亢之引申爲高也,故曰頏之。古本當作亢之。於音尋義,斷無飛而下曰頏者。("亢"下注)
>
> 凡云不得息者,如欮字、歐字、噎字、噎字、唈字,皆雙聲像意。("旡"下注)
>
> 硍硍者,石旋運之聲也。礚礚者,石相觸大聲也。硍《篇》《韻》音諧眼切。古音讀如痕。可以兒石旋運大聲,而硍硍字只可兒清朗小聲。非其狀也。音不足以兒義,則斷知其字之誤矣。("硍 xiàn"下注)

聲音有意義嗎? 段氏之"於音得/尋義""雙聲像意",尤其是"音以兒義"中的"兒=貌",這一關鍵字道出了他的思想。事實上,英文裏很多從"gl-"聲母的詞,都有"發光"的意思,適可爲證:

glisten	gleam	glint	glare	glam	glimmer	glaze
閃閃發光	閃爍	閃爍	眩光	華麗	微光	釉

glass	glitz	gloss	glory	glow	glitter
玻璃	浮華	光澤	榮耀	發光	閃光

這也啓示我們將來所要發展出的一門"比較詞源學"的可能。當然,不可否認,聲義同原雖然是事實,但段玉裁并沒有宣稱所有"諧聲同者皆同義"[①],倘若如此就會走向荒謬。宋代王聖美的"右文説"和王安石的《字説》就是這樣,蘇軾調侃王安石説:土皮是坡,水皮是波,那麼"以竹鞭犬有何可笑"?

2. 段注不只是注釋《説文》,更重要的是闡釋自己文獻語言學的發明和理論。什麼是段氏"聲義同原説"?本條注釋體現了段氏的"聲-義"理論,整段注釋都是在闡釋其理論,特轉引如下,以便分析:

> 聲與義同原,故龤聲之偏㫄多與字義相近,此會意、形聲兩兼之字致多也。《説文》或偁其會意,略其形聲;或偁其形聲,略其會意。雖則渻文,實欲互見。不知此,則聲與義隔。又或如宋人《字説》,祇有會意,別無形聲,其失均誣矣。

其論證内容包括:
(1) 用"龤聲之偏㫄多與字義相近"來證明"聲義同原";
(2) 用"會意、形聲兩兼之字致多也"來證明"聲義同原";
(3) 用《説文》形聲、會意互文條例證明"聲義同原";
(4) 用"聲與義隔"破壞聲義同原規律來警示後代學者;
(5) 用宋人的錯誤來申明"聲音"(形聲)的重要;
(6) 只重字形(會意＝會合部件以見構形意圖)而無聲音的結果:誣矣(犯了破壞規律的錯誤)!

由此可見,段氏於注釋之中寄寓了豐富的"文獻語言學"方面的思想和理論,值得好學深思之人去挖掘和發揚。《段注》曰:"凡學古者,當優焉遊焉以求其是。顔黄門云:'觀天下書未徧,不可妄下雌黄。'"(《説文解字注·卷六上·木部·杚》)

---

① 注意古人"凡……皆……"中的"凡"不都是今天的"所有""一切"的意思,通常是"一般而言(in general)"的意思。因此用今天的邏輯術語批評古人表達的不精確,實在是瞄錯了目標。

《説文解字注・卷一上・玉部》p.25

琢 zhuó，治玉也。《釋器》："玉謂之琢，石謂之摩。"毛傳同。按，琢、琱字謂鐫鑿之事，理字謂分析之事。《攷工記》刮磨五工，《玉人》記玉之用。《㮚人》《雕人》，闕。㮚人葢理之，如㮚之疏髮。雕人葢琢之，如鳥之啄物。左思賦水鳥曰："彫琢蔓藻"是其意①。从王，豖聲。竹角切。三部。

又《説文解字注・卷一上・玉部》p.25

理 lǐ，治玉也。《戰國策》："鄭人謂玉之未理者爲璞。"是理爲剖析也。玉雖至堅，而治之得其鰓理以成器不難，謂之理。凡天下一事一物，必推其情至於無憾，而後即安，是之謂天理，是之謂善治。此引伸之義也。戴先生《孟子字義疏證》曰："理者，察之而幾微必區以別之名也。是故謂之分理。在物之質曰肌理，曰腠理，曰文理。得其分則有條而不紊，謂之條理。鄭注《樂記》曰：理者，分也。許叔重曰：知分理之可相別異也。古人之言天理，何謂也？曰：理也者，情之不爽失也，未有情不得而理得者也。天理云者，言乎自然之分理也。自然之分理，以我之情絜人之情，而無不得其平是也。"从王，里聲。良止切，一部。

【精讀示要】

1. 本注的要點首先是對詞義特徵的分析："琢、琱（雕）字謂鐫鑿之事，理字謂分析之事"，就是說，雕琢的方式是"鐫鑿"，而"理"的方式是"剖析"；說明二者的根義在"意念"上是不同的，前者如鳥之"啄物"，後者如斧之"析木"。

---

① 見左思《吳都賦》，"琢"今本作"啄"。

2. 以訓詁"根義"補文獻之闕文。《周禮·冬官第六·考工記》"桺人，闕""雕人，闕。"没有文字説明這兩種技術工種的具體工作，段玉裁則根據"桺"和"雕琢"之"琢"的義根，推斷"桺人葢理之，如桺之疏髮；雕人葢琢之，如鳥之啄物"。這可以説是以"義"考"史"的例子。

3. 以左思《吳都賦》描寫水鳥之"彫琢蔓藻"來闡明"彫琢"是從"鳥之啄物"而得"其意"者，這可謂"詞之取意"之書證。且看左思描寫鳥是怎樣"容與自翫"的：

> 鳥則鷗雛鸕鷀，鵁鶄鷖鴻。鸂鶒避風，候鴈造江。鸀鳿鷛𪂪，鶄鶴鷖鶬。鷫鷞鳷鸀，氾濫乎其上。湛淡羽儀，隨波參差。理翮整翰，容與自翫。彫啄蔓藻，刷盪㵎瀾。
>
> ——（西晉·左思《吳都賦》）

這裏"彫琢蔓藻"寫的雖是水鳥叼啄水藻玩耍，但從水鳥的叼啄可見雕工琢玉的"异曲同工"，因此可證"雕琢"之名，即取意於鳥之啄物。這是"取意"也要有書證的段氏訓詁法。

4. 從不同角度疏通"理"字的詞義脉絡。"理"的含義有"剖析、䐑理、肌理，曰腠理，曰文理、分理、條理、别异、情理、不爽"等，這是"理"字的"引申義族"（由一個"根義"繁衍出來的一個"意義族群"）。這是傳統訓詁學的精華之一，以"義根"串通"義族"中的各個成員，揭示它們的支系脉絡。根義是該語言族群共有的語義和認知體系的"經絡"，我們讀古書、通今學的任務之一就是要把掩藏在古人軀幹之内的經脉系統挖掘出來。如何發掘呢？訓詁學有自己的獨到境地：義根就是穴位、義通就是脉絡，以義根貫通引申脉絡，就是訓詁學探知古人認知"經絡"的獨特手段。經絡看不見，摸不着，但却制控和影響着人的認知和心理。這就是爲什麼段玉裁整段地引述戴震《孟子字義疏證》中對"理"的哲學闡釋，因爲抓住了"理"字的語義脉絡，就抓住了古人理念、思想、文化以至治學方術的重要來源和依據。

5. 段氏這裏引戴震的"理"字解説闡明了哪些"理"字的哲學含

義呢？

（1）從"理"字的根義入手，揭示古人"理"字詞義核心"意念"："䚡理"及其引申義族；

（2）闡明"天理"，爲道德行爲找文字語言的根據——像中醫一樣，爲中國人的道德體系"號脉"；

（3）說明人的情理就是自然組織的精神體現，用語言學的結論批判宋朝理學違背天理、情理畸形的道德哲學，喊出"以理殺人"的時代口號；

（4）最後暗示出什麽是古人的"理論"。把"䚡、腮、䚡"幾個字要放在一起看，思之與腮、䚡之與理都有紋路的意思。紋路之道就是"道理"，就是 theory；所以中國人的 theory 從發源上看就跟西方的不一樣。

Late Latin	*theoria*（Jerome）	＝conception, mental scheme,
Greek	*theoria*	＝contemplation, speculation, a
		looking at, things looked at,
	theorein	＝to consider, speculate, look at,
	theoros	＝spectator,
	thea＋*horan*	＝a view ＋ to see

從這裏我們還可以提出一個哲學史上的問題：The Theory Forming Capacity by *Li*（理）in Chinese"'理'在理論構建機制上的作用"。現在沒有人做這個題目。許慎在《説文·序》中説中國人的文字創造是"見鳥獸蹄迒之迹，知分理之可相別異"才"初造書契"的，可見"理"的"分理別異性思維"對漢字體系的貢獻。由此可推，"理"是中國人非常古久傳統的分析方法。戴震是清代第一個大哲學家和大科學家，他説宋代的理學是"以理殺人"，我們的問題是：宋代學者是怎麽發展和擴展"理"的？清代學者是怎麽發現和回歸"理"的？以及今天的學者又是（或又應當）怎樣批判和改造"理"的？這難道不是當今"訓詁哲學家"所應該努力回答的問題嗎？所以把這個意思寫在這裏而寄望于將來對戴震的研究。

參《説文段注》"侖"字：

侖，思也。 龠下曰。侖，理也。大雅毛傳曰：論，思也。按：論者，侖之假借。思與理，義同也。思猶鰓也。凡人之思必依其理。倫、論字皆以侖會意。**从亼册。** 聚集簡册必依其次第。求其文理。力屯切。十三部。

第 6 條

《説文解字注・卷一上・士部》p.32

士 shì，事也。《豳風》《周頌》傳凡三見。《大雅》"武王豈不仕"傳
亦云："仕，事也"。鄭注《表記》申之曰："仕之言事也"。士、事叠韻。引伸
之，凡能事其事者偁士。《白虎通》曰："士者，事也。任事之稱也。故傳曰
通古今，辩然不，謂之士。"數始於一，終於十，从一十。三字依《廣
韻》。此説會意也。孔子曰："推十合一爲士。"《韻會》《玉篇》皆作"推
一合十"，鉉本及《廣韻》皆作"推十合一"，似鉉本爲長。數始一終十，學者
由博返約，故云推十合一。博學、審問、愼思、明辨、篤行，惟以求其至是
也。若一以貫之，則聖人之極致矣。鉏里切。一部。凡士之屬皆
从士。

【精讀示要】

1. "一"有"貫通、全盡和統一"的含義，"十"代表"完備"；"推一合
十"是知識的積累和擴充，"推十合一"是在積累知識裏面發現統一的
規律。傳統"知識分子"的定義和今天不同。從文字上説（當然反映古
代的文化和思想），"知識分子"的使命有兩個：一個是能做事，所謂
"士者，事也"，士是"能幹的人"，因爲它是"任事之稱"；另一個使命是
探索客觀世界的規律，即所謂"學而優則仕"的學而優。前者是"立命
開太平"的事，後者是"立心繼絕學"的工作。因此王國維説，大學者比
帝王將相更可貴，更難遇。

又，吳承仕説：

"士，古以稱男子，事謂耕作也。知事爲耕作者，《釋名・釋言
語》云：'事，剚也；剚，立也，青、徐人言立曰剚。'《漢書・蒯通傳》

曰：'不敢事刃于公之腹者。'李奇注曰：'東方人以物臿地中爲事。
事字又作薔。'《漢書·溝洫志》注云：'薔亦臿也。'蓋耕作作始于
立苗，所謂臿物地中也。"①

　　據此，遠古"士"是"做事的人"，商周後變爲"武士""文士"的"士"，
春秋以後變爲"知識者"的代稱。

　　2. "仕之言事也"的"之言"二字很重要。A 之言 B 也，是説 A 和
B 之間有"語音＋語義"命名關係；"仕之言事也"就是説"'仕'意味着
'做事'"，或者"'仕'是從'做事'的角度得名的"。一句話，"凡能事其
事者偁士"，"能幹的"才有資格叫作"仕"。

　　3. 史與吏古通用。《左傳》"里克"《公羊傳》作"史克"；《離騷》以
"理"代"使(使臣)"。如"理弱而媒拙兮""吾令蹇修以爲理"，其中之
"理"都是"使"的意思。古代"行李"即"行使"。

　　　　"若舍鄭以爲東道主，行李之往來，共其乏困，君亦無所困。"

　　　　　　　　——(春秋·左丘明《左傳·僖公·三十年》)

行李之往來，即"使节"之往來。注意：史與吏古通用。就古音而言，
次濁音常可與舌、齒擦音相通，實際上"相通"并不準確，從音理上説，
是齒音和舌音中都存在複輔音，複輔音在演變過程中失落了其中的一
個輔音，因此演變爲了不同的單輔音(一部分只剩下舌音，一部分只剩
下齒音)。例如：know 中 k 是不發音的。竺家寧聲韻學課上的例子
也説明這個問題：李 * dzli＝木＋子　　使 * sli＝人＋吏　解釋爲：濁音
失落。再如：《左傳》"里克"《公羊傳》作"史克"；《離騷》以"理"代"使
(＝使臣)"，"理弱而媒拙兮""吾令蹇修以爲理"，其中之"理"都是"使"
的意思。徐中舒《甲骨文字典》謂"卜辭史、吏一字"，季旭昇《説文新
證》認爲"吏"是"史"的分化字。《資治通鑒·漢記十九》"能史書，習

───────────

　　①　楊樹達. 積微居小學述林[M]. 上海：中國科學院，1954：72.

事",胡三省注:"史,吏也。"《文選·吳植〈答東阿王書〉》"何但小史"善本作"吏"。從上古音的構擬上可以看出它們之間的音變關係:

士、仕 * zrɯʔ;史、使 * srɯʔ;吏 * rɯs;李 * rɯʔ

4. 士、仕、使、吏、事這幾個字又是相互聯繫的。《詩·大雅·文王》:"武王豈不仕",《晏子春秋·諫下》引"仕"作"事"。前面説過,學而優則"仕"的"仕"不是做官,而是"做事"。"士"要通過"做事"才能成"吏"。所以,古代 agent,act,action,position and result 可以是一個語根。只有綜合性的語言,才能有這樣的現象,只有綜合理解,才能洞悉古代社會和思想。

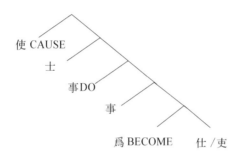

從不同的角度觀察同一個事件,和這一事件相關的詞具有同源關係,在音和義上都有關聯。亦即:工作的名字(事＝thing)、工作的動作(事＝do)、工作的人(士)、工作的内容(仕)、工作職稱(吏),工作的出現(使)都叫"士"。

5. 版本校勘的判定,非有見識不足以定是非。《韵會》《玉篇》兩個版本作"推一合十",但是徐鉉本和《廣韵》都作"推十合一"。段玉裁説"似鉉本爲長"。爲什麽呢? 他的道理是:"數始一終十,學者由博返約,故云推十合一。博學,審問,慎思,明辨,篤行,惟以求其至"。這是從倫理上推求文字組合的理據。而儒家道德還有更高的境界:"若一以貫之,則聖人之極致矣"。這裏段玉裁不僅闡明學者(士子)的頂峰(孔子之道可"一以貫之"),而且直接用這個理論來決定版本的是非

（當做"推十合一"），這就是所謂的"理校"。

6. deduction（演繹）和 induction（歸納）的不同："推一合十"是演繹驗實；"推十合一"是歸納通理。合有兩个意思：匯合、符合。在這裏，段氏主張的是"通理的建立"（合＝匯合）。段氏何以不主張"演繹"呢？我們要問的是：自古以來有没有人把"推一合十"解釋爲"演繹"的呢？亦即把"合"理解爲"驗準"之義的呢？没有！大抵是由己推人的理念。

第 7 條

《説文解字注・卷一下・屮部》p.36

每 měi，屮盛上出也。《左傳》："輿人誦曰：原田每每。"杜注："晉君美盛，若原田之屮每每然。"《魏都賦》"蘭渚每每"用此，俗改爲"莓"。[①] 按，每是屮盛，引伸爲凡盛，如"品庶每生"，貪也，"每懷"，懷私也，[②]皆盛意。毛公曰："每，雖也。"凡言雖者，皆充類之辭。今俗語言"每每"者，不一端之辭，皆盛也。从屮，母聲。武罪切。《左傳音義》亡回、梅對二反。古音在一部。李善莫來反。

【精讀示要】

1. 書證鮮見古義。引《左傳》"輿人誦曰，原田每每"以證"每"的"盛"義。又引《漢書・賈誼傳》"品庶每生"，孟康注"每，貪也"及《詩經・皇皇者華》"每懷靡及"鄭玄注《春秋外傳》曰懷私爲每懷諸例，認爲這裏的"每生""每懷"之"每"都是"盛"的意思。

2. 指出"每每如此"中"每每"爲"不一之辭"的副詞用法，實際就是從"盛大、衆多"的形容詞的意思引申而來：指明了形容詞語法化爲副詞的"意義來源"。

發明"盛"和"即使（although）"之間的語義關聯："每，雖也；凡言'雖'者皆'充類'之辭。"這裏段玉裁在解釋實詞"每（盛）"如何引申爲虛詞的"每（即使）"。《詩・小雅・棠棣》："每有良朋，兄也永歎。"鄭玄《箋》曰："言雖有良朋也。"詩意謂"即使有好朋友，也只能空增歎息"。然而，"屮盛上出"的"實義"和"即使"讓步之義有什麼聯繫呢？這是一

---

① 《魏都賦句》，今胡刻本作"莓莓"，李善注引《左傳》，亦作"原田莓莓"。《廣韵十四皆》"莓莓，美田也。"

② "品庶每生"，《漢書・賈誼傳》文，孟康注："每，貪也。""每懷"，見《詩・皇皇者華》，箋曰："《春秋外傳》曰：懷私爲每懷。"段氏下文引毛傳，亦見此詩。

個非常艱難的語義考源工作，一般人想不到也做不到，但是段玉裁一
語破的，他認爲其間的聯繫就在"盛多"的"每"可以用爲"不一之辭"、
用爲"充類之辭"，因爲"多"則不一，"多"則充類。而所謂"每有良朋"
就是"每每有良朋"，就是"足够成爲'有良朋'這類事實，也只能白白增
加嘆息"。毫無疑問，段氏在用 semantic decomposition（語義分解）的
方法來説明"although（即使）"的語義内涵是"充類"。因此，他把"即
使有良朋"語義分解成"在所有（或每一種）的情況下都有良朋"。事實
上，如果我們説：即使下雨（＝P），我們也要去玩（＝Q）的時候，它的潜
在邏輯是：

mostly/often（每每）normally（充類），if P then not Q.
一般情況下，如果 P（下雨），就不 Q（出去玩）

"即使"就涵喻着上面的"常理"，因此是"每每"、是"充類"。Corinne
Iten 説：

It was argued that *although* encodes a procedure which
guides the hearer towards the intended interpretation of the
utterance containing although. In other words，the speaker
saves the hearer processing effort by using although which gives
easy access to a contextual assumption and thus reduces the
effort involved in deriving the intended contextual effects. （見
Corinne Iten "The meaning of although：a Relevance Theoretic
account" *UCL Working Papers in Linguistics* 10(1998：1 - 29)

這裏有一個"説話者的意向"涵隱在裏面没有説出，而段玉裁通過"充
類"一詞把"每"（即使）所暗含的交際原則揭示了出來，從而説明了實
詞是如何成爲虚詞的引申路徑。亦即：

$$\left\{\begin{array}{l}\text{往往 Adverb(副詞)}\\\text{實詞虚化：盛多 Adjective(形容詞)}\\\text{即使 Conjunction(連詞)}\end{array}\right.$$

可見，段玉裁在分解（decompose）實詞的詞義從而展示它何以引申爲虚詞（每每"雖＝即使"）的路徑上，有着超人的見解。

第 8 條

《説文解字注・卷一下・艸部》p.47

蒻 ruò，蒲子。句。可吕爲平席。蒲子者，蒲之少者也。凡物之少小者，謂之子，或謂之女。《周書》"蔑席"，眘部曰："纖蒻席也。"馬融同。王蕭曰："纖蒻莕席也。"某氏《尚書》傳曰："底席，蒻莕也。"鄭注《閒傳》曰："笲，今之蒲莕也。"《釋名》曰："蒲莕，以蒲作之，其體平也。"莕者，席安隱之偁。此用蒲之少者爲之，較蒲席爲細。《攷工記》注曰："今人謂蒲本在水中者爲弱。"弱即蒻。蒻必婑，故蒲子謂之蒻，非謂取水中之本爲席也。世謂蒲蒻。《太平御覽》有此四字。从艸，弱聲。而灼切。二部。

【精讀示要】

1. 這裏"凡物之少小者，謂之子，或謂之女"最值得注意。"少"和"小"原來是不分的，所以"子"和"女"都有少、小之義。"子"有少小義不難理解，"女"怎麼有"小"義呢？這裏要看到古人意念和詞義關係的問題。"女"有小義不但是古代文化的意念，而且已注入古人的語言。如《詩・豳風・七月》："猗彼女桑。"《爾雅・釋木》："女桑，棟桑。"郭璞《注》："今俗呼桑樹小而條長爲女桑樹。"又《釋名・釋宮室》説："城上垣曰睥睨……亦曰女墙，言其卑小，比之於城。"可見，"女桑"和"女墙"都和性別沒關係，而是指"小桑"和"小墙"的意思。這説明古人看事物往往會賦予它們自己的主觀看法，於是把一個名詞"意化"爲表特殊性質的形容詞。

2. 讀古書要悉心體味古人在名物方面的文化意念。譬如"馬"這種動物，古代常有"馬，武也"之訓，這不是簡單的語音相近，而是反映了古人對"馬"的看法和態度。所以"司馬"不是"馬官"而是"管軍隊"的"國防部長"。據本師陸穎明先生所説，《史記・魏其武安侯列傳》

"魏其、武安皆以外戚重,灌夫用一時決而名顯;魏其之舉以吳楚,武安之貴在日月之際"中"日月之際",就需要根據古人的意念來理解:"日"有内、"月"有外的特別含義,"日月之際"即"内外之間"的意思。這可以從《說文》重文看出來。《說文·卷二·彳部》"復,卻也。從彳、日、夂。復或從内(作𠇷)。𢓊,亦古文退。"可見"復"字所從之"日"可以换成"内",是"日"有"内"意。又如,《說文·卷十二·門部》"閒,隙也。閞,古文閒。"段注:"與古文恒同,中從古文月也。"《說文·卷十三·二部》"𠄨,古文恆,從月。"《左傳·成公·十六年》"姬姓,日也;异姓,月也。"也是從親近和疏遠的角度來用"日、月"之意的。

第 9 條

《説文解字注・卷一下・艸部》p.64

萌 méng，艸木芽也。木字依《玉篇》補。《説文》以艸木芽、艸木幹、艸木葉聯綴成文。萌、芽析言則有别，《尚書大傳》"周以至動，殷以萌，夏以牙"是也。統言則不别，故曰"萌，艸木芽也。"《月令》："句者畢出，萌者盡達。"注："句，屈生者；芺而直曰萌。"《樂記》作"區萌"。从艸，朙聲。武庚切，古音在十部。

【精讀示要】

1. 這裏主要是"析言、統言"的概念。"萌"和"芽"析言有别，統言不分。問題是如何"析"，怎麽"别"？是"根義"的不同？"本義"的不同？方言的不同？時代的不同？語體的不同？可見"析言"的問題非常複雜，但這是一个可以進一步研究的好題目——漢語同義詞分析法中的統言與析言。顯然，段氏這裏的"析言"還包括了時代的不同："殷以萌，夏以牙"；也有義根的不同：句者屈生，萌者直生。

2. 從"析言、統言"的概念上，還可以進一步探討王念孫提出的"古義圓、今義專"的理論（"王氏念孫曰：'《爾雅》一書不但見古人形少，亦見古人義少，以少賅多，義渾圓故也。'"[①]）。

① 龔自珍.説文段注札記//龔自珍.龔自珍全集[M].上海：上海人民出版社，1975：274.

第 10 條

《説文解字注・卷一下・艸部》p.67

茲 zī，艸木多益。《詩・小雅》："兄也永歎。"毛曰："兄，茲也。"
戴先生《毛鄭詩考正》曰："茲，今通用滋。《説文》茲字説云：艸木多益；滋
字説云：益也。韋注《國語》云：兄，益也。《詩》之辭意，言不能如兄弟相
救，空滋之長歎而已。"按《大雅》"職兄斯引"《傳》亦云"兄，茲也。"从艸，
絲省聲。絲，宋本作"茲"，非也。玆從二玄，音玄，字或作滋。茲从絲省
聲。《韻會》作丝聲。丝者，古文絲字。滋、孳、鷀皆茲聲。子之切，一部。
《經典》茲，此也。《唐石經》皆誤作玆。

【精讀示要】

1. 意義是怎樣從"虛"引申爲"實"的？此注頗有啓發。兄
(kuàng)的意思本來是"多、盛"；年歲多、歲數大也叫兄(xiōng)。兄
(kuàng)是形容詞，兄(xiōng)是名詞。從形容詞到名詞，就如同"大"
是形容詞，"老大(＝長子)、老二"的"大"是名詞。

2. 讀古書切忌"望文生訓"(不知道詞義、文意是什麼，只照後來
字面的意思猜測解釋)。不知道"兄"的本義，把"兄也永歎"誤解爲"兄
弟長嘆"就是望文生訓。這就如同今人把"每下愈况(＝甚＼厲害)"錯
誤地理解爲"每況(情況)愈下"一樣，是望文生訓的結果。當然久錯成
真，今天竟然不知道原來真的是什麼了。

3. 以字之"本義"發掘"詩之辭意"，這是段玉裁引用其師戴震《毛
鄭詩考證》的目的所在。讀古書不僅要明白每個字的本義(《説文》的
訓釋)是什麼，更重要的是要用本義推求文學作品的"辭意"是什麼。
"辭意"即"作者的言辭含意"。戴震所本詩句見下：

常棣之華，鄂不韡韡。凡今之人，莫如兄弟。

死喪之威，兄弟孔懷。原隰裒矣，兄弟求矣。

脊令在原，兄弟急難。每有良朋，況也永歎。

兄弟鬩于牆，外禦其務。每有良朋，烝也無戎。

喪亂既平，既安且寧。雖有兄弟，不如友生？

儐爾籩豆，飲酒之飫。兄弟既具，和樂且孺。

妻子好合，如鼓瑟琴。兄弟既翕，和樂且湛。

宜爾室家，樂爾妻帑。是究是圖，亶其然乎？

——《詩經·常棣》

訓詁學的一個根本任務就是挖掘當時説這句話的人的本來意圖是什麼、話所意味的是什麼。戴震説"況也永歎"不能理解成"哥哥在那兒長叹"，因爲原話是"增長叹息"的意思。

　　4. 讀古書要學會"以意逆志"（孟子語）：跟段玉裁所引的要得其"辭意（≠詞義）"一樣，只是角度略有不同而已。孟子説的"志"是作者的意（＝意圖、目的），而其所説的"意"是讀者之意（＝看法、心得）。"以意逆志"是説要把作者心裏的意思理解對，不能曲解。如何做呢？就是一個"逆"字，就是用你的猜想理解（意）來"對合"作者之意圖，嚴絲合縫才是最高的讀書境界，才跟書中的意思相一致。所以後人"以我注經"的做法和心態，不是以意逆志，而是强古人而從自己。這不是乾嘉學者實事求是的態度和做法。事實上，訓詁學創造了各種考義的手段——字義、詞義（實義、虛義）、根義、文意等，可以幫助我們有效地去"逆（＝對合）"古人的意圖和意思。漢語最大的優點就是有古文字，古字形可以告訴我們有關古義的信息，"迎"合文意的工作可以不斷深入。顯然，這又是一個可以研究的大題目：《漢字字形重現古人的文化理念》。

《説文解字注·卷二上·八部》p.85

尒 ěr,詞之必然也。詞,今作詞,《説文》字體本作詞。尒之言
如此也,後世多以爾字爲之。凡曰果爾、不爾、云爾、莞爾、鏗爾、卓爾、鼎
鼎爾、猶猶爾、聊復爾耳、故人心尚爾,皆訓如此。亦有單訓此者,如《公
羊》"焉爾"之爲於此,《孟子》"然而無乎爾""則亦有乎爾"是也。語助有用
"耳"者,與爾絶殊。《三國志》云"生女耳"是也。耳之言而已也。近人爾、
耳不分,如《論語》"女得人焉爾乎",《唐石經》譌爲"焉耳",《詩·陳風》箋
"梅之樹善惡自爾",宋本譌爲"善惡自耳",皆是也。古書尒字,淺人多改
爲"爾",如手部引《論語》"鏗尒",《考工記》"掣尒",小徐本不誤是也。从
丨八,八象氣之分散。从丨八,與小同異①。入聲。今本無此二字,
上文作"从入丨八",此依《韵會》所引小徐本訂正。入聲在七部,而尒在十
五、十六部間者,於雙聲求之也。兒氏切。

【精讀示要】

　　1.《説文》的"詞"是"意内而言外",就是語助。"詞"又作"詞",是
"司其言"的意思,也就是控制言辭。什麼能控制言辭呢？就是語法。
語法靠虛詞,虛詞就是意内言外的"詞",所以古代的"詞"不是 content
word 實詞。趙元任曾經説過：中國傳統的語言學裏就沒有 word 這
個概念。讀《段注》可以做的一個題目,就是"the notion of word in
Chinese 漢語裏面'詞'的概念"。中國傳統語言學上的"詞"不是實詞,
是組織語法的虛詞,或者叫作功能詞 functional word。

　　2. "意内言外"的"意"不僅指"語氣"也指"語意"。所以不僅語氣
虛詞如"乎、也",而且句法虛詞如"之、者"都是言外的"詞"。中國歷史

---

　　①　校勘："同異",當作"同意"。

上第一部專門講虛詞的語法書,是清人王引之的《經傳釋詞》,和今天形式句法裏面説的功能詞有類似之處。虛詞有點像"膩子",其用處是把"磚頭"(實詞)黏合在一起。中國人説話有詞法和句法,説話之前心裏想的(實體或概念),如圖書館、學生等,就是"意内"的産物。等到讓腦子裏的"意"用"言"説出來的時候,就成了"圖書館裏的學生"或者"學生的圖書館"一類的外現之"言";其中的"裏""的"都是"言外""詞"。"意内"的時候它隱而不顯(因爲是語法),但是"言外"的時候必須有它,否則没辦法組織句子。"你吃飯"只是"内意",不是"言",且不合語法(不是完句)。一説出口成了言,就少不了"詞(句法關係及其标記)",所以"你吃飯了嗎"裏面的"了、嗎"就是"言外"之"詞",就成了"司言"之虛詞(管理語言關係句法成分)。注意:一般認爲,第一部關於虛詞的著作是元代·盧以緯的《語助》,但是第一个講虛詞語法的,要數王引之,王氏的虛詞系統觀念,是前人没有的。他説:

> 自庚戌歲入都侍大人,質問經義,始取《尚書》廿八篇紬繹之,而見其詞之發句、助句者,昔人以實義釋之,往往詰鞫爲病。竊嘗私爲之説,而未敢定也。及聞大人論《毛詩》"終風且暴"、《禮記》"此若義也"諸條,發明意恉,涣若冰釋,益復得所遵循,奉爲稽式,乃遂引而伸之,以盡其義類。自九經、三傳及周、秦、西漢之書,凡助語之文,徧爲搜討,分字編次,以爲《經傳釋詞》十卷,凡百六十字。①
>
> ——清·王引之《經傳釋詞·自序》

標記着重號的部分都是王引之學術精華之總結,值得細細品味其意蘊、汲取其精華。

　　3."尒之言如此也"是説"尒"和"如此"有父子關係。"尒"是孩子,"如此"是爸爸。語言學上叫 fusion form(合音形式),如北京話的

---

① 　王引之.經傳釋詞[M].南京:江蘇古籍出版社,2000:2.

"不用"變成"甭",就是把兩個字説成一個音節的例子。上古有很多這種合音詞。段玉裁説"果爾、不爾、云爾、莞爾、鏗爾、卓爾、鼎鼎爾、猶猶爾、聊復爾耳、故人心尚爾"裏的"爾",都是"如此"。"如此"在句子後面都是表達肯定、必然語氣的,説快了,就成了"尒"。其他例子如"之乎＞諸";"而已＞耳"等等。與合音詞相反的,一個字分解成兩個字的,叫"聯綿詞"。如"孔 klong＞窟窿"。不難看出,這是複輔音分化的結果。所以,漢語史上"1＞2"和"2＞1"的現象都有。當然它們都是有條件的。比如"爸爸"又説成"爸","什麽"又説成"啥"以及廣東話的"咩、阿猫、阿狗"等現象,都是漢語裏一變二、二變一的例子。

4. 理論先進看法卓絶,才能指出以往的失誤。段玉裁在這方面可以説是乾嘉學者的佼佼者,所以能指出"爾"是"如此""耳"是"而已"的不同和失誤。

5. "從丨八,與小同意"中的"同意"原文做"同異"。許惟賢校曰:"'同異'當做'同意'。"這裏采用許惟賢校對改爲"同意"。注意:"同意"是段玉裁繼承和發展許慎文字學理論以及語義學理論的一個重要術語,反映出他在這兩學科上的超前智慧和學術能力,我們將在下面的講解中詳細討論。

第 12 條

《説文解字注・卷二上・八部》p.87

余 yú,語之舒也。語,《匡謬正俗》引作"詈"。《左氏傳》:"小白余敢貪天子之命,無下拜。"此正詈之舒。亏部曰:"亏,於也。象氣之舒亏然"。則余、亏異字而同音義。《釋詁》云:"余,我也。余,身也。"孫炎曰:"余,舒遲之身也。"然則余之引伸訓爲我。《詩》《書》用予不用余。《左傳》用余不用予。《曲禮》下篇:"朝諸侯,分職授政任功,曰予一人。"注云:"《覲禮》曰:伯父寔來,余一人嘉之。余、予古今字。"凡言古今字者,主謂同音,而古用彼,今用此異字。若《禮經》古文用"余一人",《禮記》用"予一人"。余、予本異字異義,非謂予、余本即一字也。顏師古《匡謬正俗》不達斯恉,且又以予上聲、余平聲爲分別。又不知古音平上不甚區分,重悝弛繆。《儀禮漢讀攷》糾之詳矣。从八,象气之分散。舍省聲。以諸切,五部。

【精讀示要】

1. 給《説文》的本訓找書證是一個非常艱難的工作。這裏段玉裁根據《左傳・僖公九年》"小白余敢貪天子之命無下拜"的杜預注"小白,齊侯名;余,身也"指出,這裏面的"余"正好就是許慎説的"詞之舒"。段氏意在説明許慎所説之"余"是語氣詞,而這一本義在文獻裏也信而有徵。凡訓詁必有文獻證據,此其一。這也是文獻語言學的任務和重要研究内容。文獻語言學,即以文獻文證據來研究和解釋語言現象的學科。文獻是媒介,語言是落腳點。

2. 其次,段氏認爲表語氣"詞之舒"的"余"和《亏部》的"氣之舒亏然"的"亏"是一個詞(余、亏異字而同音義),都表語氣的舒緩拉長。據古音構擬,"余"最早可能讀"la"。舒長的語氣可以用來表示"舒遲之身也"(據孫炎),所以段氏認爲"'余'之引伸訓爲'我'"。語氣舒遲是否可以轉指自身,還需要考證,但《爾雅・釋詁》有明確的解釋:余,我也;余,身也;可見"身"可以引申爲"我"。今天我們説"本人……"的"本人",就是用"人(＝身)"來代表自己的。當然,如何從"語之舒"引申出"本人"的意思,還是一個懸而未決的義通之謎。但如果真的二義可通,那麼就不是"实詞往虛詞引申",而是"由虛往實"——從語氣到代詞——的發展了。有這樣的引申路徑嗎? 很值得探討。

3. "予一人"是侯王的自稱,是謙詞呢,還是表示身份、地位和特權的專用詞呢? 用"我一個人"來自指,孤身力薄,似乎很自謙。古代注釋家也因此而誤解了上古的"人稱"文化。譬如《禮記・曲禮下》:"諸侯見天子,曰'臣某侯某'。其與民言,自稱曰'寡人'。"孔穎達《疏》:"寡人者,言己是寡德之人。"於是後來的人都認爲"寡人"是王侯的自謙之辭。其實,"寡人"的"寡"和"寡妻""寡兄"的"寡"的詞義和用法是一樣的,都是"定位"和"自尊"之意。"寡"取獨特之義,"寡人"是唯獨我一個無以匹敵的人,"寡妻"是最尊貴的妻子:嫡妻(見《詩・思齊》"刑于寡妻");"寡兄"是有繼承權的長兄:嫡兄(見《書・康誥》"乃寡兄勖")。清人俞正燮《癸巳類稿・寡兄解》有説,可參看。由此可見,最早"寡×"反映的人稱文化不是自謙,而是定位獨尊之稱。後人誤解,才有"孤家寡人"的説法。然而,孤身一個怎麼會自傲? 孤寡不群怎麼能自尊? 顯然,我們還需要進一步發掘才能説明這裏的"義通之軌"。其實"一人""孤寡"在古代是從"没有匹敵、獨然卓立"的角度來指稱身份和地位的。顯然不是自卑之詞。另,從甲骨卜辭及金文來看,"余一人"或"予一人"均爲國王一人所用的專稱。[①]

4. 古今字的概念。注意:"古今"是相對而言的。《段注》卷三上"誼"字下注云:

> 古今無定時,周爲古則漢爲今,漢爲古則晉宋爲今,隨時異用者謂之古今字,非如今人所言古文籀文爲古字,小篆隸書爲今字也。

---

① 胡厚宣.釋"余一人"[J].歷史研究,1957(01):75-78.

第 13 條

《説文解字注・卷二上・牛部》p.88

　　特 tè，特牛也。鉉本云士部：“朴特，牛父也。”按，《天問》：“焉得夫朴牛”。洪氏引《説文》：“特牛，牛父也。言其朴特。”皆與鍇本異。蓋言其朴特，乃注《説文》者語，鉉本改竄上移耳。王逸、張揖皆云：“朴，大也。”《玉篇》犉訓“特牛”、《廣韵》犉訓“牛未劇”，此因古有“朴特”之語，而製犉字。特本訓牡，陽數奇，引伸之爲凡單獨之偁。一與一爲耦，故“實維我特”“求爾新特”，毛云：“特，匹也。”从牛，寺聲。徒得切。一部。亦作犆。

【精讀示要】

　　1. 特的本義是“公牛”，公牛體大，所以“朴牛”就是大牛。未經閹割的公牛就更雄壯，所以“朴牛”特指未劇之牛。明白了這裏詞義之間的關係，可知洪氏所引《説文》中“言其朴特”是古人注《説文》者之語，不是許慎的原注。這是根據語義做版本校勘。

　　2. 段氏此注，點出一條文字製造的重要規律，即：因“語（自然語言）”而製“字（書寫符號）”。“因古有‘朴特’之語而製‘犉’字”，説明“犉”是“朴”的後出字。二者的不同在於“朴”是語言的“詞”；“犉”是分詞的“字”。當“朴”在“朴牛”語境中逐漸固化而專指“未劇”之牛時，朴大的“朴”就分化出來一個“未劇大牛”的“專義”的“朴”。“朴$_1$”是原來的“朴大”之“朴”；“朴$_2$”是後來分化出的“未劇大牛”之“朴”。文字是記錄語言的符號，所以後人就給第二個“朴”製造了一個新字“犉”：把原來（樸）的“木”字旁換成了“牛”字旁（犉）。注意：未切割的玉叫“璞”，未加工的木料叫“樸”，正好使“未劇牛”的“犉”獲得了語源“取意”的證據。所以，後出字往往顯示出某種附加的語源信息。不從取意的角度來理解詞義的話，往往會迷失方向。這是我們研究文獻語義學所宜特別注意者。

3. "特"是"公牛"怎麼會有"獨一"之義呢？段玉裁説："特本訓牡，陽數奇，引伸之爲凡單獨之偁。"就是説，"特"是公牛，公屬"陽"，陰數偶，陽數奇，奇則不偶，所以"特"引申爲"單獨"的意思。這是在給"引申義"找"義源"或"義軌"。段玉裁説的對不對呢？我們從古代的"予一人""寡人""寡兄""寡妻"等例子可以看出（參第 12 條"余"），"尊大"和"獨一無雙、無匹無敵"的意思緊密關聯。因此，如果"特"本指雄壯的"牛父"，則有獨尊無雙之義無疑，由此則可引申出"獨一不偶""奇特不群"的意思。獨一和奇特是一個現象的兩個方面，它比陰陽奇偶的數字觀念更原始。因此，很難説"獨尊無雙"是受了陰陽數字的影響，正相反，數字的奇偶陰陽，可能是受了"獨尊無雙"的意念影響。無論如何，上古"尊大""獨一"的關係不僅是考證詞義的綫索，同時也是考證歷史的依據。從下面的詞義分析中，我們更可以看出"奇特異常"和"單一不偶"之間的關係。

段注"觭"字曰："觭者，奇也。奇者，異也，一曰不耦也，故其字從奇。《公羊傳》'匹馬隻輪無反者'《穀梁》作'倚輪'，《漢五行志》作'觭輪'，此不耦之義之引伸也。《周禮》觭夢，杜子春讀爲'奇偉'，此'異'義之引伸也。"這裏段玉裁成功地解釋了"單獨""不偶""奇異＝非常"三種意思的有機聯繫。最有意思的是他使用的"异文引申"的訓詁方法：

匹馬隻輪無反者。	《公羊傳·僖公·三十三年》
匹馬倚輪無反者。	《穀梁傳·僖公·三十三年》
匹馬觭輪無反者。	《漢書·五行志》

這裏的异文不是假借，不是形近，而是同義詞的替換，但是從"同義替換"之中可以看出詞義引申的軌跡："奇异"通"不耦"。換言之，《穀梁傳》裏的"倚輪"不是"偏輪"，《漢書·五行志》裏的"觭輪"不是"仰輪"，而是用"倚"和"觭"的"奇异"之義引申出來的"不偶"之義來指"一（隻）

輪"的意思。

4. 如果"特"是"單一"的意思,爲什麽《詩經》"實維我特""求爾新特"中,毛傳都說"特,匹也"?"特"怎麽會有"成對儿"的意思呢? 段玉裁說是"一與一爲耦"的原因,這就點出了語義通轉之所由:單與雙相互爲義,没有單就没有雙,没有雙也不成其爲單。因此,"單一"的詞語一旦落入"互相爲義"的語境,就獲得了"雙"的意思。這就是爲什麽在《詩經》"特"訓爲"匹"的語境裏,都有一個"我"或"你(=爾)"與之對應:"實維我特""求爾新特"。而今人說"他是我的對儿""我是他的伴儿"的時候,都是"两个之一"。因此"單"可以指與之組合爲雙的"對儿","對儿"也可以指稱其中的"單"。《公羊傳·僖公·三十三年》"匹馬隻輪無反者。"何休注曰"匹馬,一馬也。"但是《詩經·小雅·鴛鴦》"鴛鴦于飞,畢之羅之"的毛傳說"鴛鴦,匹鳥也。"可見,"匹"既是偶,又可以指稱"單"(一匹馬)。春秋左丘明《左傳·昭公六年》"匹夫爲善,民猶則之,況國君乎?"漢班固《白虎通·爵》"庶人稱匹夫者,匹,偶也,與其妻爲偶,陰陽相成之義也。"是古人稱匹夫有"丈夫(=husband)"的意思。《孟子·梁惠王下》:"夫撫劍疾視曰:'彼惡敢當我哉!'此匹夫之勇,敵一人者也。"這裏的"匹夫"則又是"個人(=a man)"的意思了。"匹"何以有"配對"和"單一"的意思呢? 段玉裁"妃"字下注曰:"四丈而兩之,各得二丈。夫婦之片合如帛之判合矣。故帛四丈曰兩,曰匹。人之配耦亦曰匹。"他又說:"凡言匹敵,匹耦者,皆於二端成兩取意。凡言匹夫、匹婦者,於一兩成匹取意。兩而成匹,判合之理也。雖其半亦得云匹也。馬稱匹者,亦以一牝一牡離之而云匹。猶人言匹夫也。"(段玉裁"匹"字下注)。

第 14 條

《説文解字注・卷二上・𠈇部》p. 110

𠈇 níng，亂也。从爻工交𠈇。疑有譌脱。寸部："𡨄，繹理也。从口、从工、从又、从寸。工口，亂也，又寸，分理之。彡聲。"與𠈇同意。是則从叩、从爻、从工者，亦亂也。从己分理之。𠈇不理，𡨄不云亂者，互見其義也。乙部曰："亂，治也。"爻部曰："𤔔，治也。幺子相亂，爻治之。"凡言亂而治在焉，《易》"窮則變"也。《莊子・在宥》"傖囊"，崔譔作"戕囊"，云："戕囊猶搶攘。"晉灼注《漢書》曰："搶攘，亂兒也。"搶、攘疊韵，本在陽唐韵，轉人庚韵。攘即𠈇之假借。凡髮亂曰"鬠鬤"，艸亂曰"葦薴"，皆搶攘同意。一曰窒𠈇。𠈇，《玉篇》作穰，葢誤。窒𠈇，葢充塞之意，周漢人語也。讀若穰。兩義同讀，在十部。《唐韵》女庚切。𠈇，籀文𠈇。

【精讀示要】

1. 文意訓詁與詞義訓詁不同

文意訓詁是指在解釋詞義的過程中，加進了語詞以外的、闡述上下文含義的訓詁内容。它是假借、引申之外的第三種詞義由來的方式，即本句話中的詞該如何理解，也就是"換一種説法"。例如：

（1）春秋・左丘明《左傳・哀公十二年》："今吾子曰必尋盟，若可尋也，亦可寒也。"杜注："尋，重也；寒，歇也。"杜預的注釋是當時的上下文中尋的意思，而非詞義。從這一點來看，朱駿聲謂"假尋爲燅"是值得商榷的。

（2）《詩・大雅・大明》："文王初載，天作之合。"毛傳："載，識也。""載"訓識也是文意訓釋，這裏的"文王初載"不是説"文王初年"，根據文意而是指文王出生剛有意識的時候。

（3）《國語·晉語》：“虢之會，魯人食言。”韋昭注：“食，僞也。”又《左傳》“公曰：是食言多矣，能無肥乎？”

關於文意訓詁與詞義訓詁的具體區分方法，以及應用價值，可參看馮勝利附錄 2 中《區分詞義訓詁與文意訓詁》（1983）。

本條的現代意義：注意詞的言外之意。文意訓詁屬於篇章系統，而非詞義系統。

2. 凡字同意者＝造意相同：尋與𣂕同意（𣂕 níng，亂也。从爻工交叩。攘即𣂕之假借。凡髮亂曰鬈髻，艸亂曰芋葦，皆搶攘同意）。

（1）《説文》“工，巧飾也。與巫同意。”《段注》“丂與巫同意。丂有規榘，而彡象其善飾。巫事無形，亦有規榘。而从象其网褎，故曰同意。凡言某與某同意者，皆謂字形之意有相似者。”

（2）《説文》“昝，乾肉也。昝與俎同意。”《段注》“俎从半肉，且薦之。昝从殘肉，日晞之，其作字之恉同也，故曰同意。”

（3）《説文》“𦬶 mǐ，羊鳴也。从羊，象氣上出。與牟同意。”《段注》“凡言某與某同意者，皆謂其製字之意同也”。

“齊”：禾麥吐穗上平也。造字之意。所以有“同意字”與“同義詞”的對立。

同意：字 A 字 B 有些部件表意功能相同，但字所代表的詞的詞義不一定相同。

同義：詞 A 詞 B 的意義相同。但詞義不能直接從音到義。

具體而言：

同意不一定同義，“意”是就字意而言的，“義”是就詞義而言的。如“兵”與“戒”同意，即造字意圖相同，都是以手持武器，但就詞義而言，“兵”是指武器、持武器的人，而“戒”是指戒備、警戒。又如構件“隹”“鳥”構字時所表達的意圖是相同的，但所參構的可以是不同的詞。

同義詞是指兩個詞的某個義位相同或相近。記錄同義詞的字有時也同意，如“美”“善”二詞義相通，《説文》亦云“美與善同意”。但同義也未必同意，如“完”和“全”是一組同義詞，都強調完備性，但“完”和

"全"二字構造意圖不同。

　　一定要注意：字形僅"代表/表現"詞義，它體現和記錄了詞義，但并不就是詞義（代表≠是）。換言之，構意不等於詞義。字形能反映詞義，取意也能反映詞義。字形所反映的詞義和取意所反映的詞義，是兩種性質不同的操作：一個是造字，一個是造詞。

　　"同意"也可有兩種意思：一指造字的意圖相同（就字而言，如"尋"與"叟"同意）；二指造詞的取意相同（就詞而言，如"拳鬈""莘蕚"與"搶攘"同意，皆從"亂"取意）。注意："取意"也有時臨時取某物特徵爲"意"者，比如"自行車""脚踏車""單車"的取意不同，但是詞義相同。取意是命名（造詞）範疇的意圖，是詞義的一部分（核心義素），并不是詞義的全部（這裏要區分詞義範疇的"概念義"和"指稱義"）。

　　3. "窒叟"葢充塞之意，周、漢人語也，這是要我們在斷代詞彙上，建立斷代語感。

第 15 條

《説文解字注・卷二上・止部》①p. 118

止 zhǐ，下基也。與丌同部同義。象艸木出有阯。止，象艸木
生有阯。屮象艸木初生形，止象艸過屮，枝莖益大，出象艸木益滋上出達
也。故㠯止爲足。此引伸假借之法。凡以韋爲皮韋，以朋爲朋黨，以來
爲行來之來，以西爲東西之西，以子爲人之偁，皆是也。以止爲人足之偁，
與以子爲人之偁正同。許書無趾字，止即趾也。《詩》"麟之止"，《易》"賁
其止""壯于前止"，《士昏禮》"北止"，注曰："止，足也。"古文止爲趾，許同
鄭，从今文，故不録趾字。如从今文名，不録古文銘也。或疑銘、趾當爲今
文，名、止當爲古文，周尚文，自有委曲煩重之字不合於《倉頡》者，故名、
止者古文也，銘、趾者，後出之古文也。古文《禮》、今文《禮》者，猶言古
本、今本也，古本出於周，從後出之古文；今本行於漢，轉從冣初之古文。
猶隸楷之體，時或有捨小篆用古籀體者也。諸市切，一部。凡止之屬
皆从止。

【精讀示要】

1.《説文》解釋"止"的意思是"下基也"，它的構形是"象艸木出有
阯"。與甲骨文的"止"相比，許慎的解形顯然是錯的。甲骨文像"脚趾
張開的脚掌"，是"脚底板"或"脚趾"的形象。讀《説文解字》首先要清
楚的是，根據小篆字形解釋的"字意(＝文字構形的意圖)"和甲骨文、
金文有很大不同。這裏可見一斑。

2. 小篆的字意和甲骨文、金文不同，原理是小篆有自己獨立的系

---

① 【説明】本文旨在通過示例揭示《説文解字注》條目中的主要觀點，以及介紹閲讀和
學習《説文解字注》的經驗、方法，而不在勘誤。因此，《説文解字注》正文之句讀、標點悉依許
惟賢整理點校本(該本由鳳凰出版社出版)。

統。段玉裁用止、屮、㞢、出四個草木生長的獨體象形字說明其造字系統。這是他在斷代"字感"(比較"語感"和"斷代語感"的概念)上有自覺意識的表現。這正是今人所缺少的。字感指的是對字形上附載着哪些和詞義相關的構意或取意的系統認識,它是溝通字形及其筆意所記錄的系統意義和詞之間的感官反應,亦即人們看到一個字形時的刺激反應(包括字的構意和詞的取意)。字感以"字形語感"和構字系統爲基礎。字感不是一成不變的,它隨着時代的不同而不同。如上舉之"止"字,甲骨文和小篆給人的字感是不同的,這是由於不同時代的字感差异(構意系統的差异)所造成,這就叫作"斷代字感"。簡言之,甲骨文有甲骨文的字感,篆文有篆文的字感,隸書有隸書的字感,楷書也有楷書的字感。不同時代的書寫體系有不同時代的字感,就如同不同時代的語法有不同時代的語法直感一樣。這一點至今還沒有引起古文字學家在構建文字理論時的注意和重視。

3. 許慎的文字學中,有幾個相關但有區別的不同概念,必須注意它們的區別,强調這點非常必要:字意≠字義≠詞義。今天的文字學家似乎還沒有很好地區別這三個概念。舉例而言:

字意＝象屮木出有阯　　字形取象的意圖

字義＝下基也　　　　　字意的意旨(表達字意的核心詞的詞義)

詞義＝足　　　　　　　該字代表的詞在語言使用中的意思

《說文》"止"字的訓釋比較清楚地揭示了許慎的文字學概念和體系。這裏我把它們離析、揭示出來,供從事文字、訓詁之學的同學和同行思考研究。

需要進一步説明的是:字義是字意和詞義溝通的橋梁,即通常所説的本義(見下文對"㞢"字的闡釋)。給某個詞造字即以某一個詞義爲基點來設計字形,所設計的字形反映的構造意圖,叫字意,也叫造意或構意。字和詞結合起來的意思是字義,如"本"的字義是"根"。詞義是指脫離於字而附着于聲音的意義(早于字的意義)。字義和詞義可以重合,但本質上不是同一個範疇的概念。字義取之於詞義,亦即把一個詞義當做一個對象來造字,怎麽造字、怎麽表現這個詞義,要經過一定的設計,這個設計的意圖就是字意。詞義有很多(包括臨時的),老百姓可能根本不識字,却能知曉某個詞所表達的意義是什麽。造字要以意義爲依據,而造字者一般都用該詞最常見、最基本的意義來造字,他們是根據詞感來選擇的。字義是詞義中的一個。如"本"有樹根、源頭等多個意義。造字時只選擇了"樹根"義作爲構形的依據①。但給"樹根"義造字時如何來表現或設計呢? 是畫一個木頭底下帶有凌亂的根兒的形象,還是畫木頭底下附有一識別字號的形象? 這個整體設計所反映的意圖,就是字的構意。總之,字意、字義和詞義,是三個不同的範疇或層面,是一個現象(如"本")的三個不同系統的反映。

詞義是指某個詞在語言實際使用中的意思,詞義是客觀存在,并爲語言使用者所熟悉的。字是記録詞的,字又有字義,相當於本義(定義見上),也是在文獻語言中使用的意義。有時候,人們并不知道某個字的字義是什麽(因爲時代久遠等方面的原因),但知道某個字的詞義是什麽。同時,字義又由構意體現出來。字意是造字取象的意圖,字義是溝通字意和詞義的橋梁。譬如"齊"字,《説文》訓"禾麥吐穗上平也"。顯然,這不是"齊"的詞義,其詞義是"齊、整"。"禾麥吐穗上平"可分解爲兩部分:一是"禾麥吐穗",講的是字意;一是"上平",講的是字義。可見,"禾麥吐穗"這一構形的意圖是提示字義"上平",而字義"上平"又與詞義"齊、整"相關聯。這就是我們所要提出的一個新概念,在讀《説文解字注》時,可以看出段玉裁在這方面有深刻的認識,雖然他没有專門論述,但是概念是有的。

4. 段氏此注對許慎引申義有所發明。首先,許慎"故以止爲足"的意思是説:經典文獻的語言把"止"用爲"足=趾"不是"止"字的字義(=本義),這是把"象艸木出有阯"的"下基"的意思用成了"脚趾"的意思了。這裏的"以 A 爲 B"是許慎把"A 義"用爲"B 義"的引申術語。段玉裁把這種方式概括爲"引伸假借之法",如以鳳朋爲朋黨之朋:

---

① 也可以説是用詞義中最容易表現的一個意義來造字或構形。

"鳳飛，羣鳥從吕萬數，故吕爲朋黨字。"(《說文解字注·卷四·鳥部》)

"天所來也，故爲行來之來。"(卷五·嗇部)

"日在丂方而鳥丂，故因吕爲東丂之丂。"(卷十二·西部)

"陽氣動，萬物滋，人吕爲偁。"(卷十四·子部)

"相背也。獸皮之韋可吕束物，枉戾相韋背故借吕爲皮韋。"(卷五·舛部)

"以 A 爲 B"是因爲 A 和 B 之間有一定的聯繫，而這種聯繫是古人"以爲(＝把 A 看作 B)"的結果，因此是引申。但是 A 和 B 究竟是兩個對象(鳳鳥和朋黨、麥子和行來、栖和西)，所以也可以說是借 A 來指稱 B。正因如此，段玉裁說這是"引伸假借"的方式。由此可見，真正最早講引申的，應該是許慎。而段玉裁在《說文解字注》裏所謂的"假借"，也有一部分就是引申，是借 A 義說 B 義的引申方式(實際上，所有的引申都可以看成是"借 A 說 B"的結果)。

5. 文字分化：指出許書無"趾"字；"止"就是上古的"趾"字。并引書證以明之：《詩》"麟之止"，《易》"賁其止""壯于前止"，《士昏禮》"北止"中的"止"都是"足"的意思。

6. 在解釋《士昏禮》"北止"注曰"止，足也。古文'止'作'趾'"時，提出爲什麼古文字體繁重，後來簡潔的原因可能是"周尚文，自有委曲煩重之字"。周朝尚文，不僅在日常生活中煩文縟禮，而且反映到語言和文字上。於是启示我們文字也有"俗體"字、"正體"字和"莊重典雅體"字的不同，就像說話語體的不同——口語體、正式體、莊典體的不同一樣。

又《說文解字注·卷八上·止部》p.681

偶 ǒu，桐人也。偶者，寓也，寓於木之人也。字亦作寓，亦作禺，同音假借耳。按，木偶之偶與二枱並耕之耦，義迥別。凡言人耦，射耦、嘉耦、怨耦，皆取耦耕之意，而無取桐人之意也。今皆作偶，則失古意矣。

偶、耦兩字之别

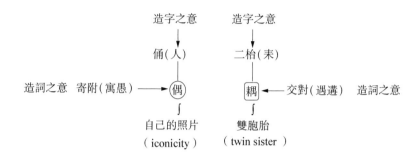

上述兩種"意",都不是直接的詞義,但都是用構字意圖從某種角度指稱詞義。一般人分不開,但段玉裁却有明確的區分。木偶是"人在木上",取寄托之意;佳耦取交對之意。

《説文解字注・卷二下・辵部》p. 125

過 guò，度也。引伸爲有過之過。《釋言》：“郵，過也。”謂郵亭是人所過，愆郵是人之過，皆是。分別平、去聲者，俗説也。从辵，咼聲。古禾切，十七部。

又《説文解字注・卷二下・辵部》p. 133

遷 qiān，過也。本義。此爲經過之過，心部愆、寋、𧮈，爲有過之過。然其義相引伸也，故《漢書・劉輔傳》云：“元首無失道之遷。”[①]从辵，侃聲。去虔切，十四部。

又《説文解字注・卷十下・心部》p. 892

愆 qiān，過也。過者，度也。凡人有所失，則如或梗之有不可徑過處，故謂之過。从心，衍聲。去虔切。十四部。寋，或从寒省。寒聲。𧮈，籀文。从言侃聲。過在多言，故从言。

又《説文解字注・卷三上・言部》p. 181

訧 yóu，罪也。《邶風》毛傳：“訧，過也。”亦作郵，《釋言》：“郵，過也。”亦作尤，《孟子》引《詩》：“畜君何尤。”从言，尤聲。羽求切，古音在一部。《周書》曰：“報以庶訧。”《吕荆》文。

又《説文解字注・卷六下・邑部》p. 500

郵 yóu，竟上行書舍。《孟子》：“德之流行，速於置郵而傳命。”

---

① 今《漢書》作“元首無失道之𧮈”，與所引異。

《釋言》:"郵,過也。"按,經過與過失古不分平去,故經過曰郵,過失亦曰郵,爲尤、訧之假借字。从邑 坙。會意。羽求切,古音在一部。 坙,邊也。説从垂之意。在境上,故从垂。

【精讀示要】

1. 段氏這裏的注解啓發我們建立和思考幾個重要的概念,即什麼是"元義"、什麼是"派生義"、什麼是"義源"的問題。這三者,概念不同,但均潛含于段注的解詞釋義之中。首先,什麼是"元義"?"元義"是最基本、最元始(primitive)且不能分解的意義,它是最初的音義組合體,是語義再度組合和進一步發展的基元要素。"元義"相當於語義要素中的 H 和 O。一個元義可以和另一個意義組合成其他的意義(如 H_2O)。"意義+意義"還等於意義。是複合義而不是複合詞——由元義組合而成的意義可稱作複合義(參馮勝利、蔡維天、黄正德《論"與"的本義和引申義》)。"子義"是從元義發展(或派生)出來的意思。譬如"賜、賞、贈"都不是"元義詞",因爲它們的意思是從"加、有"等下屬義素複合而成的:

賜=使+加益(=易)

賞=使+加尚(=多)

贈=使+加增(=加)

比較:

kill=cause to die

give=cause to have

當然,"使"和"加"是不是"元義"(最基本原始的意義),也是需要考證的。再如"正確"這個意思(概念),英文是從元義"右"(right)發展而來,但漢語的"右"很少有"正確"的意思;漢語的"左"則發展出了"錯"的意思(旁門左道),但英文没有。"錯誤"的意思在漢語裏還有一個來源就是"過",這是段氏在不同的詞條注釋裏反復闡釋的:"凡人有所失,則如或梗之有不可徑過處,故謂之過。"就是説,從"經過"到"錯誤"的發展途徑可以描寫爲:過(橋)→走過去→走過頭→走錯/失道。就是說，"經過"和"左"都是"錯誤"這個意義的義源。

　　這裏需要注意的是：元義和本義不同。本義是和字形密切相聯的，是通過字形判定的詞義，是相對於引申義來說的那個意義。[①]

　　2. 段玉裁在解釋"經過"和"過失"的關係時說"義相引伸"，這裏我們關心的是：經過和過失，哪個是"元義"，哪個是"子義"（派生義）。如果根據段注"凡人有所失，則如或梗之有不可徑過處，故謂之過"的話，那麼顯然，"經過"是元義。漢語"經過-類"的元義詞至少有：過、遍、愆、郵（訧）幾個，它們都從"經過"派生出"錯誤"的"子義"項。這種相關詞語沿着同一語義路徑派生（或引申）的現象，叫作"類從義變"或"同律引申"。用這種規律考證詞義關係的方法，叫作"同律互證"[②]。

　　3. 這裏的注釋中，段玉裁說："古不分平去。故經過曰郵，過失亦曰郵，爲尤、訧之假借字。"段玉裁古音學上的一個重大發現是"古無去聲"。後代的四聲別義，源於古代"*-s"等韵尾的別義功能。所以，即使遠古的意義和詞性不靠聲調來區分，其別異也要有其他（語音或語法）的手段。由於漢字無法記錄這些超音段音位（或最小的音段單位），因此我們無法直觀地觀察到"以音別異"的遠古手段。這一點段玉裁時代的其他學者還没有意識到，段玉裁是第一個始終堅持上古無去聲的學者，但是没有去聲怎麼"別異"？段氏没有說，而我們應該在他奠定的基礎上繼續向前探索。

---

　　① 可參馮勝利《探索上古"同源義根"的新途徑》，該文是《同源詞研究——以唇塞音聲母字爲例》中的《序言》，故弟子郭詠豪在該書中論證了上古"[唇塞音/中分]"的一個元義。

　　② 馮勝利：同律引申與語文詞典的釋義[J]，辭書研究，1986(2).

第 17 條

《説文解字注·卷二下·辵部》p. 129

迟 qǐ，曲行也。迟、曲雙聲。乚部曰："迟曲隱蔽。"孟康注《子虛賦》曰："文理苪鬱迟曲。"軍法有逗畱，有迟橈。《光武紀》："不拘以逗畱法。"如淳曰："軍法，行而逗畱畏偄者，要斬"。此謂止而不進者。《史》《漢》《韓安國傳》"廷尉當恢迟橈，當斬"。服虔曰："迟音企。"應劭曰："迟，曲行避敵也。橈，顧望也。軍法語也。"此謂有意回遠遲誤者。《淮南書》云："兩軍相當，屈橈者要斬。"是也。《漢書》一本作"逗橈"，蘇林逗音豆，小顏、小司馬從之，而改服、應之注作逗，<u>不可通</u>矣。迟通作"枳"，《明堂位》注："枳椇謂曲橈之。"《莊子》"吾行卻曲"，卻曲即迟曲，異部叚借也。从辵，只聲。綺戟切。《字林》丘亦反，服子慎音企。十六部。

【精讀示要】

1. 注中小顏即顏師古。其叔父撰有《漢書決疑》十二卷，爲學者所稱；後，師古注《漢書》，多取其義，因稱師古爲"小顏"。其他"如淳、小司馬、孟康、應劭、服虔、蘇林"，皆古代注釋家。"兩軍相當，屈橈者要斬"出自《淮南子·泛論训》："陳卒設兵，兩軍相當，將施令曰：斬首拜爵，而屈橈者要斬。""兩軍相當"是兩軍相對、對壘之義；"當"是"對當"之意。"要斬"即腰斬。

2. 此條之精要在"军法"用語。應劭曰："迟，曲行避敵也。橈，顧望也。軍法語也。"段玉裁説："軍法有'逗留'、有'迟橈'。"恐怕這些是最早總結漢語"軍法語體"的學者。語體（包括語音形式、詞彙形式、句法形式）是根據不同的對象、不同的内容和不同的場合而使用的不同語言。語體不同，詞彙、句法、語調也往往因之而異。應劭認爲"迟（曲行避敵）"和"橈（顧望）"是漢朝的"軍法語"，這提示我們除了"軍法用語"外，古代還有哪些根據"對象、内容、場合"相異而不同的語體表達呢？訓詁學不能不從語體的角度考察和考證詞彙和詞義上的語體屬性。古今皆有語體之別，所以除了"軍事體"之外，古代還有什麼語體？解釋古代語體的訓詁叫作"語體訓詁"。

第 18 條

《説文解字注・卷二下・足部》p.144

踦 qī，一足也。《管子》："倍堯之時，一踦腓，一踦屨，而當死"。謂一足刖，一足屨，當死罪也。引伸之，凡物單曰踦。《方言》："倚，踦：奇也。自關而西，凡全物而體不具，謂之倚。梁楚之閒謂之踦。雍梁之西郊，凡嘼支體不具者，謂之踦。"《公羊傳》："匹馬隻輪無反者。"何曰："匹馬，一馬也。隻，踦也"。又"相與踦閭而語。"何云："閉一扇，開一扇，一人在內，一人在外。"《戰國策》："必有踦重者矣。"踦重，偏重也。若衣部曰："襱，絝（褲）踦也。"毛傳曰："蟏蛸，長踦也。"則皆謂足，不必一足。从足，奇聲。去奇切，古音在十七部。

【精讀示要】

1. "一……，一……"不等于"一"；單獨的"一"和成對用的"一"不同。"一"引申爲"單"的"古義"條件是什麽？視角不同，意義則不同。"一"表示數字一，數量的單一，所以又有單獨、無對手的意義；一個代表的是整體，所以又有全部、完全的意思，如"一身水、一脚泥"。

2. 單雙對立，奇偶對立。不雙則偏，"一"則無雙，故有偏，故"一"可引申爲"全""偏"義：角度不同、句法環境不同，意思不同。

3. 踦閭（＝裏門也）、踦重：不從"義根"上看，不得其解。

"閉一扇，開一扇。一人在內，一人在外"

"踦重＝偏重"

4. 古義系統≠今義邏輯。就研究方法和理念而言，"以今探古"是一條可行的法則，因爲現今的語言現象中遺留着古代的某些"基因"，這些基因是古今不變的。有時，在當前的語言現象中並不能探查到遺傳下來的基因，但也不能否認它是有來源的。同時，也不能"以今律古"，古義系統不等於今天的邏輯。這并不意味着古人不講邏輯，而是今人丟失了古人看問題的角度和邏輯。拿今天的邏輯來衡量古人的邏輯就會出錯。

5. "則皆謂足,不必一足":"踦"訓一足,引申指凡物單;段玉裁又舉《說文》衣部"襱"的毛傳例子證明"踦"可泛指"足",而不必單指"一足"。詞義特點可以作爲詞義引申的起點,從不同的詞義特點出發可以引申出不同的詞義。假如"踦"的詞義特點可以分解爲"一"和"足",從"一"這個特點引申出了單獨、倚重的意義,從"足(一足)"這個特點引申出褲脚、動物之足等。漢語詞義引申的起點如同引申規律,亦值得重視。

第 19 條

《説文解字注・卷三上・言部》p. 160

語 yǔ，論也。此即毛、鄭説也。語者，禦也。如毛説，一人辯論是非謂之語；如鄭説，與人相苔問、辯難謂之語。从言，吾聲。魚舉切，五部。

【精讀示要】

1. 語，“一人辯論是非”謂之語。這是“語”最早的古義。“語”是要在論難的時候才出現的。“與人相苔問、辯難”謂之語，“語”一定是要有對象的。古今義的差別。

2. 句法定讞。《大雅》毛傳曰：直言曰言，論難曰語。論，正義作答。鄭注大司樂曰：發端曰言，答難曰語。靠今天的語法研究可解決千古疑案。古漢語“與之言”可以，“言之”不可以，但可以説“語之”。“言”移位到賓語之前，發生音變，變成“語”。

春秋・左丘明《左傳》“語之故”不能説成“言之故”。

從表象上看，“言之某”這種表達在古漢語裏也是存在的，如《呂氏春秋・慎行論》：“公子言之公子之主，鞅請亦言之主，而皆罷軍。”《晏子・辭千金》：“晏子方食，景公使使者至。分食食之，使者不飽，晏子亦不飽。使者反，言之公。”但需要注意的是“語之故”與“言之公”二者中“之”的性質是不同的，前者是人稱代詞，指代言語的對象；而後者是指示詞，指代言説的內容，這是句法訓詁。

第 20 條

《説文解字注·卷三上·言部》p. 161

讎 chóu，猶䧹也。心部曰："應，當也"。讎者，以言對之。《詩》云"無言不讎"是也。引伸之爲物價之讎。《詩》："賈用不讎"，高祖飲酒"讎數倍"是也。又引伸之，爲讎怨。《詩》"不我能慉，反以我爲讎"，《周禮》"父之讎，兄弟之讎"是也。人部曰："仇，讎也"。仇讎本皆兼善惡言之，後乃專謂怨爲讎矣。凡漢人作注云"猶"者，皆義隔而通之。如《公》《穀》皆云："孫猶孫也"。謂此子孫字，同孫遁之孫。《鄭風》傳："漂猶吹也。"謂漂本訓浮，因吹而浮，故同首章之吹。凡鄭君、高誘等每言"猶"者，皆同此。許造《説文》，不比注經傳，故徑説字義，不言"猶"，惟窐字下云："窐猶齊也"，此因窐之本義"極巧視之"，於窐从窐義隔，故通之曰"猶齊"。此以應釋讎甚明，不當曰"猶應"，蓋淺人但知讎爲怨罟，以爲不切，故加之耳。然則爾字下云"麗爾猶靡麗也"，此猶亦可刪與？曰：此則通古今之語，示人麗爾古語，靡麗今語。《魏風》傳"糾糾猶繚繚""摻摻猶纖纖"之例也。○物價之讎，後人妄易其字作售，讀承臭切，竟以改易《毛詩》"賈用不讎"，此惡俗不可從也。从言，雔聲。此以聲苞意。市流切，三部。

【精讀示要】

1. 多重引申：對→物與物對應(匹配)→物與價對應(匹配)→人與人對(讎敵)。段氏這段精彩的注釋可以分層來理解和欣賞[①]：

第一層：讎從言，本義是對話(無言不讎＝對)。

第二層：讎是"對兒"的意思，"君子好逑(讎，後出字：仇)"＝好對象。

第三層：售，物價和東西彼此相對應。

---

① 按，凡能像欣賞藝術那樣欣賞理性的發明和創造，其精神愉悦的程度不亞於聽貝多芬的交響樂、看齊白石的山水畫。

第四層："仇讎本皆兼善惡言之，後乃專謂怨爲讎矣。"一對兒，有好的一對兒，也有壞的一對兒，所以引申爲仇怨之仇。

2．"《説文》不比注經傳"，這是文字訓詁和文獻訓詁本質不同的一個巨大發明。今天學者還常常混淆而不明。段氏是很清楚的：《説文》講的是字的本義、是一個詞上"所有引申之義"的"根"；而"注經"是找"符合上下文的意思"。《説文》不比注經傳"，所以在直接説解"字義"的語言裏，不用"猶"這個術語。注意："本義"不能誤解爲"本來的意義"，也不一定是最早的意義。由於語言的發展經歷了漫長的時間和過程，我們無法僅僅從字形着眼去探查最初的、本來的那個意義是什麼。本義在文獻語言學裏指的是由字形表徵的詞義（本於字形的詞義），當它引申後、相對於後來的引申義來説的那個意義。許慎在編纂《説文》時一般遵循這樣一條規則：説解一個字時，能講構意則不講本義，能講本義則不講引申義。構意的内涵，相對來説，内容更爲豐富；當給出構意以後，人們就可根據構意來體會這個字的字義（本義）及其詞義。

3．説明"猶"爲解經術語及背後的語義原理：義隔而通。"義通而隔"或"義隔而通"，這是段玉裁解義精華之一，我們稱作段氏"語義通隔論"。這裏的關鍵是：什麼是"隔"？"不通"不成族群、不爲一家之成員；"不隔"則無以區分彼此。"凡漢人作注云'猶'者，皆義隔而通之。"什麼是"猶"？A 不是 B，才有"猶如 B"的説法。具言之，"漂猶吹也"，毛傳的意思是説："漂本訓浮"不訓"吹"，這就是"隔"。"隔"是"本不訓"的意思。但是"因吹而浮"，所以"漂"在這裏的用法就如同"吹"。"這裏的用法如同……"講的就是"通"。因此，不相關的兩個意義，在特定的上下文（或環境）中發生了關係，這種"相通"叫作"義隔而通"。

再如"窴"字從"琞"，但"琞"是"極巧視之"的意思，它和訓"窒也"的"窴"本不相關，所以許慎説"琞猶齊也"。許氏用"猶"字點出本來相隔的不同詞義，以"窴"字爲"橋梁（＝語境）"而有了"齊"的意味，所以"極巧視"可通"齊"，因爲"琞"從四個"工"，如同方陣布滿之狀[1]，所以

① 按，段玉裁"窴"字下注曰："琞從四工，同心同力之狀。"同則齊。

説"猶齊"。這是語境(用字語境和造字語境)創造的"義通"之例。今天很少人關注段玉裁"造字語境"的思想及其發明的機制了。

4. 通釋古今之語也用"猶"。如果"猶"只是解經的術語,那麼段玉裁自己的理論就遇到了矛盾:"爾"字下云:"麗爾猶靡麗也。"這不是解經,而是解語(方言口語之異)。據此,段氏所謂"注經傳"才用"猶"的説法就不對了。看段注,一個不可忽略的方面是看段玉裁怎麼解決自己理論造成的矛盾。不是嚴格的科學家,不會也不善處理這種邏輯上(包括事實上)的矛盾。看不到或忽略矛盾,不是乾嘉皖派學者的態度和能力。他們意識得到也處理得了自己理論帶來的矛盾(正因爲他們有一套構建矛盾并解決之的方法和系統,才保證了他們學説的科學性)。段氏在這裏先放緩一步,以玩笑的方式質問:"此'猶'亦可删歟(這個'猶'字難道也能删除嗎)?"然後,他信心十足地道破天機:"此則通古今之語:示人'麗爾'古語,'靡麗'今語。"就是説,除了"解經"用"猶"以外,破釋"古今説法之不同"也用"猶"。這就與他發現的"解字"徑説字義"不言猶"的條例没有矛盾了(因此,"罐,猶罇也"就可以删改爲"罐,罇也"了)。爲鑿實此説,他還舉出《詩經·魏風》毛傳來説明這是古注家的一個條例:

麗爾,猶靡麗也。(毛傳)

麗爾——古語

靡麗——今語

由此可見,段氏論證可謂八面應敵,滴水不漏。

《説文解字注・卷三上・言部》p. 162

讀 dú，籀書也。籀，各本作"誦"，此淺人改也，今正。竹部曰："籀，讀書也。"讀與籀疊韵而互訓。《庸風》傳曰："讀，抽也。"《方言》曰："抽，讀也。"葢籀、抽古通用。《史記》："紬史記石室金匱之書。"字亦作紬。抽繹其義蕰，至於無窮，是之謂讀。故卜筮之辭曰籀，謂抽繹《易》義而爲之也。《尉律》："學僮十七已上，始試諷籀書九千字，乃得爲史。"諷謂背其文，籀謂能繹其義。大史公作《史記》，曰"余讀高祖侯功臣"，曰"大史公讀列封至便侯"，曰"大史公讀秦楚之際"，曰"余讀諜記"，曰"大史公讀《春秋曆諩諜》"，曰"大史公讀《秦記》"，皆謂紬繹其事以作表也。漢儒注經，斷其章句爲讀。如《周禮注》"鄭司農讀火絕之"，《儀禮注》"舊讀昆弟在下""舊讀合大夫之妾，爲君之庶子，女子子嫁者未嫁者"是也。擬其音曰讀，凡言讀如、讀若皆是也。易其字以釋其義曰讀，凡言讀爲、讀曰、當爲皆是也。人所誦習曰讀，如《禮記注》云"周田觀文王之德，博士讀爲厥亂勸寧王之德"是也。諷誦亦爲讀，如《禮》言"讀賵""讀書"，《左傳》"公讀其書"皆是也。諷誦亦可云讀，而讀之義不止於諷誦。諷誦止得其文辭，讀乃得其義蕰。自以誦書改籀書，而讀書者尟矣。《孟子》云："誦其詩，讀其書。"則互文見義也。从言，賣聲。徒谷切，三部。

【精讀示要】

1. "讀"字古今義的差別："籀＝抽"和"讀"在上古是同部的。"抽繹其義蕰，至於無窮，是之謂讀"，讀和抽是一個語源。古人讀書的意念、行爲和今天的不同。"讀書"今天是"上學"的意思，要麽就是念字，是誦。古人的讀書是"要把背後的意思抽出來"，抽引、汲取書中的意蘊（精華）。

《春秋》傳曰："卜籀"，是所謂"卜筮之辭曰籀"。繇辭（爻辭），繇叫

"籀",也是指把卦卜之意蘊抽引出來的意思。（古今義別）

2. 區分古人術語"諷""籀""誦"（近義詞）之間的异同。

3. 區分漢代注經的訓詁術語的不同："讀如、讀若""讀爲、讀曰"。

（1）"云讀如者,以同音之字擬之。"（《説文解字注·卷一·示部》"祇"字注）

（2）"凡云之言者皆通其音義以爲詁訓,非如讀爲之易其字,讀如之定其音。"（《説文解字注·卷一·示部》"祼"字注）

（3）"自倉頡造字時至唐虞三代秦漢,以及許叔重造説文曰某聲,曰讀若某者,皆條理合一不紊,故既用徐鉉切音矣。"（《説文解字注·卷一·一部》"一"字注）

（4）"凡傳注言讀爲者,皆易其字也。注經必兼兹二者,故有讀爲,有讀若。讀爲亦言讀曰,讀若亦言讀如。字書但言其本字本音,故有讀若,無讀爲也。讀爲、讀若之分,唐人作正義已不能知。爲與若兩字,注中時有譌亂。"（《説文解字注·卷一·示部》"纛"字注）

（5）"易其字以釋其義曰讀,凡言讀爲、讀曰,當皆是也。"（《説文解字注·卷三·言部》"讀"字注）

4. 互文見義："孟子云:誦其詩,讀其書。則互文見義也。"意思就是"誦其詩,讀其詩;誦其書,讀其書"。

5. "倍（背）文曰諷,以聲節之曰誦":"背"和"倍"正是"義通而隔"的絶好例子（注意:要以漢代的意思來思考）。"以聲節之曰誦",要有節拍（韵律）。

王念孫謂其弟子長洲陳焕曰:"若膺死,天下遂無讀書人矣!"（見趙尔巽《清史稿》）

第 22 條

《説文解字注・卷三上・言部》p. 163

詖 bì,辨論也。此詖字正義。皮,剝取獸革也。柀,析也。凡從皮之字,皆有分析之意,故詖爲辨論也。古文㠯爲頗字。此古文同音假借也。頗,偏也。從言,皮聲。彼義切,古音在十五部。

【精讀示要】

1. "正義"説:"正義"(就使用而言)＝"本義"(就字義而言)。"詖"從言,所以跟説話有關。"辯論"也是説話,但辯論這個意義是和聲符"皮"有關係,詳下文説解。

2. "辨"和"辯"其實是一個字。"辨論"是詖字的"正義",就是説"詖"是爲"辨論"造的:《孟子》"詖辭知其所蔽"。注:"詖,偏陂也。"漢・班固《前漢・叙傳》"趙敬險詖"。師古注:"詖,辯也。"

3. "皮":"從皮之字皆有分析之意"。看整個系統才能看到精華(皮、柀、破)。

"皮面抉眼"(《戰國策》),"DO 皮"＝"剝皮"。類似例子,"DO 鎖"＝鎖上鎖)。

"皮瓠以爲蓄"(《釋名》),是"做了一個(涉及瓠的)對皮的行爲"。

《文始》解釋得最詳細"皮者,柀也。段氏引《戰國策》'皮面抉眼',王褒《僮約》'落桑皮樧',《釋名》'皮瓠㠯爲蓄',證之。又云'柀,析也。得皮聲'。此説孳乳冣當。"

《文始》:"皮讀重脣,則孳乳爲柀,析也;爲破,石碎也。柀又孳乳爲詖,辨論也。旁轉支則孳乳爲闢,開也。闢亦闔閭之變易矣。"

《説文》"柀,一曰析也"。段注:按,柀析字,見經傳極多,而版本皆譌爲手旁之披,披行而柀廢矣。《左傳》曰:"披其地以塞夷庚"。《韓

非子》曰：“數掀其木，毋使木枝扶疎。”《戰國策》范睢引《詩》曰：“木實
繁者披其枝，披其枝者傷其心。”《史記·魏其武安傳》曰：“此所謂枝大
於本，脛大於股，不折必披。”《方言》曰：“披，散也，東齊聲散曰癡，器破
曰披。”此等非柀之字誤，即柀之假借。

　　對轉寒則孳乳爲半，《説文》“半，物中分也。從八牛。牛爲物大，
可目分也。”半又變易爲胖，《説文》“胖，半體也。”孳乳爲判，《説文》
“判，分也”；爲畔，《説文》“畔，田界也”；爲泮，《説文》“泮，諸侯饗射之
宫也。西南爲水，東北爲牆，從水半”。與八、分、采、辨等字，亦皆一音
之轉。

　　《文始》：“皮有在外之義，故孳乳爲被，寝衣也；爲帔 pèi，帬也；爲
髲 bì，鬄 tì 也。”被又有加被義，孳乳爲彼，往有所加也；爲貱 bì，迻予
也。《南越尉佗列傳》曰：“‘任嚚召龍川令趙佗，即被佗書，行南海尉
事。’韋昭曰：‘被之目書，音光被之被。’此目被爲貱也。貱旁轉隊則爲
畀，相付與之，約在閣上也。”

　　《文始》這段孳乳分析的圖解：

　　　　皮（在外之義）→被（蓋在身上的）
　　　　　　　　　　→帔（穿在外面的裙子）
　　　　　　　　　　→髲（假髮）
　　　　　　　　　　→彼（往有所加也）
　　　　　　　　　　→貱（送給別人的禮物）
　　　　　　　　　　→畀（合成義，即讓對方有）
　　　義類：　　外加＝贈
　　　　　　　　　　賀（加貝爲賀）
　　　　　　　　　　易（益）──→賜（加之於人）

第 23 條

《説文解字注・卷三上・言部》p. 164

論 lún，議也。論以侖會意。亼部曰："侖，思也"。龠部曰："侖，理也"。此非网義。思如玉部"䚡理自外，可以知中"之䚡。《靈臺》："於論鼓鍾"。毛曰："論，思也"。此正許所本。《詩》"於論"正侖之假借。凡言語循其理得其宜謂之論，故孔門師弟子之言謂之《論語》。皇侃依俗分去聲、平聲異其解，不知古無異義，亦無平去之別也。《王制》"凡制五刑，必即天論"，《周易》"君子以經論"，《中庸》"經論天下之大經"，皆謂言之有倫有脊者。許云"論者，議也""議者，語也"，似未盡。从言，侖聲。當云"从言侖，侖亦聲"。盧昆切，十三部。

【精讀示要】

1. 什麼叫論證（Argument）？什麼是辯駁（Disputation）？中國古人腦子裏的"論證"和"辯駁"是什麼樣子的思維活動？這是關係到中國古人思維理路和方式的大問題，而這個問題，我們可以通過訓詁來考證：通過考證中國人"指稱概念的角度"，來發掘中國古人的思維方式。（參下面 24 條"議"字解析）譬如：

> 亼部"侖，思也"。"龠"下曰："侖，理也。"《大雅》毛傳曰："論，思也。"按：論者，侖之假借。思與理義同也。思，猶䚡也，凡人之思，必依其理。倫、論字皆以侖會意。從亼冊。聚集簡冊，必依其次第，求其文理。力屯切。十三部。

由《段注》可知：中國的 argument（論證）和 theory（理論）是從"思路、道理的條縷順暢上的'條順'"這個角度來組織、認識、表達的；而西方的 theory（理論）則強調"析"，是 analyze（分析）的結果。"條縷清晰、

流暢不紊"的實現,至少要有兩條綫并行才有"順",一條單綫不能組成
"順"。所以,條分縷析是從個別之間的關係上找格式(pattern),所謂
"必依其次第,求其文理。""論、輪、倫、侖"的"指稱義"(取意)相同,概
念義不同。從這個角度説,漢語的"理論(theory)"是從個別與個別的
組合關係上,發現規律(綜合性思維),而西方的 theory 是從整體的切
分單位上,尋找規律(分析型思維)。這種思維方式的不同深深地鑲嵌
在漢語的"字意"當中,而段玉裁"深知其意",所以他説"思與理義同
也。思,猶䚡也,凡人之思,必依其理。倫、論字皆以侖會意"。"思索"
在古人看來就是尋找物件的"䚡理"或"理路";論證在古人看來就是
"把思路像'侖'一樣組織起來"。中國古代論證思維的類比推理的根
源,即在於此。我們的語言已經規定了我們的思想。[①] 研究思想史的
學者,舍語言本身的證據而求其深,亦難矣哉!

2. 上面討論的是"議論"的古義,而這一討論的本身就提醒了我
們如何認識和發掘"古義"。言"得其宜之謂議"是説"理當怎麼樣"的
叫作"宜";"用嘴説事情該當如何"則是"議"。"處士橫議"是用我的
"理當"擋着(＝橫)你的"理當"。所以天下無"當/宜＝義",於是大亂。

3. 元義素:最古老的、最原始的(primitive)、非派生的(not
derived)意義(不一定是時間上最早的)。詞源:是某個詞從哪兒派生
出來的"根"。

上面的分析曾指出:元義素包括兩個方面,一是指詞義的基本構
成成分,是不可再分解的最小單位。譬如"給"的元義素不是"給"這個
動作本身,而是[致使]＋[擁有]這兩個元義素的組合。二是指同源詞
的核心義素,這一核心義素是構成同源詞的最原始的、不可分解的最
小單位。例如:"論"的"侖"(條紋、條理、紋路)是元義素。因此,倫理
的意思是"人類文化上的有倫有脊、有條有理",這其實就是敬順自然
的規律和理路:人與人之間的關係像自然界的萬物一樣有條順,有格

[①]　從更深層的認知科學上説,人類無法超越他們語言深層機制提供的能力來形成思
想(人無法想象不可能想象的事情)。斯事甚大,需另文專論。

式(pattern)。從這裏我們就可以進而區分概念義(對對象理性認識)和指稱義(指稱對象的<u>取義</u>)的不同：

概念義	指稱義
用科學的方法下定義	從某種角度來稱述此概念，是義源
桌	卓(高，跟"案"相對)
椅	倚(靠)
論	侖(紋理條順，元義素)

　　概念義是人們對客觀事物的認識，是理性思維的科學定義。隨着人類認識的不斷深化，概念義可能會發生變化。指稱義是用來指稱事物的意思。一般情況下，不能將二者等同，但有時候二者又是一致的。如，在物理學或數學領域，"平行綫"的概念義和指稱義是相同的。又如，古人對"鯨"的認識和今天不同，導致了"鯨"古今概念義的不同，但指稱鯨魚這種動物的指稱義，古今未變："京＝大$_{核心義}$"。因此，概念義和指稱義性質不同，在日常對話和生活中，指稱義强於概念義(或二者相當)，指稱義是事物的本身及其特點。在科學領域裏，概念義强於指稱義，或概念義就是指稱義。

　　4. 段玉裁説："求義則轉移皆是，舉物則定名難假。"(見第 3 條"天"字)"求義"就是尋找"指稱義"，定名是找"概念義"。段玉裁腦子裏有這些概念的區分，雖然他没有分別給它們一個不同的術語(注意：没有給出特定的"術語"不等於没有特定的"概念")。

　　[論文選題]：某個詞族元義素的考證

第 24 條

《説文解字注·卷三上·言部》p. 164

議 yì，語也。上文云"論難曰語"，又云"語，論也"，是論、議、語三字爲與人言之稱。按，許説未盡。議者，誼也。誼者，人所宜也。言得其宜之謂議。至於《詩》言"出入風議"，《孟子》言"處士橫議，而天下亂矣"。一曰，謀也。《韵會》引有此四字。从言，義聲。當云"从言義，義亦聲"。宜寄切，古音在十七部。

【精讀示要】

1. 議論的古義："言得其宜之謂議。"理當怎麼樣的是"宜"，説出來事情該當如何就是"議"。

2. 糾正許慎之誤，即糾正許慎"未盡"之解。

3. 當云从言義，義亦聲：形聲兼會意。"義"本身的意思就是"宜"，故"言得其宜之謂議"；"義"又具有標音功能，所以説"義亦聲"。

4. "處士橫議"表現出來的概念義和指稱義的區別。"橫"的意思是什麼？它的概念義、指稱義各是什麼？ 知道概念義，未必知道它的指稱義。訓詁就是從"指稱義"考證"概念義"。"橫眉冷對""野渡無人舟自橫"的"橫"是"攔着、擋着、阻礙"的意思；它的指稱義是跟"順"相對的；而跟"直"相對的是"橫"的概念義。"處士橫議"的"橫"，就是擋着，不順的意思。

第 25 條

《説文解字注・卷三上・言部》p. 164

識 shí，常也。常當爲"意"，字之誤也。草書常、意相似，六朝以草寫書，迫草變真，譌誤往往如此。意者，志也。志者，心所之也。意與志，志與識，古皆通用。心之所存謂之意，所謂知識者，此也。《大學》"誠其意"，即實其識也。一曰，知也。矢部曰："知，識罄也。"按，凡知識、記識、標識，今人分入去二聲，古無入去分別，三者實一義也。从言，戠聲。賞職切，一部。

【精讀示要】

1. 段玉裁説："常當爲意，字之誤也。"據章黃訓詁，段氏此説不確。《詩經》"文王初載，天作之合"，毛傳：載，識也。孔穎達《疏》曰："文王初載，謂其幼小。"即文王剛剛有意識的時候。"識，意也"是從概念探求，但考證詞義要從義源探求。什麼是"認"的義源？

2. 識，常也，職，記微者也，此二字同源。《禮記・檀弓》："孔子之喪，公西赤爲志。"（"志"即旗幟，打旗子）《漢書・高惠高後文功臣表》："汾陰侯周昌初起，昌職志擊秦。"如淳曰："職志，主旗幟。"旗子既是標識，也是族徽。（見章太炎《文始》）《周禮・春官・司常》："司常掌九旗之物名，各有屬以待國事。"漢鄭玄注："屬謂徽識也。《大傳》謂之徽號。今城門僕射所被及亭長著絳衣，皆其舊象。""司常"就是掌旗官，"常"是旗子的意思。

3. 志和意：志者，心所之也；心之所存謂之意。（楊樹達《釋識》本太炎説而發揮之）

古無入去分別："按凡知識、記識、標識，今人分入去二聲，古無入去分別，三者實一義也。"段玉裁在《説文》"礦（＝磨），石磑也"下曰：

"俗乃分別其音,石磑則去聲,模臥切;研磨則平聲,莫婆切。其始則皆平耳。"按,Otto Jespersen *Language*(p. 371)所談"聲調源於韵尾音綴或第二音節"。故段氏所云是也,特未足耳。

第 26 條

《説文解字注・卷三上・言部》p. 168

誼 yì，人所宜也。《周禮・肆師》注："故書儀爲義。鄭司農云：義讀爲儀。古者書儀但爲義，今時所謂義爲誼。"按，此則誼、義古今字，周時作誼，漢時作義，皆今之仁義字也。其威儀字，則周時作義，漢時作儀。凡讀經傳者，不可不知古今字。古今無定時，周爲古，則漢爲今，漢爲古，則晉宋爲今。隨時異用者謂之古今字，非如今人所言古文、籀文爲古字，小篆、隷書爲今字也。云誼者，人所宜，則許謂誼爲仁義字也。今俗分別爲恩誼字，乃野説也。《中庸》云："仁者，人也。義者，宜也"。是古訓也。**从言宜，宜亦聲也。**儀寄切，古音在十六部。

【精讀示要】

1. 定義古今字。誼、義是古今字。段玉裁關於古今字的觀念有三個要點：一是古今無定時；二是記錄同一個詞項時古今用字不同；三是古今字不是古今字體的不同。簡言之，古今字是不同時期所用以記載同一詞的不同字形符號。

2. 考證古義。什麽是"誼、宜""仁、人"的古義？段氏説"誼爲仁義字也""仁者人也，義者宜也"。人的本性（nature）是作爲人所應該具備的東西。"仁"者從心，人生下來就有心，有惻隱之心。這是古人對"人"的看法，是"人"的古義（亦即"古訓"）。

3. 以古人取意解古人語義。"概念義、指稱義、取意"在古籍解讀中具有十分重要的作用。明白了概念義、指稱義、取意等不同的意義後，才能更加透徹地理解古典文獻。"論"和"議"在經典中常常相對爲言，這説明二者的意義是不同的。具體而言，"論"取意於"侖"，"侖"是集書冊而成的，取條理分明之意，有區別、分類的意思；"誼（議）"取意於"宜"，即議論是非，包含了價值評判。知道了"論"和"議"的這些意

義特點,可以保證我們深刻而準確地理解古代的文獻語言。譬如:

(1)《莊子·齊物論》:"六合之外,聖人存而不論;六合之內,聖人論而不議。""存而不論"的內涵是對於六合之外的事物,由於人們的認識達不到,因而無法清晰地理解,也就無法對它進行辨別和分類。於是,莊子強調最好不要給尚未認識的事物勉强地分類——"存而不論"是承認它們的存在,但不去條分縷析地說它們是什麼。"論而不議"呢,是說在"六合之內"人們對於自己能够認識的事物,可以給它們分類(可以"論"),但不能給它們定性,不要對它們進行是非價值的判斷,說這個好、那個壞,等等。一句話,不必進行價值觀念上的區分(不議=不做"應該與否"的判斷,宜=應該)。可見,"論"是指區別、分類,"議"是指評定是非或是非定性。

(2)《淮南子·修務訓》:"今不稱九天之頂,則言黃泉之底,是兩末之端議,何可以公論乎?""兩末之端議"是指兩端都有是非了,也就是做出了價值評判;"何可以公論"是說事先有了價值評判,怎麼能做到公平、公正地辨別呢?

(3)《論衡·本性》:"不論性之善惡,徒議內外陰陽,理難以知。"不區分善惡的情況下就做出評價,是難以達到理性思維的高度的。又《效力》:"論道議政。"又《薄葬》:"用耳目論,不以心意議也。"是說用耳目去分辨,而不能用心來揣測或臆斷是非。《定賢》:"復召爲光祿大夫,常居左右,論事說議,無不是者。""論事說議"先論後議,也就是先分辨,然後再評價。從"論"到"議"這一過程不能反過來,反過來則意思不一樣,也違背了人類認識事物的規律。

(4)《鹽鐵論·晁錯》:"講議集論,著書數十篇。"該句中的"論"和"議"區別不甚明顯,相混同了。

總之,只有對"論"和"議"的取意特點有了很好的把握,才能更準確地體會到先秦經典文獻的深刻內涵。

第 27 條

《説文解字注・卷三上・収部》p. 186

丞 chéng，翊也。翊當作"翼"。俗書以翊爲翼，翼猶輔也。哀十八年《左傳》曰："使帥師而行，請承。"杜曰："承，佐也。"承者，丞之假借。《文王世子》引《記》曰："虞夏商周用師保，有疑丞。"《百官公卿表》"丞相"應劭曰："丞者，承也。相者，助也。"按，漢凡官多有丞者，皆以輔之。从廾，从卩，从山。四字當作"從卪"二字。山部曰："卪，高山之節。"山高，逗。山高謂卪也。**奉承之義**。"義"當作"意"，字之誤也。凡高者在上，必竦手以承之。丞、承疊韵。署陵切，六部。

【精讀示要】

1. 意和義的區別

段玉裁説"'義'當作'意'，字之誤也"，非常明確地表明段氏的文字學理論裏面"義"和"意"是兩個不同的概念：義是 word meaning（詞義），而"意"是 intention，design，是造字的"意圖"（章黄、陸王所謂"造意"）。造字時的構想，與字所代表的詞的詞義不同。"意"與"義"有聯繫，但"意"反映和代表詞的"義"（參陸宗達、王寧《訓詁學原理》1996）。

這裏的問題是："會意字"是否要結合筆意看？會意的"意"指的應該是"造字的意圖 design/intention of picture graph"。如"冠"是"用手把頭巾放在元上"，并非詞義。而字義（頭巾）是詞義、是 word meaning。前者（意圖）代表後者（頭巾），字義就是本義。因此"雙手（廾）奉承高山之節（卪）"是"意（構意）"，而"翼"才是"義（本義＝詞義）"。段氏的區分和建立這兩個概念，如果不加分辨，則湮没而無聞，豈不悲哉！

2. 不僅造字有意圖,造詞也有意圖。因此,

字的意義有兩個層面:(1) 字意　(2) 字義;

詞的意義有兩個層面:(1) 命意或名意＝命名意圖(如用狗來指

puppy),狗、駒都有"幼崽"之義,犬是

一般的狗。

(2) 詞義(概念)。

3. 根據段玉裁的術語概念:意(字義)、義(詞義)發展研究課題:

［論文選題］:

① 字意和字義研究

② 什麼是構意成分、配件、組件

③ 同意字研究:兵——戒、人——大——尸、佳——鳥,等等

④ 同義字研究(本義)

⑤ 詞意和詞義研究

⑥ 什麼是同意詞和同義詞

第 28 條

《説文解字注・卷三上・収部》p. 187

兵 bīng，械也。械者，器之總名。器曰兵，用器之人亦曰兵。下文云"從廾持斤"，則製字兵與戒同意也。从廾持斤，并力之皃。補明切，古音在十部。𢍃，古文兵从人廾干。干與斤皆兵器。𢍀，籀文。

【精讀示要】

1. 體用同詞——工具和使用工具者可同詞：器曰兵，用器之人亦曰兵。

2. 字意同而詞義不同——"則製字兵與戒同意"：意，造字之意圖，也就是我們說的"字意"。"兵"从廾持斤，"戒"从廾持戈，雖然所持具體事物不同，但持的動作（廾）和持的對象（兵、戈）相組合所透露出來的造字意圖是相同的。

另外，《説文》中還有一些字意相同的構件，如隹——鳥、口——言，攴——又等。

《説文解字注》裏有多少同意字？多少同意部件，不同系統（金文、甲文、篆文）中的同意部件是哪些？同意字研究對甲骨文的識別有何幫助？這些問題都是值得進一步研究的，而且同意字的研究必將有助於古文字學研究的科學性（參第 33 條"寺"、第 14 條"叟"）。

《説文解字注・卷三下・革部》p. 196

靷 yǐn，所㠯引軸者也。所以者字，依楊倞注《荀卿》補。凡許書所以字，淺人往往删之。《秦風》毛傳曰："靷，所以引也。"毛不言軸，許云軸，以箸明之。輈載於軸，兩靷亦係於軸。《左傳》："兩靷將絶，吾能止之。駕而乘材，兩靷皆絶。"此可見靷之任力幾與輈等。靷在輿下，而見於軹前，乃設環以續靷，而係諸衡。故《詩》云："陰靷沃續。"孔沖遠云："靷繫於陰版之上，令驂馬引之。"此非是。驂在服外，而後於服，與靷不正相當。且軹非能任力，不當係於軹也。許云'所以引軸'，説不可易。从革，引聲。余忍切，十二部。鞙，籀文靷。

【精讀示要】

1. "所以者"三字反映段氏之語法觀念："凡許書所以字，淺人往往删之"，故補入"所以"二字。"所以"二字有什麼作用呢？它反映了段玉裁的一種語法觀念：名動有別。加上"所以"二字就改變了"靷"字的詞性。"靷"不是動詞"引軸"，而是名詞"所用來引軸之物"。工具—使用工具—工具使用者，三者可同詞，但有語法上的區別。

2. 文獻書證"'所以引軸'，説不可易"，從歷史實物考證後世誤解古制、古書之處：(1) 從《左傳》靠"靷"的力度："郵良曰：'我兩靷將絶，吾能止之，我，御之上也。'駕而乘材，兩靷皆絶。"(2) 從"驂在服外，而後於服；與靷不正相當。"駁"靷繫於陰版之上，令驂馬引之"的錯誤。(3) 再看"軹非能任力，不當係於軹也"駁"靷繫於陰版之上"爲誤。

《詩經・秦風・小戎》看孔穎達(沖遠)的錯誤："小戎俴收，五楘梁輈。游環脇驅，陰靷鋈續。"(鋈續：鋈 wù，白色金屬；續，靷也。古代馬車上鍍白色金屬爲飾的引車前行的皮帶，一端有環。"陰"，掩軹也。

帆在軾前，而以板橫側掩之。以其陰映此帆，故謂之陰。）

　　這是段玉裁用文獻爲證據去解決語言問題，是文獻語言學的研究方法。

《説文解字注・卷三下・革部》p. 198

鞭 biān，毆也。毆，各本作“驅”，淺人改也，今正。毆上仍當有“所以”二字。《尚書》：“鞭作官刑”。《周禮・條狼氏》：“掌執鞭而趨辟。凡誓，執鞭以趨於前，且命之。”《司市》“凡市入則胥執鞭度，守門。”《左傳》：“誅屨於徒人費，弗得，鞭之見血。”又：“公怒，鞭師曹三百。”皆謂鞭所以毆人之物，以之毆人亦曰鞭。經典之鞭，皆施於人，不謂施於馬。《曲禮》：“乘路馬，載鞭策。”《左傳》：“左執鞭弭，馬不出者助之鞭之。”皆是假借施人之用爲施馬之偁，非若今人竟謂以杖馬之物杖人也。葢馬箠曰策，所以擊馬曰箠，以箠擊馬曰敕，本皆有正名，不曰鞭也。擊馬之箠用竹，毆人之鞭用革，故其字亦從竹、從革不同。自唐以下毆變爲歐，與驅同音。謂鞭爲捶馬之物，因改此毆爲驅，不知絕非字義。毆，捶擊物也。驅，馬馳也。从革，㑥聲。卑連切，十四部。𤦲，古文鞭。從厶攴。

【精讀示要】

1. 經典之“義”，人物兩別：“經典之鞭，皆施於人，不謂施於馬。”“鞭”是用於人的，而“策”是用於馬的，這反映出人們對“人”與“物”兩大範疇的區分，這一觀念在《説文解字注》有所反映，如“鞭人”“策馬”；在一般的詞語中亦有體現，如：髮—毛，人頭上的才叫“髮”，動物身上的則叫“毛”。手—蹄，人的手叫“手”“掌”，動物的則叫“蹄”。在漢文化中，這些區分是甚爲明顯的。《論語》：“樊遲問人。子曰：‘愛人。’問知，子曰：‘知人。’”這也反映出古代的一種“人本”觀念。“天大地大人亦大”，所以有“王”。其“人本”核心自古而然，反映了古代的宗教理念。所以，就古代訓詁而言，從詞義訓釋可反觀民族文化的根，某種意義上説，也是古人宗教觀念的表現。

2. 施人施物，皆有正名：“擊馬之箠用竹，毆人之鞭用革。”正因爲人、物相別這種觀念的存在和影響,古代語言文字中也有這種觀念的遺留。

3. 名動一體,但意思不同:"衣錦還鄉",衣,寓意炫耀,動用名詞的特殊解讀。

4. 字義與字意不同:"不知絶非字義",這裏的字義就是 word meaning(參第 15 條"止")。

字意＝design

字義 ＝ word meaning（① correspond to the meaning of the strokes＝本義; ② 詞義）

第 31 條

《説文解字注・卷三下・爪部》p.203

孚 fú,卵即孚也。即字依《玄應書》補。《通俗文》:"卵化曰孚。音方赴反"。《廣雅》:"孚,生也。謂子出於卵也。"《方言》:"雞卵伏而未孚。"於此可得孚之解矣。卵因伏而孚,學者因即呼伏爲孚。凡伏卵曰抱,房奧反。亦曰蓲,央富反。从爪子。鍇曰:"鳥褢恒以爪反覆其卵也。"按,反覆其卵者,恐煦嫗之不均。芳無切,古音在三部。一曰,信也。此即"卵即孚"引伸之義也。雞卵之必爲雞,鵠卵之必爲鵠,人言之信如是矣。釆,古文孚从禾。禾,古文保。保亦聲。古音孚、保同在三部。

【精讀示要】

1. 錢大昕古無輕脣音。

《論語》:"子貢方(非母)人。"鄭康成本作"謗(幫母)人"。

《詩》:"敷政優優。"《左傳》引作"布(幫母)政"。

《書・禹貢》:"至於陪(並母)尾。"《史記》作"負(奉母)尾",《漢書》作"倍(並母)尾"。

《書》:"方(非母)告無辜於上。"《論衡》引作"旁"(並母)。

《史記・天官書》:"星茀(敷母)於河戍。"《索引》云"茀(敷母)音佩(並母),即孛(並母)星也。"

《水經注》:"文(微母)水即門(明母)水也。"

例子:包、抱、胞。"凡伏卵曰抱,房奧反",方言中的"抱窩"。

清代學者的學術水平極高;發現歷史音變的一大規律;錢大昕要比格林定律(Grimm's Law)早很多年討論輕脣重脣的問題,但是他只説了"古無輕脣音",而 Grimm 卻是從世界上各種語言的共性的高度,討論輕脣音和重脣音之間的對應關係。不結合現代學術思想,難以做

universal 的研究,現代的學術研究就是要"爲世界找規律"。從這個意義上説,錢氏發現的是漢語文獻語言中古音變化的規律,而非語音演變的世界規律。

2."一曰信也"如何解釋?"此即'卵即孚'引伸之義也。雞卵之必爲雞,鴜卵之必爲鴜(古文'鴨'字),人言之信如是矣。"段注以爲這是引申義。今按穎民師説,"孚"從"符"來。《説文》:"符,信也。《漢志》'竹長六寸,分而相合。'"但是,如何確定二者的引申關係?朱駿聲《説文通訓定聲》引徐鍇曰"鳥之孚(孵)卵皆如其期,不失信也"。這可以理解,但是"人言曰信"的"信"呢?如果"人言"與狗言、猫言等非人類語言的對立來看的話,"信"是説人説出來的話才是可以理解的。是不是這樣?與"孚"訓卵,又有"信"義一樣,詞義引申呢,抑或假借?如何判定?這是將來"引申義學"研究的一個重要問題:

$$\text{引申義學:義從何來?}\begin{cases}\text{假借(領養的)}\\\text{引申(生出來的)}\end{cases}$$

詞義引申的兩種方式:點散式引申(如北:脊背、北方、敗北、背叛……)和連綫式引申(後背、負載、負擔……)。可見,段玉裁已經涉及對引申方式的探討。這兩種引申方式可圖示如下:

點散式引申:

連綫式引申:本義→引申義 A→引申義 B→引申義 C

所謂引申義學,是指探索 A 義到 B 義的引申原理、引申方式、引申機制、引申動源、引申檢測等的一套理論系統;而其中引申檢測(義軌的證明)最基礎,可從以下幾個方面獲取證據:

A. 今天的語言和方言中的證據
B. 其他民族語言的證據
C. 古代文獻(包括出土文獻)記載中的證據(史證法)
D. 同律互證

　　以上 A、B、C 是"實證"，"同律互證"是"理證"，亦即把語言當中的實證現象總結出規律以後，用排比類推的方法去考證相關詞義。"同律互證"的例子有很多，如"對"有對當的意思，可引申出配偶之義；"當"有對當義，也可引申出配偶義；"合"有對當義，也可引申出配偶義。更多例證可參馮利(1986a)。段玉裁大多使用前三種，也常用同律互證，而王念孫則慣用用同律互證，還發展出了"生成類比推證法"（參馮勝利 2016、2018）。

第 32 條

《説文解字注・卷三下・又部》p.207

敱 shuā，飾也。飾，各本作"拭"，今依《五經文字》正。巾部曰："飾，敱也。"彼此互訓。手部無拭字。彡下云："毛飾畫文也。"聿（jìn）下云："聿，飾也。"皆即今之拭字。獨於敱下改"拭"，與全書矛盾矣。按，"拭圭"雖見《聘禮》，然必系俗改。古者拂拭字只用飾，以巾去其塵，故二字皆從巾。去塵而得光明，故引伸爲文飾之義。《司尊彝》"涗酌"大鄭云："挩拭勺而酌也。"拭，釋文作飾。敱亦通用刷。刀部云："《禮》有刷巾。"即敱巾也。從又持巾在尸下。屋字下云："尸象屋形。"所劣切，十五部。

【精讀示要】

本條注論表現出段玉裁善用"矛盾律"解決版本和詞義的問題。其論證程序如下：

1. 點題指誤：飾，各本作"拭"，誤！

2. 書證正誤：依《五經文字》正。

3. 内證Ⅰ：《説文・巾部》："飾，敱也。"段氏認爲這是《説文》互訓之例，亦是反證。

4. 内證Ⅱ：《説文・手部》無"拭"字；且"彡""聿"下釋文用"飾"不用"拭"。進而指明"飾"與"拭"爲古今字。從《説文》全書來看，獨於"敱"下改爲"拭"，不合體例。

5. 處理反例：《聘禮》中有反例"拭圭"，段氏認爲"必系俗改"（原理見後）。

6. 以形定義：因"以巾去其塵"，故"拂拭義"的"飾、敱"二字古皆從巾，"拭"字不合構形原理，必後出之字。

7. 以義定義：進一步申説"飾"義爲去塵而得光明，故引申爲文飾之義。"去塵""文飾"二義相通，可互取證。

由上諸證可見,"飾"各本作"拭"必誤無疑。

【理必用語笺識】

　　與全……矛盾　這一用語似乎没有什麽難解之處,然而,其中仍有深入了解段氏有關"矛盾律"思想的必要。第一,段氏這裏雖然説的是與整體系統相互矛盾,亦即 contradict with the whole system 的情況,但是我們可以(也應該)從中窺出他的"矛盾系統"还包含了(1)"局部矛盾"和(2)"個例矛盾"等子系統。第二,他的這種矛盾律思想應該是從其师戴震的"十分之見"體系中獲得的,并進而發展出"整體系統無矛盾"的邏輯系統觀。就是説,表面"易解"的用語背後,還蘊藏着一套科學矛盾律,有待我們仔細地去品味和發掘。

第 33 條

《説文解字注・卷三下・寸部》p.216

寺 sì，廷也。廴部曰："廷，朝中也。"《漢書注》曰："凡府庭所在，皆謂之寺。"《釋名》："寺，嗣也。治事者相嗣續於其内。"《廣韵》："寺者，司也。官之所止有九寺。"按，經典假寺爲侍。《詩・瞻卬》傳曰："寺，近也。"《周禮注》曰："寺之言侍也。"凡《禮》《詩》《左傳》言"寺人"皆同。若漢西域白馬駝經來，初止於鴻臚寺，遂取寺名，初置"白馬寺"，此名之不正者也。有法度者也。从寸，《考工記》曰："市朝一夫。"注云："方各百步。"知天子三朝，各方百步，其諸侯大夫之制未詳。步必積寸爲之，言法度字多從寸。又部曰："度，法制也。"㞢聲。祥吏切，一部。

又《説文解字注・卷三下・寸部》p.216

𡩀 xún，繹理也。謂抽繹而治之。凡治亂必得其緒，而後設法治之。引伸之義爲長。《方言》曰："尋，長也。海岱大野之閒曰尋，自關而西，秦晉梁益之閒凡物長謂之尋。"《周官》之法，度廣爲尋。《古文》禮假尋爲鐎。《有司徹》"乃鐎尸俎"注："鐎，温也。"古文鐎皆作尋，《記》或作尋。《春秋傳》："若可尋也，亦可寒也。"案，《左傳》服注："尋之言重也，温也。"《論語》何注："温，尋也。"互相發明。俗本《禮注》作"燖"，誤。从工口，从又寸。工口，亂也。又寸，分理之也。彡聲，徐林切。七部。此與𣪩同意。説見𣪩下。度人之兩臂爲尋，八尺也。此別一義，亦因从寸及之。《考工記》曰："澮廣二尋。"

【精讀示要】

1. 正名："此名之不正者也"反映了段玉裁的正名思想。這裏的"正名"是通過訓詁來糾正古人對詞義（或命名）的錯誤認識。"寺"本指有法度的地方,如古代的鴻臚寺、大理寺。"廷"指朝廷,是有立法定度之地,所以府廳之所在也可以叫作"寺"。

2. "言法度字多從寸"實即"構意部件"的鑒定。"寸"本爲表示長度單位的詞,後來又在表示"法度"的意義上,用它來構形造字,一看到漢字裏的"寸"就想到法度,這就是"字感"在起作用。這引發我們去思考相關的兩個問題。(1)在哪些字裏面用"寸"作爲構意部件? (2)在構字的"法度意"裏面,有哪些"法度意部件"? 前者有"度、尋、將、導、等、射、刌、耐……"等。後者有"步、尺、丈、法、準"等。同意部件的綫索研究可延伸到前代,爲考釋、解詞提供證據。延伸開來去思考:甲骨文中有沒有從"寸"的字? 是不是代表法度之"意"? 漢字中同功能部件有哪些? 等等。這都是值得研究的課題。用具有系統性的證據去釋讀疑難字詞,有利於提高可信度。

3. 取意的總法則:以"寸"作爲法度的代表,説明什麼?《易傳·繫辭下》云:"古者包犧氏之王天下也,仰則觀象於天,俯則觀法於地,觀鳥獸之文與地之宜,近取諸身,遠取諸物,於是始作八卦,以通神明之德,以類萬物之情。""近取諸身,遠取諸物"這是古人造字取意的總法則。上古時代,人們大多是以自身爲參照來認識和處理身外世界的。

4. "近取諸身":以人的肢體的部分作爲自然界的尺度。"寸"於是成了"法度之手"和"度量之手"。

5. 字形、字意的系統:後代"誤解前代字意"當然違背造字的初衷,但是"錯"是有根據的,是遵循和順從"錯解時代的理念和通識"造成的。所以漢字構形不可避免發生"字意的重新分析",它是歷史的反映和記錄;同理,詞義的演變就是歷史的演變:因爲詞義記錄歷史。漢字的構造具有體系性,字意也是有系統的,而且這一系統不是一成不變的。不同時代有不同的標示字的系統和方法。甲骨文、金文、小篆等屬於不同的體系。用甲骨文的構形理念來批判小篆的系統,顯然是不對的。説它們體系不一樣可以,但拿一個系統説另一個系統是錯的,則不可。因此,有些學者依據甲骨文、金文的字形、字意來批駁小篆的字形、字意,在邏輯和方法上,不僅是錯誤的,而且是膚淺的、行不通的,因爲他們忽略了體系的時代差异性。

6.“白馬寺”的命名來源:東漢明帝,天竺白馬馱經東來,居洛陽“鴻臚寺”,後改名“白馬寺”,寺廟之名由此而始。

《説文解字注・卷三下・皮部》p.217

皮 pí,剝取獸革者謂之皮。剝,裂也。謂使革與肉分裂也。云"革"者,析言則去毛曰革,統言則不別也。云"者"者,謂其人也。取獸革者謂之皮。皮,柀。柀,析也,見木部。因之所取謂之皮矣。引伸凡物之表皆曰皮,凡去物之表亦皆曰皮。《戰國策》言"皮面抉眼",王褒《僮約》言"落桑皮樱",《釋名》言"皮瓠以爲蓄"①皆是。從又,又,手也,所以剝取也。爲省聲。符羈切,古音爲、皮皆在十七部。凡皮之屬皆从皮。筬,古文皮。从竹者,葢用竹以離之。㞑,籀文皮。

【精讀示要】

	人物	剝之者皮人	(《周禮》)
"皮"的引申系列	動作	剝	柀,析也
	事務	剝之事	皮人爲皮之事
	對象	剝之物	皮之不存,毛之焉附
	去表	剝皮	皮面抉眼
	使有表	披	使有皮

思考:意義究竟有哪些引申的可能性(possibilities of the derivation of meanings)? 下面是可供參考的引申綫索:

1. 使動(Causative)   2. 施事(Agent)   3. 行爲(Action)

4. 對象(Target)   5. 目標(Goal)   6. 來源(Source)

7. 方所(Place)

我們認爲:引申義學一定要區分詞義"引申的可能性"和"引申的

---

① 校勘:《釋名・釋飲食》:"瓠,蓄皮瓠以爲脯,蓄積以待冬月時用之也。"段引乃概述之語。

方向性",這是兩個基礎議題。詞義引申的可能性是由內外因所決定的,內因是語言的,外因是社會文化的。內因和外因共同決定了詞義引申的可能性。由於語言表達和使用具有偶然性和任意性,因此,詞義引申也必然具有偶然性和任意性。又由於文化具有民族性,因此,詞義引申也具有民族性。從這個意義上說,詞義引申的可能性是不可預測的(注意,不可測不等於沒有原因和來源)。如,漢語的"匹"發展出匹配義,又有單獨義,這是由漢民族的社會文化決定的,英語要表達相對應的意義就得使用不同的詞(match/equal to)。

與此同時,我們不能否認詞義引申是有方向性的,即詞義發生引申時所慣常的走向。方向之一便是與句法相關的,如:動作可引申為使動用法(Causative)、可引申指施事(Agent)、對象(Target)、目標(Goal)、來源(Source)、方所(Place)等。之所以向句法的方向引申,可能與人的認知、大腦結構有關係。

最後,讀古書還需注意哪些地方不可能有引申義? 沒有引申的可能時,就要借助假借,找本字。例:"而"本為鬍鬚,假借為連詞表示"和",因為"和"這個意思不能從"鬍鬚"引申而來。

第 35 條

《説文解字注·卷三下·攴部》p.219

數 shǔ,計也。六藝,六曰九數。今《九章筭術》是也。今人謂在物者去聲,在人者上聲,昔人不盡然。又引伸之義、分析之音甚多,大約速與密二義可包之。从攴,婁聲。所矩切,古音在四部。

【精讀示要】

1. "引申之義、分析之音"＝音義同源之説;一個意義引申出第二個意思,有引申之義就有分析之音,爲了區別引申出的新義,往往會發生音變,這可稱之爲"分音詞"。如上聲去聲的區別、北京話中有些名詞要加兒化,這些都是詞語分化的手段。

2. "大约速與密二義可包之",但"可包之義"是什麼? "數"的意義可歸納如下:

"數"的義項 {
計(數字、書目,不一爲數)
責備(數落)"使吏數之"(《左傳·昭公二年》)
命運(命數) It's not my number yet.
頻繁(祭不欲數,鳥數飛也)
細密"數罟不入洿池"(《孟子·梁惠王上》)
疾速,促
}

(齊)景公好弋,使燭鄒主鳥而亡之。公怒,召吏欲殺之。晏子曰:"燭鄒有罪三,请數之以其罪而殺之。"公曰:"可。"

"可包之"是指以上所有引申義都可溯源於"速與密","速與密"是其根義。從前往後看,原來只有"速"和"密"兩個義,其他的意義是後來發展出來的;從後往前看,其他所有的意義都可用"速"和"密"這兩個意義函括起來。此其一。

其二,"速"和"密"二義之間有没有關係? 是什麼樣的關係? 表面上看是"夫妻"關係,其實是一張紙的兩個面、是一件事情的兩個方面,是時空觀念的反映。"速"即"密","密"即"速"。"速"是時間的間隔小,"密"是空間的間隔小。空間和時間是立體性關聯的,空間的擴展就是時間,空間的小就是速度的快。於是我建立起這樣的詞義聯繫:空間小——頻率高——速度快。數字是連比在一起的,是可以計算的;由數字而與命運相關,就是命數;連比到一起就是頻繁的、林立的、細密的;連比、細密而有急迫之義。譬如"迫在眉睫":迫是"空間小","迫在眉睫"則指的是"時間很緊"。從"速與密"等一系列相關詞義引申,可反觀中國傳統文化中的"時空"觀。

3. 書證及解文

《詩·小雅·小明》:"曷云其還,政事愈蹙。"毛傳:"蹙,促也。"鄭玄注:"何言其還,乃至於政事更益促急。"

李華《吊古戰場文》:"兩軍蹙兮生死決。"

又,今語"促膝談心"。

唐杜甫《雕賦》:"蹙奔蹄而俯臨,飛迅翼以遷寓。"

是"蹙""促"都有"迫近"的意思,同時又有急速的意思:"蹙(變)＝急劇(變化)"。

4. 從以上引申系列也可看出,有方向性但無預測性,是詞義引申最大的特點;原則上說詞用得越活可引申性越強;但可能性方向是可預測的。

池田知久《馬王堆帛書五行研究》引楊倞注《荀子·天論》"數,謂春作夏長秋斂冬藏,必然之數"引高誘注《呂氏春秋·雍塞》"數,道數也",又引尹知章注《管子·霸言》"數,猶理也"。池田知久説:"如根據這些所能知道的,所謂'數'就是道理的意思。"①

[論文選題]:詞義分析中的數文化

---

① [日]池田知久著,王啓發譯:馬王堆帛書五行研究[M]. 北京:綫裝書局;北京:中國社會科學出版社,2005:479.

第 36 條

《説文解字注・卷三下・攴部》p.221

敵 dí,仇也。仇,讎也。《左傳》曰:"怨耦曰仇。"仇者,兼好惡之詞。相等爲敵,因之相角爲敵。古多假借適爲敵。《禮記》:"計於適者。"《史記》:"適人開戶,適不及拒。"《荀卿子》:"天子四海之内無客禮,告無適也。"《文子》曰:"一也者,無敵之道也。"按,後人取《文子》注《論語》曰:"敬者,主一無適之謂。"適讀如字。夫主一,則有適矣,乃云無適乎? 敬者,持事振敬,非謂主一也。《淮南書》曰:"一者,萬物之本也,無適之道也。"與《文子》同。正作敵。从攴,啇聲。徒歷切,十六部。

【精讀示要】

1. 引申義的書證——"一也者,無敵之道也。""讎"是有對象的,"敵"也是有對象的。"棋逢敵手",是相匹敵(match)、是當(田相值也)、是對等——相角,相較(參第 20 條"讎"、第 13 條"特")。"一者,萬物之本也,無適之道也"是古人的"通識",非道家之專有。這正好說明"余一人"是"没有匹敵對等"之人。

2. 用根義解釋典籍:不明古代字詞之"根義"則誤解古人之文意和經意,導致誤解古人的思想。《論語・學而》中"敬事而信"。朱熹《論語集注》用"敬者,主一無適之謂"來解釋"敬事而信"的"敬"。段氏說:"適"在此句中不能"讀如字",而要"讀破字",適讀如敵。對"適"的準確理解,有賴于對"敬"的把握。"敬"指的是"持事振敬",不是"主一"的意思;而《文子・下德》"夫一者,至貴無適於天下,聖王託於無適,故爲天下命"中的"無適",是無敵之謂。所以朱熹犯了兩個錯誤,一是把"敬"理解爲"專一",二是把"適"讀如字,造成自相矛盾——後人因錯就錯,積誤難返,"主一無適"成爲今天的成語。段氏因此特別指出其誤,而他之所以能"辨其誤",是因爲他對根義的理解很到位,這是用根義的解文辨誤作用,也可謂用根義來解釋典籍字詞之義的一個範例。顯然,如果根義不明,將錯就錯,則經義不明。由此可見,自戴震以來,乾嘉學者就主張"字明而後義明,義明而後經明"。

　　須注意,用根義來解釋古典和用取意來解釋經典不同(參第 26 條"誼")。

　　[思考題]:怎樣解釋可以更接近當時的語言和文化?

　　3. 奇偶之詞的名意系統:從語言(詞義或概念得名的角度)瞭解古人的思想觀念。

　　奇、獨、特、單、寡

　　偶、敵、讎、對、當、合、反

　　與奇偶之詞相關的是中國傳統的數字文化:

　　一——無匹配

　　二——雙

　　三——參合

　　奇數是單的,單的就怪,就是特別的,英語的 singular 的詞義與之相當。如:

　　Singular beauty(非常美)

　　A man of singular courage(膽略超群)

　　Singular habits(非同一般的習慣)

　　We are not in our singular judgment(我們的判斷不是標新立異)

　　Singularity(單一、异常,奇特,怪癖)

　　漢語不僅有"奇""特""單獨"的名意系統,而且有"偶""讎"雙對的名意系統。"讎"就是"對兒",壞的對手是仇敵;好的對手是配偶——"天作之合"的"合"就是好的對兒。相關內容亦可參見馮勝利《古漢語詞義的歷史考證法》(1986)。

　　[論文選題]:"從上古根義看古人的'對'的意念"

第 37 條

《説文解字注・卷三下・攴部》p.224

敲 qiāo，橫擿也。擿，今之擲字。橫擿，橫投之也。《左傳》："奪
之杖以敲。"釋文曰："《説文》作毃（qiāo）。"此謂《左》字當作毃也。橫投不
必以杖。又按，《公羊傳》："以斗（斗）摮（áo/qiáo）而殺之。"何云："摮猶擊
也。"擊（qiào）謂旁擊頭項，擊即敲字，擊即毃字。其字義異，故云"猶"。
擿或作摘，誤。从攴，高聲。口交切，二部。

【精讀示要】

1. "奪之杖"的語法結構

段玉裁雖然沒有對這一文法現象作出討論，但其引文中涉
及了古代文法問題，且"奪之杖"爲古代漢語重要的語法結構之
一，我們一并略作講解。季剛先生和太炎先生將"奪之杖"中的
"之"理解爲"其"。顯然，"奪之杖"與"奪其杖"在結構上是有
差別的。

　　雙賓語：A. 項王乃疑范增與漢有私，稍奪之權。（漢・司馬遷
　　　　　　　　《史記・項羽本紀》）

　　　　　　B. Read him books.

　　單賓語：A. 東坡云：李斯憂蒙恬之奪其權，則立二世以亡秦。
　　　　　　　（宋・戴溪《石鼓論語答問》）

　　　　　　B. Read his book.

"之"不是"其"，"奪之權"不等於"奪其權"，如果理解爲"其"的話，
意思完全不一樣。類似的有"天降下民，爲之君，爲之師"。趙岐注：
"爲，作也。"注意："作之君，作之師"是雙賓語，與"作其君，作其師"
大不相同。趙歧注成"爲（之）作君、爲（之）作師"而不作"爲其君、爲其
師"，説明這裏的"作之君，作之師"源於"爲之作君、爲之作師"（輕動詞

"作"移動到上面輕動詞"爲"的位置之上）。①

　　2. 同義詞辨析：義近而別

　　敲，橫擿　　擊＝敲；

　　毃，擊頭也　　擊＝毃，旁擊頭項；

　　區別同義詞的細微差別：段玉裁注意到了動作方向的不同、幅度的大小不同（能不能敲死）。

　　同義詞辨析，即辨別同義詞的异同，尤其是找出相異點。今天看來，有些動詞的編碼（encode）本身就含有時空屬性。時空屬性包括方式、幅度、大小、對象、工具、地點等。顯然，段玉裁已經注意到了這些時空屬性。區別詞義的一個辦法就是把時空屬性標注出來。關於時空屬性可參見馮勝利《語體語法的邏輯體系及語體特徵的鑒定》（2015）。

---

　　① 　參馮勝利：輕動詞移位與古今漢語的動賓關係[J]. 語言科學，2005(01)。

《説文解字注・卷三下・教部》p.226

敩 xué，覺悟也。敩、覺疊韵。《學記》曰：“學然後知不足，知不足然後能自反也。”按，知不足，所謂覺悟也。《記》又曰：“教然後知困，知困然後能自强也。故曰，教學相長也。《兑命》曰：學學半。其此之謂乎。”按，《兑命》，上學字謂教，言教人乃益己之學半。教人謂之學者，學所以自覺，下之效也；教人所以覺人，上之施也。故古統謂之學也。枚頤僞《尚書》《説命》上字作敩，下字作學，乃已下同《玉篇》之分別矣。从教冂。會意。冂，逗。尚矇也。冂下曰：“覆也。”尚童矇，故教而覺之。此説从冂之意。詳古之製字作敩，從教，主於覺人。秦以來去攵作學，主於自覺。《學記》之文，學、教分列，已與《兑命》統名爲學者殊矣。臼聲。胡覺切，三部。後人分別敩胡孝反，學胡覺反。學，篆文敩省。此爲篆文，則敩古文也。亦上部之例。

【精讀示要】

1. 學的古代“意念”和“風俗”（根義）

思考“教、學、覺、效、肖、孝”這幾個概念的關係。

教和學是一個事件（event）的兩個方面，可同詞。與施受同辭相當，施和效也是同一個動作的兩個方面。教就是讓人仿效，學就是仿效的意思。“教”從攵，一方面表達了使人效的意圖，另一方面也反映出使效可以借助於教鞭（攵），所謂“棒下出孝子”，英文也有“Spare the rod and spoil the child”的説法。“上課”也包括施受兩個方面，授課是向別人傳授知識，聽課則是讓人接受知識。“《兑命》曰：學學半。”教人讓人仿效，這是古人的傳統觀念。古人的教是讓人會，所以教只占一半，另一半是需要自己學的。覺是因教和學而有所醒悟。效是效法、模仿。古人的"肖"是孝順,是模仿前輩,不模仿前輩就是不肖子孫。孝就是讓人因效而肖。自内心而言就是覺,自道德而言就是孝。從這一點,我們可以看到古代詞義和古人觀念是相通的。正因爲古人有那樣的思想觀念,才有"教、學、覺、效、肖、孝"一系列詞義之間的網絡關係;反之,透過"教、學、覺、效、肖、孝"之間的語義網絡,也可以探尋古人的文化觀念。

以聲音通訓詁:教、學、覺、效、肖、孝音近義通。它們都是由一個根義派生出來的。注意:根義不是元義,根義是能够派生其他意義的那個意義(參第 4 條"禛");元義是最原始的、不可分解的意義單位(參第 16 條"過"),如"教"=/使/+/效仿/,/使/、/效仿/分别是元義。根義分化以後表現爲不同的詞,進而有不同的字。

今生有謂頓悟章黄所謂"以聲音通訓詁"者在於"造字之初的同音字,一定有某種聯繫、某些共同點"。然而其中有些原理問題有待發掘:

(1)音和義之間的聯繫一定是有規律可循嗎?如果從根義存在的這點上看,顯然是有的。根義揭示了這種音義之間的聯繫。

(2)讀音和指稱義之間的聯繫更爲緊密呢,还是字形和概念義之間的聯繫更爲緊密?顯然是前者。

(3)同音詞的"義根"應該是相同的嗎?顯然不一定。根不一樣,但彼此發展的進程中可能偶然同音或者同義。

(4)根義和義源的區别是什麼?根義相對於派生義而言,義源是意義的源頭。但如果從意義來源的角度説,有的根義也是義源。了解了根義以後,我們會發現"教-teach"的中英文含義不同:漢語的"教"使某人效仿,而英語的"teach"僅僅是就傳授知識而言。

(5)"所指義"和"構形意"一樣嗎?不一樣。所指義是所指稱的對象的詞義,構形意是字的構形意圖。"教"所指的是事件,其詞義爲"使人學";所從之"攴"起構形的作用,這叫構形意。

2. 從字形增減看語義演變、從語義演變看文化遷移

"詳古之製字,作敩,從教,主於覺人。秦以來去攴作學,主於自

覺"：帶攴旁的時候，學的詞義更多在於"讓人覺"。去掉了攴，省却了之前的恩威并施，主於自覺，反映出秦以後學習觀念、孝的觀念發生了變化。"字體"的變化和"觀念"的變化之間有什麼關係？

　　［論文選題］：古人"教學"意念考

《説文解字注・卷四上・目部》p.237

相 xiāng,省視也。《釋詁》、毛傳皆云"相視也"。此別之云"省視",謂察視也。从目木。會意。息良切,十部。按,目接物曰相,故凡彼此交接皆曰相。其交接而扶助者,則爲相瞽之相,古無平、去之别也。《旱麓》①、《桑柔》毛傳云:"相,質也。"質謂物之質,與物相接者也。此亦引伸之義。《易》曰:"地可觀者,莫可觀於木。"此引《易》説从目木之意也。目所視多矣,而从木者,地上可觀者莫如木也。《五行志》曰:"説曰:木,東方也。於《易》,地上之木爲觀。"顔云:"坤下巽上,觀。巽爲木,故云地上之木。"許葢引《易・觀卦》説也。此引經説字形之例。《詩》曰:"相鼠有皮。"《庸風》文。

【精讀示要】

1. 追探意義引申之"契機"或"關紐",是訓詁學的一個重要任務。"互相"義的來源:"目接物曰相,故凡彼此交接皆曰相"。何以知其是也? 據段玉裁,"彼此交接"的意思,引申出"彼此"的意思和"交接"的意思。

　　這裏有兩個方面的問題:一是要找到詞義銜接的那個"契機",二是要證明這個"契機"是存在的。"互"是卷綫之軸,"相"是目接物,二者怎麽有"互相"的意思的? "彼此交接"則兩點之間有來有回。這裏所要注意者:引申義一定有一個"關紐"或"契機",才可以引申出後來的意思。至於語義之間的(引申)聯繫是如何發生的,則與古人的看法和觀念、古代的文化密切相關。要證明義與義之間"契機"的存在,可以考察相關詞的詞義演變軌迹,如可以用"互"字證"相"字。同律互證

---

① 校勘:《旱麓》當作《棫樸》。二詩相連,段氏記誤常有。

法給了我們很好的啓示(參第 16 條"過")。

2. 理論訓詁學與實用訓詁學不同。前者要考證"義從何來"的規律;後者要考證"義之所用"(亦即詞在上下文中的具體"用義")。雖然二者緊密相關,但這是兩種不同性質的工作。

3. 許氏引經說字形——"構形之意""筆意"(每一筆劃的構形意圖):《易》曰:"地可觀者,莫可觀於木。"地上可觀看的東西很多,但最可觀(惹眼)者,爲木;故從木。這就是漢字的可解性的"公理"。許慎說的是構形之意。實際上,字形的解釋也要有典籍的證明。用《易經》的原話來解釋構字的意圖,這是文獻語言學的根本要求。沒有文獻證據,或不以語言作爲研究的落腳點,都不能叫文獻語言學。文獻語言學的最終目的是語言學而證據是文獻語言。

由此也可思考另一個問題,即從目的來說,書證有哪些類型:1. 證構意;2. 證詞義;3. 證兩義之間的"契機"。從《説文》和《段注》中我們都可以總結出書證的類型。

第 40 條

《説文解字注・卷四上・目部》p.238

眷 juàn,顧也。《大東》:"睠言顧之。"毛曰:"睠,反顧也。"睠同眷。《小明》云:"睠睠懷顧。"《皇矣》云:"乃眷西顧。"凡顧眷並言者:顧者,還視也;眷者,顧之深也。顧止於側而已,眷則至於反,故毛云"反顧",許渾言之,故云"顧也"。引伸之,訓爲眷屬,《史記》作婘。从目,券聲。居倦切,十四部。《詩》曰:"乃眷西顧。"

【精讀示要】

1. 詞義辨析

"顧""眷"之別:程度的不同,回頭轉的度數不同。"顧"是轉頭90度,而"眷"是轉頭180度,所以《詩經・皇矣》之"乃眷西顧",意思是説回過頭去往側面看。幅度是時空屬性的一種(參第37條"敲")。

2. 引申義"眷屬"及後出字"婘"。眷者卷也,聲中有義。

《説文解字注·卷四上·自部》p.243

自 zì，鼻也。**象鼻形。**此以鼻訓自，而又曰"象鼻形"。王部曰："自讀若鼻。今俗以作始生子爲鼻子是。"然則許謂自與鼻義同音同，而用自爲鼻者絶少也。凡從自之字，如尸部"眉 xì，臥息也"，言部"詯 huì，膽气滿，聲在人上也"，亦皆於鼻息會意。今義從也，己也，自然也，皆引伸之義。疾二切，十五部。**凡自之屬皆从自。臼，古文自。**

【精讀示要】

1. 字中字與字中義

"自"甲骨文作 𦥑、𦥑，金文作 𦥑、𦥑，象鼻子之形。但在傳世文獻中，"自"没有用作鼻子之義的。雖然傳世文獻中找不到，但我們可以發現一批以"自"爲構件的字，在這些字當中的"自"的字意，爲鼻子，如：

> 詯(huì)：膽气滿聲在人上。
>
> 眉(xì/ xiè)：臥息也。段注："俗譌頂。又譌屓。今學者罕知其本字矣。眉之本義爲臥息。鼻部所謂軒也。用力者必鼓其息。故引伸之爲作力之皃。呬，息也。音義略同。"
>
> 臭：禽走，臭而知其迹者，犬也。段注："犬能行路蹤迹前犬之所至，於其气知之也，故其字從犬自。自者，鼻也。引伸段借爲凡气息芳臭之偁。"
>
> 息：喘也。段注："自者，鼻也。心气必從鼻出，故從心自。"

以上反映了字形構形中所保存的語言信息。鼻子是元義，也是根義，"自己"是派生義。某個字的古義丢了，但可以從所構字中尋得。像這樣的一個字的成字構件，我們可以叫作"字中字"，這個字的構意所反映的意義叫作"字中義"。如："自"是"眉"中的字，"自"在"眉"中的構意所反映的字義是"鼻子"。驗之於甲骨文，如："貞：㞢疾自。隹㞢蚩。"（合集11506）①"疾自"即指鼻子有疾病。

與上述相似的例子還有一些。這些字在經典中很難找到書證，但我們可以用"字中字"證明它們的字中義。如：

（1）灋＝氵＋廌＋去：廌（zhì）爲獨角獸，在古代是法度的裁判者，是公平、公正的代表。法的概念和水的功能是一致的，即法要求公平，平也是水的特點。

（2）準＝水（標尺）＋隼：水準儀，"水之"就是"平之"（有兩個特點：① 平面；② 公平）。"水"訓平幾乎不見於經典，從字形當中可以看到字的元義。

（3）冠＝元（頭）＋寸（手）＋冖（帽子）："元"當作頭顱講，在文獻中雖有但并不多。在"冠"字中，"元"只能當頭講。

總之，通過分析文字構形，我們不僅可以窺察該字中某構件所示之"意"，亦可考察該構件所記詞之古義。如構件"元"在"冠"字中的字意爲頭，這也向我們透露出一個重要信息，即"元"之古義可能也是頭；又如構件"矢"在"短""榘"字中取"正直"之意，而"矢"本身也有"正直"之古義。②

順此思考：爲什麼是"鼻祖"而不是"耳祖"？揚雄《方言》："鼻，始也。獸之初生謂之鼻，人之初生謂之首。梁益之間，謂鼻爲初，或謂之祖。"

2. 詞義引申："息"的意群

$$
息 \begin{cases} 喘氣 \\ 休息 \\ 生（消息 \text{ disappear and appear}）——信息 \\ 兒子（利息，媳婦） \\ 止息 \end{cases}
$$

---

① 胡厚宣主編；王宇信，楊升南總審校. 甲骨文合集釋文 第 2 册 09615－20909[M]. 北京：中國社會科學出版社，2009：609.

② 具體可參見馮勝利："造意語境"考義法芻議[J]古漢語研究，1993(02).

　　鼻子是用來喘息的,即鼻息;鼻息又引申出休息。"息"又有生息的意思,從相反的角度可引申出止息、休息之義;生息又引申出媳婦、兒子等義。"鼻息"是一個根義,古人的根義和今天的根義不一樣。反映了中華文化對"喘息"的意念不一樣。在這方面,每個民族都會有不同的表現。這裏給我們提出了考察詞義與民族文化的雙重角度:一是從民族理念(或觀念)入手,考察表達相應觀念所使用的詞語及其演變;二是從系列詞語及詞義演變入手,考察其所反映的民族理念(或觀念)和文化(參第 35 條"數"、第 38 條"敫")。

　　［論文選題］:古人"呼吸"意念的本质和延伸(注:意念指的是一種理念,是一種理解而形成的認識;是基於當時的人的看法,通過詞義的系列看當時人的觀念。有的是民族的,例如"水"在漢民族中有"法"的觀念,在其他民族則不一定)。

　　"息"有生息的意思,又有"止息"的意思,是爲"相反爲訓",簡稱"反訓",即詞義從某一點出發而引申出與之相反的意義。可以將相反爲訓理解爲同一個事件的兩個方面,相反的兩個意義分別代表了這個事件的不同角度。類似的例子還有:

(1) 痛:痛苦——痛快(盡情)。

　　　《史記·秦本紀》:"寡人思念先君之意,常痛於心。"
　　　《管子·七臣七主》:"姦臣痛言人情以驚主。"

(2) 落:始(落成)——掉下(落葉)

　　　《逸周書·文酌篇》:"物無不落。"
　　　《漢書·宣帝紀》:"朕惟耆老之人,髮齒墮落。"

(3) 亂:亂——治。亂才會去理順,才叫治。

　　　《呂氏春秋·察今》:"故治國無法則亂。"

《尚書·盤庚》:"予有亂臣十人,同心同德。"

以上這些"反訓"現象都是一個事件中所蘊含的兩極特征,所以"反訓"并非"矛盾",而是"兩極視角"的結果。

第 42 條

《説文解字注・卷四上・羽部》p.249

翔 xiáng,回飛也。《釋鳥》:"鳶鳥醜,其飛也翔。"郭云:"布翅翱翔。"高注《淮南》曰:"翼上下曰翱,直刺不動曰翔。"《曲禮》:"室中不翔。"鄭曰:"行而張拱曰翔。"此引伸假借也。按,翱、翔統言不別,析言則殊。高注析言之也。《夏小正》:"黑鳥浴。"浴也者,飛乍高乍下也。此所謂"翼上下曰翱"也。从羽,羊聲。似羊切,十部。按,古多讀如羊。

【精讀示要】

1. "回飛"(飛=元義;回=根義)

2. 引申假借:借義=引申;借音=假借:

段玉裁的"假借" {

借音="同音假借"寫白字(一般假借)如:蚤-早。

借義="引申假借"(指稱意)比喻性的引申義,借 A 的義説 B 的義。如:"室中不翔"。這種引申無時不有。

區分引申假借和同音假借

引申假借:借 A 義來説 B 義(=詞義相因,詞形、詞音都相同)

同音假借:借 A 字來説 B 詞(=兩詞音相同,詞義不通、詞形不同或 B 詞無字)

3. 假借也有規則

"寫白字"有什麼規則? 這可以從"書同文"説起。書同文中有一點就是要按約定俗成的字來"同一"。"書同文"不但要規範字體(六國古文皆歸一篆文),更重要也要統一假借字。規範字體是指書寫時都用同一種字體,統一假借字是指借 A 字來説 B 詞時只能用同一個(白)字。如統一用"早起"表示"蚤起《孟子》";借音只能按一個方言的讀音假借，就是"雅言"（雅，正；雅，夏也。雅言即京師之言，見《文始》），以此來達到"通語（統語）"的目的。試想，如果只統一了文字的寫法，而不統一字_{=詞}與音之間的對應標準，不同地域的人在書寫同一個詞的時候有的用甲字，有的用乙字，依然達不到"統一"的效果。漢字是中國統一的基石，寫下來大家都認識，雖然讀音不一定一樣。中國各地方言之間，從政治統一的角度來説，它們是方言；但從語言學的角度來説，它們各有各的不同音係。

4."不別"與"殊"，"按，翱、翔統言不別，析言則殊。"段玉裁在"詞義辨析"上有超人的敏感性和準確性，讀段注，這是汲養源泉。

第 43 條

《説文解字注・卷四下・冓部》p. 283

再 zài,一舉而二也。凡言二者,對偶之詞。凡言再者,重複之詞,一而又有加也。从一,冓省。冓者,架也。架,古秖作加。作代切。一部。

【精讀示要】

1. 詞義辨析——從根義入手

再(again)的古義(如何從"重複"抽象出"again")可與"二"比較而知。"再"與"二"不一樣:二,對偶之詞;再,重複之詞。這是"二"與"再"在根義上的區別。明天再來＝你重複來這件事。用英文說:repeat 是再,pair 是二。不僅如此,"再"和"又"也不同:"再來"指future;"又來"指 past,這是現代漢語的對比研究。

2. 數字一、二、三的文化意義

"一"爲奇數,"二"爲偶數,"二乘加一則爲三","三"爲數之多。積畫成數,數至十而又歸於一,所以"九"是個位數中最大的。汪中《釋三九》:"先王之製禮,凡一二之所不能盡者,則以三爲之節。……三之所不能盡者,則以九爲之節。"[1]有關數字文化意義的解讀,可參。

3. "建構"與"搭架子"——從"字意"上看"取意"及"字義"

"冓"甲骨文作 ⿱, ⿱,金文作 ⿱,均象(木柴)相交的樣子;篆文作 ⿱,《説文・冓部》:"冓,交積材也。""冓"就是重複的交叉,"交構"是其字形的取意。

"冓"系字有:構、購、溝、媾、遘、再

---

① 張文治編;陳恕重校. 國學治要 第 1 冊 經傳治要[M]. 海口:南海出版公司,2015:280.

構：《説文・木部》：“構，蓋也。”《玉篇・木部》：“構，架屋也。”“構”就是建造房屋時用木材縱橫交錯搭建一個架構。

購：《説文・貝部》：“購，以財有所求也。”“購”買賣雙方進行財貨交易。

溝：《説文・水部》：“溝，水瀆。廣四尺，深四尺。”“溝”是田間水道，水道有主幹有末流，呈相互交錯的狀態。

媾：《説文・女部》：“媾，重婚也。从女冓聲。”段注：“重婚者，重疊交互爲婚姻也。”“媾”就是男女雙方交好結合。

遘：《説文・辵部》：“遘，遇也。”“遘”是路行交遇。

再：《説文・冓部》：“再，一舉而二也。从冓省。”“再”是從冓省，複加＝就是再。

“冓”系字取意（同源核心義）相同，而每個字的字義不同。

第 44 條

《説文解字注・卷四下・骨部》p.293

骿 pián，骿脅，逗。并幹也。依《左傳正義》訂。肉部："脅，膀也。肋，脅骨也。"《廣雅》："幹謂之肋。"是脅骨一名幹。故韋注《國語》云："骿，并幹也。"杜注《左傳》云："骿脅，合幹也。"其字《左傳》《史記》作骿，《國語》《吳都賦》作骿，《論衡》作伩。骿、伩，假借字。从骨，并聲。形聲包會意也。部田切，古音在十一部。晉文公骿脅。見《左傳・僖・廿三年》《晉語》。

【精讀示要】

1. 根義：并、駢、骿都是兩個排比并列之義(Pair/parallel)

《説文・从部》："并，相從也。从从，开聲。一曰，从持二爲并。"段注："一曰从持二干爲并。……二人持二竿，是人持一竿，并合之意。"

《説文・人部》："併，并也。从人，并聲。"

《説文・馬部》："駢，駕二馬也。从馬，并聲。"段注："併、駢皆从并，謂并二馬也。"

并、併、駢、骿核心義_{取義之根}相同，施之於不同的對象或事件，而生成不同的詞，即同源詞。記錄同源詞的字，可稱爲同源分用字(太炎先生的"變易字")。

2. 形聲兼/包會意

併、駢、骿聲中有義，因此爲形聲兼會意。與會意兼形聲不同，值得進一步研究。

第 45 條

《説文解字注·卷四下·刀部》p.317

劗 jiǎn，齊斷也。《釋言》《魯頌》傳皆曰："翦，齊也。"《士喪禮》："馬不齊髦。"注云："齊，翦也。"二字互訓。許必云"齊斷"者，爲其從刀也。其始，前爲刀名，因爲斷物之名，斷物必齊，因爲凡齊等之偁。如"實始翦商"，謂周之氣象始與商齊等，語本甚明。戈部引此詩，作"戩商"，字之假借，如竹箭之爲竹晉也。前，古假借作翦，《召南》毛傳曰"翦，去也"是也。《禮經》"蚤揃"，假借"揃"爲之。又或爲"鬏"。今字作"剪"，俗。从刀，歬聲。子善切，十二部。

【精讀示要】

1. 用引申義來解讀文獻：講從本義到引申義至明者(齊＝剪)

"其始，前爲刀名，因爲斷物之名。斷物必齊，因爲凡齊等之偁"

其始＝本義　　　名＞動(斷齊)＞形容詞(齊等)

字之假借：音之假借，同音代替。(《説文》引《詩·魯頌·閟宮》："實始戩商")

義之假借：引申義、比喻義。(《詩·魯頌·閟宮》："實始翦商")

2. 引申義要有書證

　　《士喪禮》："馬不齊髦。"注云："齊，翦也。"

　　《詩·召南·甘棠》："蔽芾甘棠，勿翦勿伐，召伯所茇。"《毛傳》曰"翦，去也"。

　　《詩·魯頌·閟宮》："後稷之孫，實維大王，居岐之陽，實始翦商。"周之氣象始與商齊等。

詞義引申有遠近之分,第一層、第二層……幾次引申之後,邊緣的才叫餘義,比喻轉類較大的,叫假借義。

考證詞義引申須得到經典文獻的驗證,同時經典也得到了相應的解釋。詞義演變的文獻證據有哪些呢? 主要有三類①:

(1)考證引申義客觀存在的具體用例。也即詞典釋義中所謂的書證。

(2)考證詞義引申存在合理性的其他同類引申實例。

(3)考證産生引申義内在原因的文獻材料。

3. 依段氏探索"同律義通"之證(發現新的義軌材料)

段玉裁説:"斷物必齊,因爲凡齊等之偁。"這引導我們思考古人"齊整"的觀念從何而來。如果"齊整"觀念可從"斷物"而來,我們則可"順藤摸瓜",連帶理解這一"斷物→齊整"義軌下其他的相關"義例"。於是我們發現"切"字。"切"不但有"以刀切物"之義,還有"與……相一致(或齊同)"之義,如:契合、切用(與實用切合)、切至(猶切當)、切事(切合情事)等。注意:《漢書·平帝紀》"一切滿秩如真"顏師古注曰:"一切者,權時之事,如以刀切物,苟取整齊,不顧長短縱橫,故言一切。"這正是"斷物"與"整齊"二義相通的"同律互證"。所以在《説文》"切"字下段注引師古曰:"一切者,權時之事。如以刀切物。苟取整齊。不顧長短縱橫。"據此,我們不難探出:(1)此乃段氏"斷物→齊整"義軌(斷物必齊,因爲凡齊等之偁)之所本,(2)也是段氏"義軌解經"的訓詁實踐——破"䐑商"爲"齊商",堪爲發明古義的"推演範例"。

4. "蚤揃"=剪指甲

阮本十三經《禮記注疏·曲禮》卷四作"不蚤鬋",鄭注:"蚤讀爲爪。鬋,鬋鬢也。"孔疏:"不蚤鬋者,以治手足爪也。鬋,剔治鬢髮也。"這是遠古 OV 結構殘餘的鐵證。

---

① 馮勝利:"社"字義變與詞義演變的文獻證據[J].辭書研究,1987(01).

第 46 條

《説文解字注·卷四下·刀部》p.317

則 zé，等畫物也。等畫物者，定其差等，而各爲介畫也。今俗云科則是也。介畫之，故從刀。引伸之爲法則，假借之爲語罰。从刀貝。貝，古之物貨也。說從貝之意。物貨有貴賤之差，故從刀介畫之。子德切，一部。

剛，古文則。重貝者，定其等差之意。

劑，籀文則从鼎。鼎部曰："籀文以鼎爲貝。"故員作鼎，娟作嬎，賣作霛，則作劑。

【精讀示要】

1. 這裏涉及引申、假借概念絕不同者。"引伸之爲法則，假借之爲語罰"——"引申義/假借義"的鑒別方法：義衍和聲音的假借不一樣。辨別引申和假借，根本上是看有無引申系列。"則"爲等畫物，"法則"是引申義；而作爲連詞是假借義，因爲從"法則"不能引申出連詞的含義，所以只能是假借，即聲音的假借。類似的例子如：而、也、之都是假借。

同音假借：借 A 音的字來代 B 詞（＝詞音相同，詞義阻隔、詞形不同或 B 詞無字）

2. 字意：

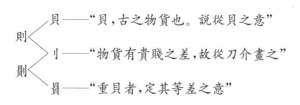

3. 甲骨文定其部件，從貝還是從鼎？

"籀文以鼎爲貝，故員作鼏，娟作䡃，賞作贎，則作劓"

則：甲骨文作█、█，金文作█、█。

劓：金文作█。

員：甲骨文作█、█，金文作█、█。

鼎：甲骨文作█、█，金文作█、█。

貝：甲骨文作█、█，金文作█、█。

由上可知，"貝"與"鼎"字形有相似之處。

《左傳·昭公六年》："三月，鄭人鑄刑書。"杜預注："鑄刑書於鼎。"又《左傳·昭公二十九年》："冬，晉趙鞅、荀寅帥師城汝濱，遂賦晉國一鼓鐵，以鑄刑鼎。"可見，古代的刑法是寫在鼎上的，所以有等劃。雖然重文從"鼎"，但許慎和段玉裁都沒有從鼎上書寫刑律的角度去解説。"則"的根義到底是什麼？ 現在我們可以結合甲金文字形和經典文獻來考證："則"的根義有兩種可能性：1. "則"是在鼎或貝上刻畫的有規則的東西，不管這個規則是什麼。2. 是指人事刑法規則，即"刑鼎"。第一種或許更早，第二種爲後出。倘若如此，則第一個爲根義，第二個爲派生義。至於二者哪個更接近"根"，尚有待考證。

有兩點需要説明：第一，儘管不能確定哪個是根義，但是段玉裁説的引申爲"法則"無疑是正確的。第二，儘管有甲金文等出土文字字形作參照，但很難説"則"之構意最初就是刻鼎而不是刻貝，不能以此來批駁許慎之説。不管刻的對象是鼎還是貝，但所刻的是"等畫物"。儘管也不確知所刻的到底是圖畫還是法則，但它一定是有規則的。

要之，《説文》重文與甲金文字形相比勘可考證構意。就此條而言，《説文》"籀文以鼎爲貝"，與甲金文字形相同，但如果沒有《説文》，"貝""鼎"相通的事實也只能"猜"（是否猜對要另説）。當然，許慎《説文》在解説構意時沒有用重文，説明許慎認爲"則"之構意可能和鼎沒關係（這就要深入研究構意的斷代性）。"子産鑄刑鼎"[①]之説是春秋時

---

① 　詳參陳雪良著. 春秋史[M]. 上海：上海人民出版社，2015：25.

期的事，也是歷史上第一次，後來都没有把刑法鑄在鼎上的説法，所以孔子譏諷"鑄刑鼎"的做法。從這個角度來説，"則"字構意取"鑄刑於鼎"之説，可能不正確。許慎説"貝，古之物貨也"，所以"則"是一種貨幣等畫物，"法則"也有可能指通貨法則、經濟法則。這也説明，文字構意要從歷史文化上來考證——構意斷代史是一個艱巨而煩難的工作。

第 47 條

《説文解字注・卷四下・刀部》p.318

副 pì，判也。《毛詩・大雅》曰：“不坼不副。”《曲禮》曰：“爲天子削瓜者，副之。”《匡繆正俗》曰：“副貳之字本爲福，從衣、畐聲，俗呼一襲爲一福衣，是也。書史假借，遂以副字代之。副本音普力反，義訓剖、劈，學者不知有福字，以副貳爲正體。《詩》不坼不副，乃以朱點發副字。”按，顏説未盡然也。副之則一物成二，因仍謂之副。因之凡分而合者皆謂之副。訓詁中如此者致多。流俗語音如付，由一部入三部，故韵書在宥韵，俗語又轉入遇韵也。沿襲既久，其義、其音遂皆忘其本始。福字雖見於《龜策傳》《東京賦》，然恐此字因副而製耳。鄭仲師注《周禮》云：“貳，副也。”貝部貳下因之。《史記》曰：“藏之名山，副在京師。”《漢書》曰：“臧諸宗廟，副在有司。”周人言貳，漢人言副，古今語也。豈容廢副用福。**從刀，畐聲。**芳逼切，一部。《周禮》曰：“副辜祭。”鄭注《周禮》作“疈”，云：“疈，疈牲胷也。疈而磔之。謂磔禳及蜡祭。”許所據作“副”，葢副者，古文小篆所同也。鄭所據用籀文。

疈，籀文副從畐。當云重畐。重畐者，狀分析之聲。

【精讀示要】

1. 駁斥顏説不通“義軌”之變

古人習慣性地從某個角度將詞義引申到後來的這個意義上，這一路徑稱爲詞義引申的軌迹，簡稱“義軌”。段云“訓詁中如此者致多”，就是説明了義軌的存在，習慣性地從那個角度遵循而行之的路徑就是義軌。事理之必然就是詞義的引申途徑。事物的動作、事物的性質、事物的結果都可以用同一個詞來表達。

“副”“判”“析”都是分開的意思。顏師古的錯誤在於搞錯了本字和假借字——把“福”認爲是“副”的本字。段氏糾正其誤解，指出“副”

才是本字，"福"是後出字。何以見得？證據有二：

(1) 義訓："貳，副也。貝部'貳'下因之。"

(2) 書證三條：

《史記》："藏之名山，副在京師。"《索隱》："言正本藏之書府，副本留京師也。"

《漢書》："臧諸宗廟，副在有司。"師古曰："副，貳也。其列侯功籍已藏於宗廟，副貳之本又在有司。"段玉裁説："周人言貳，漢人言副，古今語也。豈容廢副用福。"

《周禮》："副辜祭。""副"鄭注《周禮》作"䚱"。

段氏説："(引申義)沿襲既久，其義、其音遂皆忘其本始。"因此，派生義所從出的那個"本始"意義丟失了，也就是説根義泯滅了。這指明了根義之從何而來的事實。

2. 説明"副"和"貳"的意義來源（義隔之通）

"副"和"貳"兩者有不同的來源，即義隔；但由於古人觀察角度和理解的特殊方式，所以"副"和"貳"又可義通。什麼使之通？是古人理念使之通。理念就是古人觀察問題和認識物件的角度。"副之則一物成二，因仍謂之副。因之凡分而合者皆謂之副"——所謂副手/副本是從第二個的角度來表達（或認識）的，於是"不重要的、備用的"就與"二合一"的觀念彼此相通了。"副"和"貳"表面看好像意義是彼此相隔的，但根據古人的觀察角度，實際是可相通的。"周人言貳，漢人言副，古今語也。"一切都取決於觀察角度的不同。觀察角度的不同可導致語義發展的千變萬化，但都萬變不離其宗。

3. 一副、一襲、一套的"詞意"來源（"set"的語義來源）

詞意，如上文所述，即命名時的取意。所以，"一副"的東西都能分開。"意"是取意，是作爲意義（詞義）基礎的意義。"一副、一襲、一套"的區別在於取意不同，具體而言：

"一襲"：襲是覆蓋（cover），外面披的，引申到套（set），是蒙在外面的。

"一套"：套,也是從外面蒙覆(cover)引申而來的,是 set。

"一副"：副,是一組,是劈開的兩個。"兩個一套",在 set 的意義上才與"襲"和"套"同義。

"一副""一套"和"一襲"詞意的來源不同,因此,在跟名詞的搭配上也不同;但經過引申而詞義有相同的地方。意異而義同,也即義隔之通。注意段氏注論中蘊含的兩個概念：同義詞和同意詞的不同。同意詞指取意相同的一組詞。如"套""襲"均取意於覆蓋(cover);而同義詞指有相同義位的一組詞。如"一套""一副"強調所組成的整體(當然,二者成套的數量不同)。

4."古今語"新解

"父"與"爸"是古今語。《廣雅·釋親》："爸,父也";"走"與"跑"是古今語,但都不是"貳"與"副"屬類的古今語。段氏説"周人言貳,漢人言副,古今語也",實提出一個"新型古今語"：周人從"一對一"的角度説"貳/二",漢人從"一劈二"的角度説"貳/二",結果一樣,但視角不同、命名不同,義源不同,故曰"源异古今語"。統而言之,則至少有如下三類：

$$
古今語\begin{cases} 音异古今語 & 父與爸 \\ 義异古今語 & 走與跑 \\ 源异古今語 & 貳與副 \end{cases}
$$

讀段注者,不在"義"上下功夫,則失段氏精華之所在。

5. 明源辨析

最後,本注要注意的還有一個對"副,判也"準確理解的問題。這裏的"判"無疑是"分""析劈開"之義,但不是從"分""析"發展出來的"評判"之義。"分"也是"用刀分開兩半",但語義關注的"視角方向"不同。讀《段注》要特別關注他對語義的演變和形成之精義所在。

《説文解字注・卷四下・刀部》p.318

切 qiē，刌也。二字雙聲同義。古文《禮》"刌肺"，今文刌爲 "切"。引伸爲迫切，又爲一切，俗讀七計切。師古曰："一切者，權時之事，如以刀切物，苟取整齊，不顧長短縱橫，故言一切。"從刀，七聲。千結切，十二部。

【精讀示要】

1. "一切""權時"之"齊"不等於于"每一個""所有"

唐朝訓詁大師（顏師古）的引申義發明："苟取整齊，不顧長短縱橫。"所以，"一切"的核心義（根義的本質）就是"大概齊"，而不是每一個個體都相同和一致，而是整體上或概貌上的整齊。沒有個別的超出來，不等於每個單個的都一樣。這是就一般而言（in general），從原則上（in principle）來說的。

《漢書・平帝紀》"賜天下民一級，吏在位二百石以上，一切滿秩如真"師古曰："一切者，權時之事，如以刀切物，苟取整齊，不顧長短縱橫，故言一切。"章太炎《説文解字授課筆記》："暫時整齊曰一切，今所謂'從前之事不管，一刀斬斷'是也。"又，段氏在《説文》"刌"字下說：

> 凡斷物必合法度。故從寸。周禮昌本切之四寸爲菹、陸續之母斷葱爲度是也。[①] 云寸聲，包會意。《詩》"他人有心，予寸度之"。俗作"忖"，其實作"寸"作"刌"皆得如切物之度其長短也。

[①] 《後漢書・獨行列傳》(陸)續雖見考苦毒，而辭色慷慨，未嘗易容，唯對食悲泣，不能自勝。使者怪而問其故。續曰："母來，不得相見，故泣耳。"使者大怒，以爲門卒通傳意氣，召將案之。續曰："因食餉羹，識母所自調和，故知來耳。非人告也。"使者問："何以知母所作乎？"續曰："母嘗截肉，未嘗不方，斷葱以寸爲度，是以知之。"

可以對照來讀,才能"鑽到段氏的肚子裏"看出他的"語義思想"來。

2. 古人全稱概念的根義考證

古人的全稱概念用什麼術語,這些術語的根義是什麼?(第 61 條
"槩")。中國邏輯、邏輯術語和邏輯推理的特點可以從訓詁語義學去
揭櫫,從而了解古人的邏輯觀念。譬如"凡",是總括之詞,不是所有、
全部之義,而是就大體而言的意思。現代漢語裏則重新賦予"凡"以全
稱判斷之義。古代用"凡"一般只就整體大多而言的"一切",後人不能
只從數理邏輯上來理解和計算。譬如"概莫能外"的"槩",也是就整體
而言的,意謂大體整齊,大概平齊的意思。嚴格地說,中國古代沒有全
稱判斷的固定術語,這也許就是很難產生三段論式的邏輯推演的重要
原因之一。

3. 切(刌)→迫切(空間小,時間短)

用刀斷引申出迫切的意思,"迫切"表現爲空間小、時間短,"迫切"
的也是緊要的。又,用刀切的結果是整齊,據此可見"切"之引申義,其
用例如下:

(1) 以刀切物→迫壓:《史記·扁鵲倉公傳》:"不待切脉。"楊玄操
云:"切,按也。"

(2) 迫緊→緊急:《禮·禮器疏》:"祭祀之事,必以積漸敬慎,不敢
偪切也。"(又見《漢書·薛宣傳》《趙廣漢傳》)

(3) 緊切→緊要:《漢書·揚雄傳》:"請略舉凡,而客自覽其切
焉。"師古曰:"切,要也。"

(4) 切壓則不空,不空則實→切實:《後漢書·馮衍傳》"衍聞明君
不惡切愨之言。"(參第 35 條"數")

"切"字的引申義鏈可以很長,每個環節都反映出民族文化的傳統
觀念。

第 49 條

《説文解字注・卷四下・角部》p.327

 䚡 sāi，角中骨也。骨，當作"肉"，字之誤也。鄭注《樂記》"角觡生"曰："無䚡曰觡（gé）。"謂角中堅實無肉者，麋鹿是也。許亦解觡爲骨角，亦謂中無肉者也。《本艸經》："牛角䚡下閉血，瘀血，瘀痛，女人帶下血"。此則謂角之中，角之本當中有肉之處，外有文理可觀。故陳藏器曰："久在糞土爛白者佳"。《玉部》曰："䚡理自外，可以知中。"引伸謂凡物之文理也。从角，思聲。囟部曰："俞，思也。"龠部曰："俞，理也。"是思即理也。此云"思聲"，包會意。穌來切，一部。

【精讀示要】

 1. "紋路條列"的概念系統：根義的上古特性

 古人用條紋代表思路。思，魚的鰓、鹿角的腮理、凡物的紋理、有條理的思想——心之官則思；什麼是"思"？大腦把看到的對象加以分析而形成有條理的東西才叫"思"，構意和詞義不直接匹配：囟＋心→思＝構意；腮＋鰓→思＝根義。

 2. 什麼是古人的"理論"？

 段玉裁説："俞，思也。"；"俞，理也；是思即理也。""俞""思"和"理"是什麼關係？理，玉的紋路；俞，理也。

 "論"從"侖"得名，是有條理、有條例、有紋路地説話，核義是PATTERN。在古人的眼裏，有條不紊就是"理論"。它與外國的theory 和 argumentation 等的起始點是不一樣的。這個起始點就是根義，起始點不一樣就是根義不一樣。西方的理論（theory）是和定理（theorem）相關的，而定理是由公理推演（deductive）而來的。所以，定理是不能錯的。也可以説，西方的理論是從邏輯這個思路來的，而中國的理論則是從"紋路、條理"來的。訓詁就是將古代的根義挖掘出來,從而揭示詞義的民族特性及其生演的認知系統。進而通過不同語言中相關語詞的比較來挖掘不同語言的根義及其不同,這就是"比較訓詁學"(參第 54 條"言"及黃樹先. 比較訓詁探索[M]. 成都: 四川大學出版社,2024)。

第 50 條

《説文解字注・卷五上・竹部》p.345

竿 gān,竹梃也。木部曰:"梃,一枚也。"按,梃之言挺也,謂直也。《衛風》曰:"籊籊竹竿。"引伸之,木直者亦曰竿。凡干旄、干旟、干旌,皆竿之假借。又《莊子》"竿牘",即"簡牘"也。从竹,干聲。古寒切,十四部。

【精讀示要】

1. 核同源异:异源同義詞,而不是同源詞。

木直曰竿,挺直曰梃;都來源于"直挺的意思"

《説文》:"壬(壬 tǐng)爲物出地挺生。"孳乳爲"頲"。《説文》:"狹頭頲也。"《爾雅》:"頲,直也。"《詩經》之《大田》《韓奕》《閔予小子》傳曰:"庭,直也。"此引伸之義。庭者,正直之處。莛:草莖;筵:小竹枝;均有"挺直"的詞義特點。

《説文》:"耑,物初生之題也。上象生形,下象根。"耑與壬(壬)近,耑亦孳乳爲端,直也。又孳乳爲褍,衣正幅也。正、直同義,耑與題音本相轉,寒支次對轉。故《方言》又有顑字,云:顬也,即與耑同部矣。耑亦孳乳爲旃,所吕旃表士衆,旃表猶言題表爾。寒清旁轉,孳乳出的詞都是引申之後的結果。

挺是直着往上走。端是剛剛生出來的頭兒。"挺"强調往上長,"端"强調頭兒、尖兒,是開端。

"竿"(木直)
"壬(壬)""頲""梃""庭""挺""莛""筵" ⎤
"耑""端" ⎦ 直挺義

以上三組均有"直挺"的意思,但不在一個族群,受意(取意)相同而語根不同,雖同義但不同源,這種叫"异源同義詞"。"异源同義詞"

有兩種：一是同取意，另一種是使用義同。區分"异源同義詞"也是訓詁學的任務之一。

於此相應，還有一種情況即"同源异義詞"，即核心義相同而詞義不同的詞。如：京——鯨，均有"大"的詞義特點，是同源詞，但"絕高丘"爲大"京"，"海大魚"爲"鯨"。總之，"京""鯨"受意相同，同源但所指義不同。識別和區分"同源异義詞"很重要，王力先生的《同源字典》所收的絕大部分是"同源同義詞"或"同源近義詞"，很少"同源异義詞"。同源同義詞如同本人和他的照片的關係，同源近義詞如同孿生姊妹，屬太炎先生的"變易"範疇。而同源异議詞則是"孳乳"，如同父子、爺孫之間的關係——雖然長相和身材不一樣，但基因相同。同源异義詞的考證最要功夫，至今仍是同源詞義學的一塊"荒地"，有待開發。

2. 判斷同源詞：語根相同的詞，即來源於一個家族，需滿足兩點要求：(1) 音同(音轉相同也是同音)；(2) 義核相同("右文説"不盡合理，但可參考)。前者相當於 DNA 相同，後者相當於説組織中的 DNA 相同。王力先生有時誤將同源同義詞當作同源詞，這没有錯，但如果只從"義同"或"義近"而不從表面不同但義核相同來看同族詞，就不是從取意命名的 DNA 角度上發掘同源義族。

當然詞義從根義發展時，因取意角度的不同，常有意義偶然相同，但它們只是義位和義段上的相同，義串上的核義(家族義)如果不同，那不叫同源詞，而是"异源同義詞"。

第 51 條

《説文解字注・卷五上・竹部》p.346

箇 gè,竹枚也。竹梃自其徑直言之,竹枚自其圜圍言之。一枚謂之一箇也。《方言》曰:"箇,枚也。"从竹,固聲。古賀切,按古音在五部。个,箇或作个,半竹也。各本無,見於《六書故》所引唐本。按,竝則爲竹,單則爲个。竹字象林立之形,一莖則一个也。《史記》:"木千章,竹竿萬个。"正義引《釋名》:"竹曰个,木曰枚。"今《釋名》佚此語。經傳多言个,《大射》《士虞禮》《特牲饋食禮》注皆云:"个,猶枚也。今俗或名枚曰個,音相近。"又云:"今俗言物數有云若干個者,此讀。"然經傳个多與介通用。《左氏》或云:"一个行李",或云"一介行李",是一介猶一个也。介者,分也。分則有閒,閒一而已,故以爲一枚之偶。《方言》曰:"介,特也"是也。閒之外必网分,故曰"介居二大國之閒"。《月令》"左介""右介"①是其義也。○又按,支下云:"从手持半竹"。即个爲半竹之證。半者,物中分也。半竹者,一竹网分之也。各分其半,故引伸之曰"左个""右个"。竹从二个者,謂竹易分也。分曰个,因之梱(hún)者亦曰个。

【精讀示要】

1. 詞義辯證論:一而二,二而一

一而二:閒之外必网分,故曰"介居二大國之閒"。《月令》"左介""右介",是其義也。

二而一:分則有閒,閒一而已,故以爲一枚之偶:《方言》曰"介,特也"是也。

一分爲二,合二而一;分曰个,如《呂氏春秋・孟春紀》:"天子居青

---

① 校勘:《禮記・月令》"左介""右介",今本皆作"左個""右個"。王引之《經義述聞》卷三十一《通説》,"個"字條云:"《北堂書鈔》歲時部二,《初學記》歲時部上,引《月令》並作介。徐鉉《論俗書》曰:《名堂》左右個當作介。是也。"可參。

陽左个。"(左厢房)

又,榾(凡全物渾大皆曰榾＝囫圇)亦曰个,如今語"一个"。

其用例如:

（1）其禮……少牢則羊左肩七个……（《禮記·少儀》）

（2）譬如群獸然,一个負矢,群獸皆走。（《國語·吳語》）

（3）一个嫡女……一个嫡男……（《國語·吳語》）

（4）竹竿萬个。（《史記·貨殖列傳》）

（5）鹿皮四个。（《國語·齊語》）

"介、特"：相對於一個來講是一,相對於"兩分"則可以分爲"左介""右介"。相對於另一半而言才叫"特"。兩個極端的對立的變化（辯證法）,"物極必反"、陰陽對轉、互補、彼此依存。這樣的思想滲透到詞義裏,成爲引申的一個途徑。由此可見,中國傳統哲學看問題的角度——從總體看單個、從單個看整體,超然物外看關係。段玉裁釋字解義,是從古代的歷史和古人的觀念入手,語言、語義、觀念是相通的。與其說是證義,不如說是證史;與其說是證史,不如說是證哲學思想和文化觀念。這就是文史哲不分的考證方法。

2. 比較訓詁學：英語的類似發展軌跡

"piece"　slice, patch, assemble, put together,

division, part, portion, section, segment, share,

希臘語/拉丁語——英語,古代漢語——現代漢語……不同語言中相似的訓詁現象之間,一定有着某些共同的規律,即從語言中可以看出有哪些相似的看世界的方法。我們可以聯想到"薩丕尔—沃尔夫（Sapir-Whorf）"假說,語言反映世界觀（Language reflects view of the world.）從詞義的考證來看的確如此,因爲我們是從不同的角度來命名和賦義的,這個"不同的角度"就是人們看問題、看世界的角度,就是世界觀（view of the world）。因此,詞義從某種意義上反映的就是人的俗常世界觀。黃樹先教授的《比較訓詁探索》就是這方面研究的最新拓展。

第 52 條

《說文解字注·卷五上·豈部》p.366

豈 qǐ，還師振旅樂也。《公羊傳》曰："出曰祠兵，入曰振旅。"《周禮·大司樂》曰："王師大獻，則令奏愷(kǎi)樂。"注曰："大獻，獻捷於祖。愷樂，獻功之樂。鄭司農說以《春秋》晉文公敗楚於城濮，《傳》曰：振旅愷以入於晉。"按，經傳豈皆作"愷"。一曰，欲登也。各本作"欲也，登也"。多"也"字，今刪正。欲登者，欲引而上也。凡言豈者，皆庶幾之詈，言幾至於此也。故曰"欲登"。《曾子問》："周公曰：豈不可"。注："言是豈於禮不可。"按，此謂於禮近於不可也。《漢書·丙吉傳》："豈宜褒顯。"猶言蓋庶幾宜褒顯也。周漢文字，用豈同此者甚多，舉二事足以明矣。欠部有"𣢜(jì)"字，幸也。《文王世子》注、《孔廟禮器碑》有"譏(jì)"字，意皆與豈相近，譏即豈之變也。豈本重難之詈，故引伸以為疑詈。如《召南傳》曰"豈不，言有是也。"後人文字言豈者，其意若今俚語之難道，是與《曾子問》《丙吉傳》二豈字似若相反然，其徘徊審顧之意一也。从豆，豆當作"壴省"二字。豈為獻功之樂，壴者，陳樂也。㣋省聲。㣋，各本作"微"，誤。今依鉉本㣋下注語正。墟豨切，十五部。按，鉉豨作"喜"，誤。凡豈之屬皆从豈。

【精讀示要】

1. 語氣詞訓詁　大概→難道

（1）期望、祈使："大王豈辱裁之"（《國語·吳語》）

（2）大概、莫非："頻年以來，不聞嘉謀，豈吾開延不勤之咎耶？"（《三國志文類·教令》）

（3）哪裏、難道："身死東城，尚不覺寤，而不自責，過矣！乃引'天亡我，非用兵之罪也'，豈不謬哉！"（《史記·項羽本紀》）

"豈"表示幾乎、差不多到了某種程度，而不是表示反問。虛詞所載語義之間的詞義很多也是由引申而來。段玉裁此處所講引申義可謂首發其覆：大概→難道的引申渠道。語氣加重了，出現了新的引申義。虛詞的語義引申是在上下文當中完成的，可稱之爲"文意引申"。

王念孫《讀書雜志》[①]解釋《漢書·丙吉傳》：豈宜襃顯，曰"余謂豈猶其也，言武帝曾孫病已有美才如此，其宜襃顯也"。

> 原文："武帝曾孫名病已在掖庭外家者，吉前使居郡邸時見其幼少，至今十八九矣，通經術，有美材，行安而節和。願將軍（霍光）詳大議，參以蓍龜，豈宜襃顯，先使入侍，令天下昭然知之，然後決定大策，天下幸甚！"

"豈"是表示"希望"，而不是"難道"。如果按照"難道"來理解的話，語義就反了。"豈宜襃顯"的意思是"希望應該得到襃奖彰顯"，而不是"難道應該得到褒奖彰顯嗎"。我們看到，王念孫和段玉裁對"豈"的認識是一致的。

有的詞從跨語言的角度很難有對應性，尤其是語氣詞，一般而言，中外語義很難對應，爲什麼？取意不同，命名的角度不同所造成的。給"意思"命名的角度不同、根義不同，語義的來源自然也就不同了。"難道"很難説有對應的英文表達（類似的説法是 Do you mean...）。

虛詞表疑惑的強、弱分別是兩個詞，但有聯繫。"難道、哪裏"跟粵語的"唔通"，也有相似之處：是"没道理"的引申用法。

"驖"的用法：

> 《禮記注疏·文王世子》鄭注："大夫勤于朝，州裏驖于邑。"孔穎達曰："驖謂仰冀之也。"
>
> 《魯相韓敕修孔廟禮器碑》："自天王以下至於初學，莫不驖思歎卬。"

---

① 王念孫. 讀書雜志［M］. 北京：中國書店，1985：38.

第 53 條

《説文解字注・卷五下・皂部》p.384

既 jì，小食也。此與口部嘰音義皆同。《玉藻》《少儀》作"機"，假借字也。引伸之義，爲盡也，已也。如《春秋》"日有食之，既"，《周本紀》"東西周皆入於秦，周既不祀"，正與小食相反。此如亂訓治，徂訓存。既者，終也，終則有始。小食則必盡，盡則復生。**从皂，旡聲。**居未切，十五部。《論語》曰："不使勝食既。"《鄉黨篇》文。此引經説假借也。《論語》以既爲气，如《商書》以敄（hào）爲好，《詩》以及爲姑之類。今《論語》作"氣"，气、氣古今字。作氣，葢《魯論》也。許偁葢古文《論語》也。或云，謂不使肉勝於食，但小小食之。説固可通，然古人之文，云不使勝則已足，不必贅此字。

【精讀示要】

1. 字體失其意與義，經史傳其"義"與"意"。

即：甲骨文作🝫、🝫，金文作🝫、🝫，象一人跪坐於食器前就食之形。

既：甲骨文作🝫、🝫，金文作🝫、🝫，象一人進食完畢欲離去之形。

從甲骨文字形上看，"即"爲就食，而不是"節食"。由於段玉裁研究的是小篆系統而未及出土文獻的字形，故據經典改許説爲"節食"。《説文》的訓釋不一定用本義，段氏認爲該字字體有失字意、字義和詞義，故從經傳中去發掘。用經傳來找回字義、詞義。但若比較甲骨文、金文字形所反映的字意，則可建斷代字意變遷的歷史。

2. 段氏係連二義也有牽强者："終則有始，小食則必盡，盡則復生。"

3. 幾個反訓的例子：治——亂，落成——落葉，乖張——乖巧

反訓實際取決於看待事物的角度：一個事物的兩頭或兩極，才有

相反之義。"既"表示吃飯了,才有畢、終(參第 41 條"自")。

又《説文解字注・卷五下・皀部》p.384

即 jí,即食也。即,當作"節"。《周易》所謂"節飲食"也。節食者,檢制之使不過,故凡止於是之詈謂之即,凡見於經史言即皆是也。《鄭風》毛傳曰:"即,就也。"从皀,卪聲。此當云"从卪皀,卪亦聲。"其訓節食,故从卪皀。卪、節古通也。今音子力切,古音在十二部。

【精讀示要】

此條與"既"皆以"食"爲構意主題,段氏從卪、節古通的角度發明構意,以通詞義。雖與甲文構意不同,但屬小篆之斷代文字系統。

第 54 條

《説文解字注・卷五下・食部》p.391

饗 xiǎng，鄉人猷酒也。《豳風》："朋酒斯饗，曰殺羔羊。"傳曰："饗，鄉人飲酒也。其牲，鄉人以狗，大夫加以羔羊。"此傳各本譌奪，依正義攷定如是，許君所本也，饗字之本義也。孔沖遠曰："鄉人飲酒而謂之饗者，鄉飲酒禮尊事重，故以饗言之。"此不知亯燕之亯正作亯，亯，獻也。《左傳》作亯爲正字，《周禮》《禮記》作饗爲同音假借字，猶之《左傳》作宴爲正字，宴，安也。《禮經》《周禮》作燕爲同音假借字也。沖遠證之以用樂或上取，其說迂曲矣。至若《毛詩》云"我將我亯"，下文云"既右饗之"；云"以亯以祀"，下文云"神保是饗"；云"亯以騂犧"，下文云"是饗是宜"：《毛詩》之例，凡獻於上曰亯，凡食其獻曰饗。《左傳》用字正同。凡《左氏》亯燕字皆作亯，惟"用人其誰饗之"字作饗。**從鄉，從皀**，鄉食會意。**鄉亦聲。** 許兩切，十部。

又《説文解字注・第五卷下・亯部》p.404

亯 xiǎng，獻也。下進上之詈也。按，《周禮》用字之例，凡祭亯用"亯"字，凡饗燕用"饗"字。如《大宗伯》"吉禮"下六言"亯先王"，"嘉禮"下，言"以饗燕之禮親四方賓客"，尤其明證也。《禮經》十七篇用字之例，《聘禮》內臣亯君字作亯，《士虞禮》《少牢饋食禮》"尚饗"字作饗。《小戴記》用字之例，凡祭亯、饗燕字皆作饗，無作亯者。《左傳》則皆作亯，無作饗者。《毛詩》之例，則獻於神曰亯，神食其所亯曰饗。如《楚茨》"以亯以祀"，下云"神保是饗"；《周頌》"我將我亯"，下云"既右饗之"；《魯頌》"亯祀不忒""亯以騂犧"，下云"是饗是宜"；《商頌》"以假以亯"，下云"來假來饗"，皆其明證也。鬼神來食曰饗，即《禮經》"尚饗"之例也。獻於神曰亯，即《周禮》祭亯作亯之例也。各經用字，自各有例。《周禮》之饗燕，《左傳》皆作亯宴。此等蓋本書固尒，非由後人改竄。**從高省**，獻者，必高奉之。

《曲禮》曰："執天子之器,則上衡,國君則平衡。"後世亦以舉案齊眉爲敬。

𠄐象孰物形。《禮經》言饋食者,薦孰也。許兩切,十部。亯象薦孰,因以爲飪物之偁,故又讀普庚切。亯之義訓薦神,誠意可通於神,故又讀許庚切。古音則皆在十部。其形薦神作亨,亦作享;飪物作亨,亦作烹。《易》之"元亨",則皆作亨。皆今字也。《孝經》曰:"祭則鬼亯之。"《孝經・孝治章》文。凡亯之屬皆从亯。亯,篆文亯。後篆者,丄部之例也。據《玄應書》,則亯者籀文也。小篆作亯。故隸書作亨、作享,小篆之變也。

【精讀示要】

1. 字意與本義——比較訓詁學:

饗:甲骨文作𩜙、𩜙,金文作𩞋,象二人對坐吃飯之形,此甲文之構意。

饗,其構意爲對食可從"鄉人歙酒"推導而出。因此有"鄉""向"(north-warded window)之義、"卿"(對食者)。

"鄉""向"是同義詞。

段玉裁:"凡獻於上曰亯,凡食其獻曰饗。"

章太炎:"《説文》:亯(享),獻也。从高省,曰象進熟物形。《孝經》曰:祭則鬼享之。此合體指事字也。挛乳爲饗,鄉人歙酒也。"

享與饗＝sacrifice

鄉與卿＝ritual meal(參拉丁文:convivium＝group-food 與 convive＝face-to-face)

同鄉＝messmate(同餐桌的伙伴)

同享＝commensal(同吃、共生、共食友)

祭祀完祖先以後一起吃飯。

饗:同族人,卿:同桌對食之人。

從比較訓詁學與經傳訓詁的角度看,"饗"不能説是元義,而是一個禮俗事件的綜合性名稱。如上所示,中、西兩種語言有如此相似的訓詁現象,這是必然還是偶然?要分兩個層面來看,一個是事件本身的必然性和偶然性，另一個是語詞意義的必然性和偶然性。史實是必然的，但詞義會不會朝特定的那個方向走，則不是必然的；如果朝那個方向發展了，那就不是偶然的了。在禮儀性的場景中（比如國宴），"面對面"和"一起吃飯"是必然的。兩種文化、兩個語言系統裏面，有了第一個意思，第二個意思就自然出來了。必然的路徑，偶然的發生。偶然的發生背後必然有一個路徑。發生不發生是偶然的，發生了則必然朝某個方向走。詞義也是如此，詞義引申没有必然性，但只要發生了引申，則必然有一個方向。語法也一樣，因此我們没有辦法預測明天的語法怎麽變，從這個意義上也可以説語法演變是偶然的，但萬變不離其宗，這就是"普遍語法"（universal grammar）的科學。

思考：找到古字——發現上古文化——其中的宗教、思想等有多少滲透到語言裏，語言裏又有多少反映當時的文化。

比較訓詁學：研究不同語言中共有的引申現象（參第49條"鯤"）。

2. 施受同辭（word phrase）：

主動和受動可用同一個詞表達，是一個事件的合成的兩個方面。雖然後來用不同的詞去記録主動、受動雙方，但一定源自同一個根（root）如："亯（讓人吃）——饗（吃）""受——授""教——學""上課（講課）——上課（聽課）""看病（問診）——看病（尋求治療）"等。

3. thing 和 do the thing 用同一個詞指稱

施受同詞、物用同詞、體用同詞

同詞是指同語根。語根即指同源詞的始源形式或總根。沈兼士説："語言必有根。語根者，最初表示概念之音，爲語言形式之基礎。"①

---

① 沈兼士. 右文説在訓詁學上之沿革及其推闡[M]. 太原：山西人民出版社，2014.

《説文解字注・卷五下・倉部》p.393

餽 guì，吳人謂祭曰餽。《方言》："饋、餉、餽也。"三字皆謂祭。《戰國策》三十三："飲食餔餽。"高注："吳謂祭鬼爲餽，古文通用，讀與饋同。"按，祭鬼者，餽之本義，不同饋也。以餽爲饋者，古文假借也。高説與楊、許同。今本高注，淺人增竄不可從。从倉鬼。會意。鬼亦聲。俱位切，十五部。

【精讀示要】

1. 從字形、文化、語法的結合，可以推出其語義不同：餽＝［do 鬼］＝祭鬼。注意：DO 就是做，就是對某個對象做了一個約定俗成的行爲。至於説做的是什麼、如何做，不同文化則有不同的表現（＝不同的約定俗成），亦即不同文化對同一對象的"行爲動作＝DO＝做"可能是很不同的。漢人對"鬼神"做的事情和其他民族可能不同，而漢語中"饋"和"歸"的相通在其他語言不見得通。這是"義通"的民族性，是歷史文化的特殊性。

2. 饋＝［使……歸］＝贈。《説文》："饋，餉也。"《段注》："饋之言歸也，故饋多假歸爲之。《論語》'詠而饋'，'饋孔子豚'，'齊人饋女樂'，古文皆作'饋'，魯皆作'歸'，鄭皆从古文。《聘禮》'歸饔餼五牢'，鄭云：'今文歸或爲饋。'今本《集解》《陽貨》《微子》篇作'歸'，依《集解》引孔安國語，則當作'饋'也。……按，今字以餽爲饋，此乃假借，其義本不相通也。《孟子》：'餽孔子豚。'《漢・禮樂志》：'齊人餽魯，而孔子行。'已作此字。""餽"表示餽贈是假借用法。

3. 如何定本字和本義？段玉裁説："祭鬼者，餽之本義。"又説："今字以餽爲饋，此乃假借。其義本不相通也。""義不相通"是段玉裁注中很重要的一個概念：一個是祭祀，是對鬼的行爲；一個是贈送。

祭祀和贈送是兩個不同的行爲，兩者没有溝通的渠道，所以是假借。段玉裁怎麽知道没有溝通的渠道？這是值得研究的。從段玉裁一系列對詞義的講解詞中，可以歸納出哪個可通，哪個不通。義不可通的，聲音相同的那就是假借。所以，定假借得看義通不通。顯然，要結合字形、字音、字義去判斷。

第 56 條

《説文解字注・卷五下・亼部》p.394

侖 lún 思也。龠下曰：“侖，理也。”《大雅》毛傳曰：“論，思也。”按，論者，侖之假借。思與理義同也。思，猶䰴也，凡人之思，必依其理。倫、論字皆以侖會意。从亼冊。聚集簡册，必依其次第，求其文理。力屯切，十三部。龠，籀文侖。古文冊作䇜。

【精讀示要】

● 表面不同的字如何相通

思與理，義同也；思猶䰴也（取意）：思、腮、䰴、理、侖（論、輪、倫、淪）

以上所有的字都不同，即各有所施，但在古人意念中是相通的。

所以，“想法很好”這句話暗含的意思就是“想法有條理”。《莊子》曰：“論而不議。”論者，侖也，就是將之條理化；議者，宜也，就是將之價值化。條理化是順着其自然之理，而價值化則是人爲化。這句話的意思就是“將之條理化，但不價值化”。例如西施之美，沉魚落雁。以人觀之，魚和雁羞於不如西施美（價值化），但若以魚或雁的角度來看，也許西施在他們眼中就是怪物。所以，價值化是主觀的、人爲或人造的，沒有遵循自然之理（follow the nature），因爲自然是沒有愛憎和是非的。莊子的哲理，在其用詞的“取意”中透露得淋漓盡致。

第 57 條

《説文解字注·卷五下·矢部》p.401

短 duǎn，有所長短，吕矢爲正。从矢，按，此上當補"不長也"三字乃合。有所長短，以矢爲正，説从矢之意也。榘字下曰："矢者，其中正也。"正直爲正，必正直如矢而刻識之，而後可裁其長短。故《詩》曰："其直如矢。"《韓詩》曰："如矢斯杙。"豆聲。按，《考工記》曰："豆中縣。"謂縣繩正豆之柄也。然則"豆聲"當作从"豆"。从豆之意，與从矢同也。都管切，十四部。

【精讀示要】

1. 説字之意：从豆之意與从矢同也；"矢"和"豆"的構形之意（指稱意）都是"直"。"有所長短，以矢爲正"是講從那個量長短的工具（矢）的角度，把"矢"作爲取意構字的部件。矢是尺子，是用以裁長短、定正直的標準；豆是被矯正的對象。"短"所從的"矢"表示直，即"吕矢爲正"。看到字形中的"矢"，想到的是"正"，這就是"字感"。"字感"是"造字時的部件所具有的一種象徵義"。造字者和用字者一看就知道是什麼意思，即所謂"字意"。這種意思在平時的語言裏可能沒有直接的表現，但是存在於語言文化之中，在字形中呈現出來，這就是字感的根據和來源。語感是人對語法（grammar）的直覺，字感是人們對字法（palaeographyrules）的直覺。語法的構件是字詞，字法的部件是點畫。人們對構字點畫的直感叫"字感"。不同語種和不同時代的語法有不同的語感，不同語言和不同時代的字法也有不同的語感。段玉裁講字形所據的是小篆的字感，不是金甲文構形的字感（他那個時代還沒有發現甲骨文）。這一點非常重要，否則就會張冠李戴，犯"没有歷史觀念"的錯誤。

2. 字意書證：《詩經·小雅·大東》："周道如砥，其直如矢。"《墨子·親士》:"其直如矢,其平如砥,不足以覆萬物。"《詩經·小雅·斯干》:"如跂斯翼,如矢斯棘,如鳥斯革,如翬斯飛,君子攸躋。殖殖其庭"。"如矢斯棘"《韓詩》作"如矢斯朸"。漢字構形的"構意"不能憑空"臆想",因此要有書證。此段玉裁理必之證的自覺意識。

3. 字中字與字中義(參第 41 條"自"):

"豆"是"短"的"字中字";"从豆之意,與从矢同"是"短"字取"豆"構意,即"字中意"。"豆"字下《段注》曰:"《祭統》曰:'夫人薦豆,執校。'校者,骹之假借字,注云'豆中央直'……《考工記》曰'豆中縣。'注'縣繩正豆之柄'是也。豆柄直立。故豎、侸、豈字皆從豆。"此外:《周禮·考工記·輿人》:"圜者中規,方者中矩,立者中縣,衡者中水。"《周禮·考工記·瓬人》:"器中膞,豆中縣。"賈公彥《疏》:"豆中縣者,豆柄中央把之者長一尺,宜上下直與縣繩相應,其豆則直'。"可見,"豎、侸(立也,讀若樹)、豈(豈者陳樂也)、短"字,皆從豆,豆是"字中字",其意爲"直"。"水"是"準"和"灋"字的字中字,其"字中義"是"平、衡"(參第 41 條"自")。

4. 以器證意:用古代形制考證詞義和字意。考證字意不可忘記古代器具,古代器具解釋可參者爲《周禮·考工記》,這裏"圜者中規,方者中矩,立者中縣,衡者中水"說明器具的功能及其意義(=function=meaning),是造字者構意和字感的來源。

5. 旁見說解:《說文》的旁見說解:桀下"矢"字造意的解釋非常珍貴:"矢者,其中正也。"

6. 理校《說文》:造字有造字之理,謂之"字理"。其理明,則可據以訂誤。這是段氏理必思想在這裏的具體實踐。他說"然則'豆聲'當作从'豆'",謂《說文》"豆聲"二字有誤,"短"字應該是一個會意字,因爲"从豆之意,與从矢同也",所以"豆聲"應該改爲"从豆"。此其一。此外,他還大膽地在許慎"短,有所長短也"下斷言:"此上當補'不長也'三字乃合。"爲什麼? 因爲"不長也"是解釋詞義,而"有所長短,昌矢爲正"是說明"从矢"之構意。二者齊備,才"合"許氏說解之體例。恰如段氏在"索"字說解的補證。《說文》:"索,艸有莖葉,可作繩索。"

《段注》："當云：'索，繩也。'與糸部'繩，索也'爲轉注。而後以'艸有莖葉，可作繩索'發明从宋之意。今本乃淺人所删耳。"今本説解只有構意（且不能涵蓋詞義）而無詞義，則違背《説文》的訓釋規則。可見段氏是根據許氏的體例規則所做的補證。注意：段氏的"乃合"之"合"，其概念不同於一般之"相合"或"符合"。"合"的深層含意是合法或不合法，也就是邏輯上有否矛盾、是否合乎規則的意思，是段氏理必訓詁中的一個邏輯用語。用心體會可以看出：段氏此處所用的是"理校"之法而無版本根據。但令人驚異的是：後來傳回中土的慧琳《一切經音義》，所引《説文》正與段氏的理校相合，雖然段氏没有看到（詳參馮勝利、彭展賜，2024）。

　　由上可見，段氏該字訓釋不僅關注到"字中字""字中意"，而且還有"旁見説解"以及"字意書證"。根據數種字法規則和手段，來做字意的疏解和理必的校正，其文字訓詁之法，可謂備矣。據段氏，《説文》完本當作"短，不長也。有所長短，目矢爲正，从矢，从豆"，惟其如此，才"怡然理順"。

第 58 條

《説文解字注・卷五下・冂部》p.403

兂 yín，兂兂，逗。行皃。兂兂，各本作"淫淫"，今依《玉篇》《集韵》《類篇》正。《玉篇》別立兂部，云："兂兂，行皃。"則知冂部有兂者，孫强所增也。而引《説文》作"淫淫"，是唐時譌本耳。《後漢書・盧植傳》注所引不誤。[①]《羽獵賦》："三軍芒然，窮兂阕與。"孟曰："兂，行也。"如曰："兂，憪怠也。"古籍内兂豫義同猶豫，"巴東瀶湏堆"亦曰猶豫，《坤元録》作兂豫，《樂府》作淫豫。然則"兂"是遲疑蹢躅之皃矣。从儿出冂。儿者，古文奇字人也。兂者，遠望人行，若行若不行之皃。余箴切，七部。

【精讀示要】

1. 聯綿詞的"意貌"及其字形變化："貌"是指樣子。"意貌"即想表達的那個樣子，表達心意、思想、意象的一種狀態，是一種狀態詞。這種詞大多是雙聲或叠韵的。猶預、猶與、兂豫、由豫、猶疑、猶移、猶夷、尤豫、尤與、優與、游移、游疑、淫預等二十多種寫法，均源於一種"意兒"，即遲疑蹢躅兒。聯綿詞是漢語固有的雙音節語素（disyllabic morpheme），不同於"葡萄"等外來詞。

2. 兂者，遠望人行"若行若不行之皃"，亦即隐约之貌；

兂兂，淫淫，兂阕 兂豫，猶豫，瀶湏，淫豫……，則是"遲疑蹢躅之兒"。

3. "瀶湏堆"：江心突起的巨石，在中國四川省奉節縣東五公里瞿塘峽峽口，旧爲長江三峽著名的險灘，1958 年整治航道時炸平。《水經注・江水》第一："江中有孤石爲淫預石，冬出水二十餘丈，夏則没，亦有裁出處矣。"近人劉盼遂案："此堆特險，舟子所忌，夏水徊漱，沿訴滯

---

① 校勘：見《後漢書・盧植傳論》。注未引《説文》。

阻,故受淫豫之名矣,俗亦作'淫預'字。"此段氏所謂巴東"灧澦堆"亦曰"猶豫"者。來回轉、旋轉。一個地名的命名也是取其狀態。

4.《坤元録》全稱《魏王泰坤元録》,即《括地志》,是唐朝一部大型地理著作,由唐初魏王李泰主編。[①]

5. 書證:

(1)《楚辭·九章·思美人》:"固朕形之不服兮,然容與而狐疑。"王念孫在《經義述聞》中注曰:"狐疑、容與亦猶豫也。"

(2)《爾雅·釋鳥》:"鼯鼠,夷由。又與'猶'通。"

(3)《後漢書·馬融傳》:"或夷由未殊,顛狽頓躓。"李賢注:"夷由,不行也。"

(4)《楚辭·九歌·湘君》:"君不行兮夷猶,蹇誰留兮中洲?"王逸《章句》:"夷猶,猶豫也。"

(5)《呂氏春秋·下賢》:"就就乎其不肯自是。"高誘注:"就就,讀如'由與'之'由'"。畢注:"'由與'即'猶豫'。"

(6)《新唐書·馬璘傳》:"史朝義衆十萬,陣北邙山,旗鎧照日,諸將尤疑,未敢擊。"

(7)明·陳德文《刻〈阮嗣宗集〉叙》:"噁如師昭,且優與而保持之矣。"

(8)清·李漁《玉搔頭·止兵》:"言詞優豫,人忙不忙;謀猷充足,才剛志剛。"

這裏的"優豫"也是"遲疑兒→從容兒→安詳兒"之兒狀引申。

又《説文解字注·卷十上·犬部》p.832

猶 yóu,玃屬。《釋獸》曰:"猶如麂,善登木。"許所説謂此也。《曲禮》曰:"使民決嫌疑,定猶豫。"正義云:"《説文》:猶,玃屬。豫,象屬。

---

① 全書正文 550 卷、序略 5 卷。取《漢書·地理志》、顧野王《輿地志》兩書編纂而成。

此二獸皆進退多疑,人多疑惑者似之,故謂之猶豫。"按,古有以聲不以義者,如猶豫雙聲,亦作"猶與",亦作"尤豫",皆遲疑之皃。《老子》:"豫兮如冬涉川,猶兮若畏四鄰。"《離騷》:"心猶豫而狐疑。"以猶豫二字皃其狐疑耳。李善注《洛神賦》,乃以猶獸多豫,狐獸多疑對説。王逸注《離騷》,絶不如此。《禮記正義》則又以猶與豫二獸對説,皆郢書燕説也。如《九歌》:"君不行兮夷猶。"王逸即以猶豫解之,要亦是雙聲字。《春秋經》"猶三望""猶朝於廟""猶繹今",謂可已而不已者曰猶,即猶豫、夷猶之意也。《釋詁》曰:"猷,謀也。"《釋言》曰:"猷,圖也。"《召南》傳曰:"猶,若也。"《説文》:"圖者,畫也,計難也。謀者,慮難也。"圖謀必酷肖其事,而後有濟,故圖也、謀也、若也爲一義。《周禮》:"以猶鬼神示之居。"猶者,圖畫也,是則皆從遲疑鄭重之意引伸之。《魏風》毛傳:"猷,可也。"可之義,與庶幾相近。庶幾,與今語猶者相近也。《釋詁》又曰:"猷,道也。"以與由音同,"秩秩大猷",《漢書》作"大繇",可證。《釋詁》又云:"猷,已也。"謂已然之詞,亦即"猶三望"之類也。**從犬,酋聲。以周切,三部。**今字分猷謀字犬在右,語助字犬在左,經典絶無此例。**一曰隴西謂犬子爲猶。此別一義。益證從犬之意。**

【精讀示要】

1. 段玉裁認爲"猶豫"不能拆開講,"以猶與豫二獸對説,皆郢書燕説也",拆開解是對聯綿詞的誤解。"猶豫"可能是來源於複輔音的分裂。

2. "圖也、謀也、若也爲一義"義皆遲疑鄭重之引申。

3. 猶、如之義的來源。

第 59 條

《説文解字注・卷六上・木部》p.432

栁 liǔ，少楊也。各本作"小楊"。今依《孟子正義》，蓋古本也。古多以少爲小，如少兒即小兒之類。楊之細莖小葉者曰栁。《周禮》故書："衣接欖（liǔ）之材。"鄭司農讀爲罻栁，後鄭云："栁之言聚也。"引《書》"分命和仲，度西曰栁穀。"按，"度西曰栁穀"者，今文《尚書》也。"宅西曰昧谷"者，後鄭所讀之古文《尚書》也。詳見《尚書撰異》。從木，丣聲。丣古文酉。力久切，三部。古多假栁爲酉。如鄭印癸，字子栁。栁即丣，名癸字酉也。《仲尼弟子列傳》：顏幸，字子栁。栁亦即丣。幸者，辛之譌也。已上海寧錢馥字廣伯説。

【精讀示要】

1. 古文字和古語言"小、少"相通——量少和體積小是同詞的。

2. 古今文《尚書》的文字不同。

《古文尚書》：宅西曰昧谷。

《今文尚書》：度西曰栁穀。

3. 古人名、字相對，故可用爲訓詁證據：

鄭印癸，字子栁；顏幸，字子栁。"幸"應爲"辛"之譌，"栁"當爲"酉"之假借。"癸""辛""酉"均爲天干地支名，用在人名中，名、字相應。

後世看不出名和字之間的關係有兩個可能的原因：

第一，錯別字（即訛變）；

第二，假借字（如假栁爲酉）。

其他例子（名單字雙）：張飛，字翼德

劉備，字玄德

關羽，字雲長

A. 古今一致：名、字相因；

B. 古今不同：後代的字變成了雙音節。

C. 現代漢語：人名、國名單說必雙：日本(*國)——法*(國)

單音節不能單說(注意語體的區別)，但要注意的是：上古人名有單音節的"字"，跟東漢以後的人名系統有本質的不同。

4. 有的聲符可能代表兩個聲音，也有的兩個聲母可能最早是一個聲母，如卯、丣＝* ml-(複輔音)之例：

段玉裁曰："古音卯丣二聲同在三部爲疊韵，而罶、珋、茆、聊、駵、鶹、劉等字皆與'丣'又疊韵中雙聲；昴、貿、茆、等字與'卯'疊韵中雙聲。部分以疊韵爲重，字音以雙聲爲重。許君卯、丣畫分，而从丣之字，俗多改爲从卯，自漢已然。"(見《說文解字·玉部》"珋 liú"下注)

又曰"蓋凡丣聲之字皆取疊韵而又雙聲。卯、丣皆在古音第三部，而各有其雙聲，故二聲不可淆混。"(參第 98 條"鎦")

從段氏所云"各有其雙聲"可以看出："卯、丣"是由複輔音分化而來的，分化以後各不相同。

第 60 條

《説文解字注・卷六上・木部》p.439

栠 rěn，弱皃。《小雅》《大雅》皆言"荏染柔木"。毛曰："荏染，柔意也。"《論語》："色厲而内荏。"孔曰："荏，柔也。"按，此荏，皆當作栠。桂荏，謂蘇也。經典多假荏，而栠廢矣。從木，任聲。如甚切，七部。

【精讀示要】

1. 一個意義兩個方面：

柔——弱　　　　剛——强
一個詞族　　　　一個詞族

2. 什麼是"A，B意也"的訓釋方法？看段玉裁怎麼解釋"冉"的：

《説文》："冉 rǎn，毛冉冉也。"

《段注》："冉冉者，柔弱下垂之皃。須部之髯，取下垂意。女部之姌，取弱意。《離騷》'老冉冉其將至'，此借'冉冉'爲'冘冘'。詩：'荏染柔木。'傳曰：'荏染，柔意也。''染'即'冉'之假借。凡言'冉'、言'姌'，皆謂'弱'。"

這裏有兩點值得注意：

(1) 取……意

(2) 柔意＝弱

所以，A，B意也＝B是 A 的含義(感覺、意象、意念)

　　　　　　　　A髯 用B冉 作爲指稱 C(髯鬚) 的理據、意念；

　　　　　　　　≠詞義(鬚)

"髯""鬚"統言之則同，析言之則异。

"意"是《説文解字注》中很重要的概念或術語。"意"可以分爲兩個層次來理解：一是視覺方面的形象（意象）；二是視覺形象在大腦中的反映（意念）。"意"是有某種狀態的意象（image），是意象和意念的結合。取意有兩種：一是造字的取意，二是造詞的取意。造字取意是指構造漢字字形時想要表達的那個意圖；造詞取意是指造詞時所依據對象的某種特征、狀態或意念。

"下垂之兒""取下垂意"，"貌"和"意"對言，"取下垂意"即從下垂的樣子來取意，"弱意"是從柔弱的感覺或狀態來取意。"柔弱"是表達眼睛看到的樣子（image），而取意是用腦中的"意"來命名新的對象，比如取柔弱的意象來表達鬍子、美少女等。

3. 解詞之義≠解詞之意

段注重的詞義與詞意是不同的。A, B 也＝B 是 A 的詞義（meaning）。

髯，鬚也（兩腮的胡子）；姌，長好貌（漢·司馬相如《上林賦》"嫵媚姌嫋"）是解釋詞義（word meaning），pre-meaning/by-meaning（意）。

A, B 意也＝B 是 A 的含義（感覺、意象、意念）＝A 用 B 作爲指稱 C 用意≠詞義（X, Y 也）

髯，冄意也。

姌，弱意也。

4. 造字之意：造字時選取一個對象來代表某個意圖，字意不必然見於文獻典籍但有構意部件的系統性。如：

> 《説文》："?? shěn，況??也。从矢，引省聲。从矢，取??之所之如矢也。"《段注》"説从矢之意。今言矧，則其??有一往不可止者。今俗所云已如是。況又如是也。"

> 《説文》："短 duǎn，有所長短，吕矢爲正。从矢，豆聲。"《段注》："有所長短，以矢爲正，説从矢之意也。"按，同一個"矢"有多個功能，字感是不一樣的。

> 　?? jǐ 夕爲??，白辰爲晨，皆同意。按，"??""臼"都表示手，構意相同。

賊、敗皆从貝，二字同意。按，均從貝，構意是一樣的，詞義却不一樣。

同一個構件具有不同的功能：

> 殽 xiáo：相襍錯也。从殳取攪之之意。
>
> 毅，有決也。从殳取用武之意。（毅，強而能斷也）
>
> 芟，刈艸也。《段注》：从艸殳。鍇有聲字，非。此會意，殳取殺意也。

> 潋 liàn：從攴者，取段意。
>
> 攸，行水也，攴取引導之意。
>
> 故从攴：故，所得而後成也，許本之。从攴，取使之之意。

字感是圖畫的感覺，取意是詞感，是造詞之意。造字是用一個東西來代表一個詞義，"代表"不等於"是"。

5. 造詞之意≠造字之意

《説文》："偶 ǒu，桐人也。"《段注》："偶者，寓也，寓於木之人也。字亦作寓，亦作禺，同音假借耳。按，木偶之偶與二枱並耕之耦，義迴別。凡言人耦，射耦、嘉耦、怨耦，皆取耦耕之意，而無取桐人之意也。今皆作偶，則失古意矣。"

偶、耦兩字之別

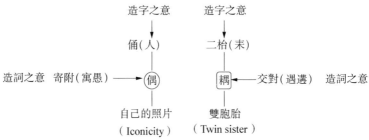

　　上述兩種"意",都不是直接的詞義,但都是用構字意圖從某種角度指稱詞義。一般人分不開,但段玉裁有了明確的區分。木偶是"人在木上",取寄托之意;佳耦取交對之意(參第 84 條"乇"、第 86 條"澆")。

第 61 條

《説文解字注・卷六上・木部》p.457

　　槩 gài，所㠯杚斗斛也。所以二字，今補。《月令》："正權槩。"鄭、高皆云："槩，平斗斛者。"槩本器名，用之平斗斛，亦曰槩。許、鄭、高皆云其器也。凡平物曰杚，所以杚斗斛曰槩。引伸之義爲節槩、感槩、梗槩。從木，既聲。工代切，十五部。

【精讀示要】

　　1. 根義的來源："槩本器名，用之平斗斛，亦曰槩。"即根義也可以來源於實物。除此之外，還可以來源於古制度、事件等。

　　2. 動作與工具用一個詞來表示："凡平物曰杚，所以杚斗斛曰槩"。

　　類似的例子如：

動　　作	工　　具
鞭（打）	鞭（鞭子）
權（衡量）	權（量器）
刃（用刀殺）	刃（刀刃）
筆（用筆書寫）	筆（書法工具）
梳（梳頭）	梳（梳頭工具）

　　3. 平、齊、(一)切、凡——同樣表達了中國古人腦子裏"所有"這一概念的方法：是從没有個體超出的角度，而不是從每個個體相同的角度來觀察的（參第 48 條"切"）。

第 62 條

《説文解字注・卷六上・木部》p.457

枂 gài，平也。枂非器也，厠於此者，因上文云"枂斗斛"而釋之也。按，許書有枂無扢。枂在入聲，則古没切，亦居乙切，去聲則古代切，亦古對切，無二字也。《廣韵》去入聲皆作扢，從手，皆從木之誤耳。《集韵》代、没二韵，皆於枂字之外別出扢字，則由未知《廣韵》之爲字誤也。枂者，平物之謂。平之必摩之，故《廣雅》曰："枂，摩也。"《廣韵》摩之訓本此。古枂與椒二字通用。班固《終南山賦》："椒青青宫，觸紫宸。"曹植《贈丁儀王粲詩》："員闕出浮雲，承露椒泰清。"李善注云："《西都賦》：枂仙掌與承露。《廣雅》：枂，摩也。椒與枂同，古字通。"今書籍此等枂字，皆譌作"扢"。而今《文選》《後漢書》："抗仙掌以承露"，又與李善所引迥異。凡學古者，當優焉游焉以求其是。顔黄門云："觀天下書未徧，不可妄下雌黄。"是也。從木，气聲。古没切，十五部。枂與刉、劅、磑，音義皆相近。

【精讀示要】

1. action 和 do the action 的典型工具，用一個詞來表示。"凡平物曰枂，所以枂斗斛曰椒"者，《説文》將動詞和名詞分爲兩個字，此當注意者。今天我們有：

抹子——刮、筆——書、梳子——梳、鞭子——鞭

2. 段氏治學觀念：

（1）段玉裁的學者心胸："凡學古者，當優焉游焉以求其是"（段氏治學觀念）。

（2）段玉裁的治學原則："觀天下書未徧，不可妄下雌黄"（顔之推語）。

（3）段氏的治學深度：

① 如是正之，乃見許氏發揮轉注之恉。有好學深思者，當能心知

其意也(《説文解字注》卷一"二"字注)。

② 古書之譌舛可正者類如此,固在好學深思,心知其意也(《説文解字注》卷十"竣"字注)。

③ 學者宜觀其會通,凡詁訓有析之至細者,有通之甚寬者,非好學深思,心知其意,不能盡其理也(《説文解字注》卷十二"啻"字注)。[①]

3. 段玉裁多處提到"淺人":

(1) 當爲大言也,淺人删言字。如誣加言也,淺人亦删言字(《説文解字注》卷二"單"字注)。

(2) 鍇本作頭腫,葢淺人恐與頸癅不別而改之(《説文解字注》卷七"瘦"字注)。

此篆不與下文蜩蟬蟋蚗諸篆爲伍,不得其故,恐是淺人亂之耳(《説文解字注》卷十三"蝒"字注)。

4. 平、齊、(一)切、凡:中國的"所有"(all)(參第48條"切")。

---

① 明・袁宏道《西方合論》云:"即時得知一切法,是我非我,皆爲妄計"似可爲段氏學理之注脚。

第 63 條

《説文解字注・卷六上・木部》p.463

杖 zhàng，持也。杖、持疊韵。凡可持及人持之皆曰杖。喪杖、齒杖、兵杖皆是也。兵杖字，俗作"仗"，非。鬥下云："兵杖在後。"攢下云："積竹杖。"可證。從木，丈聲。直兩切，十部。

【精讀示要】

- 用句法解釋特殊引申。Someone use sth to do sth onto sth

工具和功用、對象、持工具的人⋯⋯都可以是同一詞語的"語法派生"，如：釘-釘子、鎖-鎖等等。

持仗者
持也 ⎫ 皆可曰"杖"，例如：
可持物

A. 杖，持杖者：《論語鄉黨》："杖者出，斯出矣。"何晏《集解》引孔曰："杖者，老人也。"

B. 杖，持也：《尚書泰誓》："師尚父左杖黃鉞。"

C. 杖，可持物：《漢書・西域傳》："以金銀飾杖。"師古曰："杖，謂所持兵器也。"

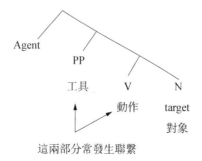

這兩部分常發生聯繫

第 64 條

《説文解字注・卷六上・木部》p.464

檠 qíng,榜也。《秦風》:"竹閉緄縢。"毛曰:"閉,緋;緄,繩;縢,約也。"《小雅・角弓》傳曰:"不善繼檠巧用,則翩然而反。"《既夕記》説明器之弓"有柲"注云:"柲,弓檠也。弛則縛之於弓裏,備損傷也。以竹爲之。"引《詩》:"竹柲緄縢。"《考工記・弓人》注云:"緋,弓轵。弓有轵者,爲發弦時備頓傷。"引《詩》"竹轵緄縢"。合此言之,《禮》謂之"柲",《詩》謂之閉,《周禮注》謂之"轵",《禮》古文作"柴",四字一也,皆所謂檠也。緋者,繫檠於弓之偁。緄,則繫之之繩。謂之檠者,正之也。謂之榜者,以竹木異體,從旁傅合之之言。凡言榜笞、榜箠者,取義於縲紲(léi xiè)。凡後世言標榜者,取義於表見在外也。從木,敬聲。巨京切,十一部。

【精讀示要】

● 段玉裁此注中發明"取意"與"取義"的概念。A 取意於 B,意謂"A 從 B 那裏得到所指 A 意的義"(亦即指稱角度的所指詞義)。

"凡言榜笞、榜箠者,取義於縲紲。"這裏要區分的是"取意"與"取義"兩個概念。造詞或命名時所取的具體的意義,叫作取義;取義的行爲和過程叫取意,表達了取名人(用 A 給 B 命名)的一種主觀意圖。

A　取義於　B

(笞箠)取義於縲紲

(標)取義於表見在外

(檠)取義於正 　　　　　　從聲音取義　(義源、義系、義串)

(榜)取義于從旁傅合

(狗)取義於小

A　取意於　B

(筶筻)取意於縲絏
(標)取意於表見在外
(橄)取意於正　　　　　　從 B 的角度給 A 取名
(榍)取意于從旫傅合
(狗)取意於句(小)

即"縲絏"是給"筶筻"取名的意圖,"表"是給"標"取名的意圖,"正"是給"橄"取名的意圖,"旫"是給"榍"取名的意圖,"句"是給"狗"取名的意圖。

"狗"取意於"句",取的是"句"的"小"義,從"句"的"小"義的角度來給"狗"命名,這種行爲叫作"取意"。

第 65 條

《説文解字注・卷六上・木部》p.471

桄 guàng，充也。見《釋言》。陸氏《音義》曰："桄，孫作光。"按，《堯典》："光被四表。"某氏傳曰："光，充也。"用《爾雅》爲訓也。桄讀古曠切，所以充拓之圻塄也。必外有桄，而後内可充拓之令滿，故曰"桄，充也"。不言所以者，仍《爾雅》文也。桄之字，古多假横爲之。且部曰："從几，足有二横。"横即桄字。今文《尚書》曰："横被四表。"《孔子閒居》曰："以横於天下。"鄭曰："横，充也。"《樂記》曰："號以立横，横以立武。"鄭曰："横，充也。"皆即《釋言》之"桄，充也"。今文《尚書》作"横被"，故《漢書・王莽傳》《王衷傳》《後漢書・馮異傳》《崔駰傳》《班固傳》《魏都賦》注所引《東京賦》，皆作"横被"，古文《尚書》作"光被"，與孫叔然《爾雅》合。某氏傳"光，充也"不誤。鄭注釋以"光耀"，蓋非。《淮南書》"横四維"，即《尚書》之"横被四表"也。《玄應》曰："桄，音光。古文横、㮯二形。《聲類》作軦。今車牀及梯樑下横木。"皆是也。從木，允聲。古曠切，十部。

【精讀示要】

1. 借字之義似更便捷，但本字古義更深刻（the way to the old meanings）。

段玉裁善於發掘根義。"光"覆蓋四表，本字應該是"桄"，義爲"充滿"。"充滿"有二義：第一是充斥之義；第二是有四邊的一個空間被全部充滿而不留空隙之義。二義是同一義根兩個角度的不同所指義。

2. 該條訓釋反映了乾嘉的"理必之學"，亦即"科學推理的必然"（西方的伽利略等人的當代科學革命同樣出現在 17 世紀），乾嘉學術的科學精韵即"理必"。"必"的核心是"推理之必"（Logical Certainty），其背後是"實驗之必"，是爲"理必"。可參《乾嘉"理必"語言研究的科學屬性》（馮勝利 2015）一文對乾嘉"理必"之學有詳細論證。

　　段玉裁"桄"字注解其實是在爲他的老師戴氏找證據。戴震云："《堯典》古本必有做'橫被四表'者。"未見"古本"之前,爲什麼説"必"?這是乾嘉語文科學的一個開創性實踐。亦即:

　　　　科學隱藏在小學裏,在學者的腦子裏
　　　　技術表現在訓釋裏,在訓釋家的手上

　　科學是腦子裏的東西,是思想;技術是手上的東西,是做法(技術)。做法和想法是不同的範疇(所謂科學與技術)。戴震所言"必有做"所反映的就是一種思想,段玉裁找出多種證據目的是想證明"光"是個假借字,而應作"橫"才是原文用的"本詞"。後人將"光"當作本字,把"光被四表"理解爲光芒覆蓋四表,以顯示堯舜的偉大。但後人不知道其根義不在於説"光的普照",而在於强調"充斥各個縫隙和角落";光照的地方還有陰涼,嚴格意義上來講,光還有照不到的地方。充斥則遍布所有,因此,"橫被四表"比"光被四表"涵意豐富得多。段玉裁指出"光"爲借字,"桄"爲本字,其意在證老師戴震的學説。所以這條段注可以看作段玉裁《説文解字注》的"理必注解"。

第 66 條

《說文解字注・卷六下・才部》p.478

才 cái，艸木之初也。引伸爲凡始之偁。《釋詁》曰："初、哉，始也。"哉即才，故哉生明，亦作才生明。凡才、材、財、裁、纔字，以同音通用。从丨上貫一，將生枝葉也。一，逗。地也。一，謂上畫也。將生枝葉，謂下畫。才有莖出地，而枝葉未出，故曰將。艸木之初，而枝葉畢寓焉。生人之初，而萬善畢具焉。故人之能曰才，言人之所蘊也。凡艸木之字，才者，初生而枝葉未見也。中者，生而有莖有枝也。屮者，枝莖益大也。出者，益茲上進也。此四字之先後次弟。昨哉切，一部。凡才之屬皆從才。[①]

【精讀示要】

1. 引申義：草木＝本能、才能 faculty

"才能"的概念從何而來？草木之初＝草木之性→本性、本能＝材質、才能、能力，這是一條語義引申的"義軌"。今語"這孩子是塊好材料"，說的是有潛在的能力。才能源於本能。《孟子・告子上》"若夫爲不善，非才之罪也"，這裏的"才"就是本性、本能的意思。

2. "初始"的概念，怎麼表示？從剛長的時候就知道它的能力（所謂"從小看大"），據此可從文字上做構意的推求。

$$
\text{"開始"之概念從哪來}\atop\text{（不同角度的指稱意）}
\left\{
\begin{array}{l}
\text{草木之初（才）}\\
\text{裁衣之始（初）}\\
\text{人之頂（元）}\\
\text{動物出生鼻子先出（自）}\\
\text{人之始（胎）}
\end{array}
\right.
$$

---

① 校勘：六篇上字"樗"篆始至末，說解"從某"段注刻本皆作"從某"，今仍之未改。

這是從造字構意的角度理解古人如何看"開始"這個概念。

3."草木生長"可以用來表示什麼概念？這是換一個角度思考"草木生長"。古人如何理解"草長"？從文字上看，至少有以下幾種不同的理解和觀念：

"草木生長"可以表達不同的觀念
- 止，屮木生而有阯
- 才，初生而枝葉未見也
- 屮，生而有莖有枝也
- 屮，枝莖益大也
- 出，益茲上進也

以上五字是草木之初的構意表現。不管這五個字在甲金文中的字形如何，在《説文》小篆中，它們是成系統的。同是"草木生長"，但其生長時期的先後不同，則其表達的意思也不同。這裏我們看到的是：什麼對象可以充當"字意"。不能（或沒有）成爲"字意"的對象（如樹膠、樹年輪），則和文字的系統沒有關係。因此，文字構造上，不是任何東西都能拿來造字的；在文字學原理上，不僅僅"什麼部件（客觀對象）有什麼構意"十分重要，而且"哪些對象可以被用爲和沒有被用爲構意部件"更重要。因此，什麼是"部件的字意系統"（如"四字之先後次弟"）就是不能不是構建"理論文字學"的重要基石。

第 67 條

《説文解字注・卷六下・禾部》p.485

稦 zhǐ，稦秵，逗。二字各本無。今補。多小意而止也。"小意"者，意有未暢也。謂有所妨礙，含意未伸。《廣韵》稦、秵，皆訓"曲枝果"。按，稦秵字，或作"枳棋"，或作"枳枸"，或作"枳句"，或作"枝拘"，皆上字在十六部，下字在四部，皆詰詘不得伸之意。《明堂位》："俎殷以棋。"注"棋之言枳棋也，謂曲橈之也。"《莊子・山木篇》："騰蝯得柘棘枳枸之間，處勢不便，未足以逞其能。"宋玉《風賦》："枳句來巢，空穴來風。"枳句、空穴，皆連綿字。空穴即孔穴。"枳句來巢"，陸璣《詩疏》作"句曲來巢"，謂樹枝屈曲之處，鳥用爲巢。《逸莊子》作"桐乳致巢"，乃譌字耳。《淮南書》："龍夭矯，燕枝拘。"亦屈曲盤旋之意。其入聲則爲"迟曲"。稦與枳、枝、迟，秵與棋、句、枸、拘、曲，皆疊韵也。稦秵與迟曲皆雙聲字也。《急就篇》："沽酒釀醪稽極程。"王伯厚云："稽極當作稦秵。"葢詰曲爲酒經程，寓止酒之義。又按，《釋地》："枳首蛇"，枳本或作稦，此則借稦枳爲岐字，亦同部假借也，故郭釋以岐頭蛇。**从禾，从支。**支者，枝挌（gé）之意。**只聲。**職雉切。按，古音在十六部，亦音支。**一曰，木也。**一説稦是木名也。

【精讀示要】

1. 聯綿詞：空穴 * kho：ŋ-gwli：g（屈曲不伸貌）和"崎嶇"是一個詞根。

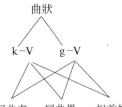

                屈曲處　　屈曲果　　枳首蛇——韵律模版構詞法（prosodic templative morphology）

古人對聯綿詞的研究,可參(清歙縣)程瑤田《果臝轉語記》。

2. 以聲音通訓詁,破假借字讀本字,這是乾嘉學者的重大貢獻——透過漢字看語言。因爲不同方言有不同的音係和讀音,所以産生用不同的字作爲自己方言的記音符號,但説指的是同一個詞。

上面是一種嘗試性的分析:所取狀態之根意從聲母來,所指"對象義"可能是通過韵母的替換傳達出來的。聲和韵可能有不同的表達功能。這是一個需要開發的新領域。

3.《淮南書》"龍夭矯,燕枝拘"。亦屈曲盤旋之意。——這裏的書證是言"意":屈曲之意。

4. "2＋1"名詞合成詞,漢中葉之後大量出現,先秦雖然有"不周山"等專有名詞,但没有 2＋1 的名詞構詞法。枳首蛇 zhǐ shǒu shé＝歧頭蛇,兩頭蛇等 2＋1 詞彙詞是東漢前後的産物。

《説文解字注·卷六下·邑部》p.523

邪 yé，琅邪郡也。……邪，古書用爲衺正字，又用爲辭助，如"乾坤，其《易》之門邪""乾坤，其《易》之緼邪"是也。今人文字，"邪"爲疑辭，"也"爲決辭。古書則多不分别。如"子張問十世可知也"，當作"邪"是也。又邪、也二字，古多兩句並用者，如《龔遂傳》："今欲使臣勝之邪，將安之也？"韓愈文："其真無馬邪，其真不知馬也？"皆也與邪同。**从邑，牙聲。**以遮切，古音在五部。按，漢碑琅邪字或加玉旁，俗字也。近人隸書從耳，作"耶"。由牙、耳相似，臧三牙，或作臧三耳[①]。

【精讀示要】

1. 段玉裁的韵律觀：段玉裁感覺到藏在文字後面的語音規律，讀段注要注意找。學習用現代語言學的理論來發掘和解釋。

段注精華：上古單音節有輕重之别→上古音節内的韵素（mora）多少決定輕重。

（1）不知人殺乎？抑厲鬼邪？《國語·晉語》　　　魚-魚 a - a

敢問天道乎？抑人故也？《國語·周語》　　　魚-歌 a - al

然則鬥與不鬥邪？亡於辱之與不辱也？《荀子·政論》

　　　　　　　　　　　　　　　　　　　魚-歌 a - al

不知天下之抛魯邪？抑魯君有罪於鬼神故及此也？《左傳·昭公二十六年》　　　　　　　　　　　　　　魚-歌 a - al

（2）帛書《老子》和傳世唐傅奕校本《道德經古本篇》的不同，也可見出"魚-歌"對用之古：

---

① "臧三牙"，見《吕氏春秋·淫辭》，今本"臧"作"藏"，《孔叢子·公孫龍篇》記作"臧三耳"。各家有關之説，可參陳奇猷《吕氏春秋校釋》所録。

傅奕本	是其以賤爲本也,非歟?	歌-鱼 al - a
帛書甲	是其賤□□與,非也?	鱼-歌 a - al
帛書乙	是其賤之本與,非也?	鱼-歌 a - al

合乎習慣的是後來改過來的,原貌是"也"在後。原因就是"也"比較重,重的在後。但我們怎麼知道"也"重呢? 所謂重,就是韵素多。段玉裁給了我們提示,在"我"字下注曰:

"愚謂有我則必及人。故貪、弅、卜亦在施身自謂之内也。口部曰:'吾,我自稱也。'女部曰:'姎,女人自稱。姎,我也。'《毛詩》傳曰:'言,我也。卬,我也。'《論語》二句,而我吾互用。《毛詩》一句,而卬我襍稱(人涉卬否,卬*ŋaŋ須我*ŋaδ友),蓋同一我義,而語音輕重緩急不同,施之於文,若自其口出。"

(3) 者——也: 魚-歌 a - al

古者冠縮縫,今也衡縫。《禮記·檀弓》

古者民有三疾,今也或是之亡也。《論語·陽貨》

2. 上古疑問詞知識背景:"也"字也表"疑問"

《論語》:"子張問:'十世可知也?'子曰:'殷因于夏禮,所損益可知也。'"其中"十世可知也"是問句"十世可知乎"的意思。

第 69 條

《説文解字注・卷六下・䢞部》p.528

䢞 xiàng，里中道也。不言"邑中道"，言"里中道"者，言邑不該里，言里可該邑也。析言之，國大邑小，邑大里少①；渾言之，則國邑通偁，邑里通偁。《載師》注曰："今人云邑居里，此邑里通偁也。"《高祖紀》云："沛豐邑中陽里人。"此邑里析言也。應劭曰："沛，縣也。豐，其鄉也"，然則鄉可偁邑矣。《周禮》："五家爲鄰，五鄰爲里。"此周制也。《齊語》："五家爲軌，十軌爲里。"此齊制也。《百官志》曰："里魁掌一里百家，什主十家，伍主五家，以相檢察。"此漢制也。里中之道曰巷。古文作"䢞"，《爾雅》作"衖"。引伸之，凡夾而長者皆曰巷，宮中衖謂之壼是也。十七史言弄者，皆即巷字，語言之異也。今江蘇俗尚云弄。**从䢞共**，會意。言在邑中所共。説會意之恉。道在邑之中，人所共由。胡絳切，共亦聲也，九部。**巷**，篆文从邑省。巷爲小篆，則知䢞爲古文、籀文也。先古籀後篆者，亦上部之例。巷，今作巷。

【精讀示要】

1. 國、邑、里、鄰、縣、鄉：不同行政單位的古名。

2. 同一語根的方言差異

䢞、衖、巷、巷、弄 *grooŋs：一个語根不同時地的語言之异；

"共、弄"現在的聲母距離甚遠，一個是舌根音，一個是舌頭音，但古音應該相同，可能反映了古代複輔音——→單輔音的轉變和分化。舌根和舌頭

$$\text{*grooŋs} \begin{cases} \text{gooŋs（喉：巷）} \\ \text{rooŋs（舌：弄）} \end{cases}$$

---

① 校勘："里少"當是"里小"之誤。

複輔音歷史演變舉隅：

漢語(OC)　　　與　*Glagx>*lagx>jwo　"give"

藏語(WT)　　　　gla'pay, wages, fee'

喻四"以"母的演化軌迹(鄭張尚方 2002：109)：l>ʎ①>j>0；"穀 *kloog"《集韵》又音"俞玉切"即後"峪"字，是"*kl"→*log→jok.(峪)；"巷"*grooŋs；藏文作 grong "村鎮"，今吳語説"弄"，是*groong→*rooŋs。具體程序如下：

(1) 保留複輔音：藏文 gla(給)、grong(村鎮)

(2) 丢失前輔音：jok 峪

(3) 丢失後輔音：know 念/nəu/、gnostic 讀/nɔstik/

綜上，早期的複輔音發展到後期有三種結構。譬如：

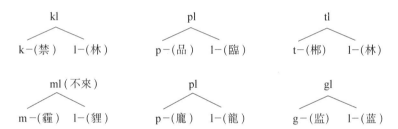

從這個意義上説，當代韵律音系學可幫助我們更好地解讀段注。

---

① /ʎ/ 的發音方法，可以從常見"流音 l"出發，然後不采"舌尖頂上齒齦"，而改以"舌面頂硬顎"的方式讀出。若要作個我們生活上的比擬，這差不多就是一般印象中，一個講話有"大舌頭"的人在讀出 /lo/ 的情況吧。

《説文解字注・卷七上・日部》p.532

晤 wù,朙也。晤、旳、晄、曠四篆,不必專謂日之明,然莫明于日,故四字皆从日,而廁于此也。晤者,启之明也。心部之悟,寤部之寤,皆訓覺,覺亦明也。同聲之義必相近。从日,吾聲。五故切,五部。《詩》曰:"晤辟有摽。"《邶風》文,今《詩》作"寤"。此篇云"耿耿不寐",云"我心匪石",云"如匪澣衣",則當作寤,訓覺晤,其叚借之字也。

【精讀示要】

1. 語音—詞義的三種結合模式

這裏"晤、旳、晄、曠四篆,不必專謂日之明"是就指稱義而言,亦即:晤,启之明也;旳,白之明也;晄,動之明也;曠,廣大之明也。下面説"然莫明于日,故四字皆从日"是就構意而言。語音和詞意的結合有下面三種形式,當區而分之:

$$
語音、詞義三種組合
\begin{cases}
同音不同義:同音詞 \\
同音同義:同源詞(并不絕對,要看義根) \\
同義不同音:同義詞
\end{cases}
$$

段玉裁此條點名了"兩種同義":一是不同來源的詞在詞義引申途徑的交叉點上的同義;二是同一引申路綫上的不同的同源詞的"同義",即取意之同的同義。上幾個同義詞是不同來源的詞在詞義引申途徑之交叉點上的同義現象。

2. 詞義觀念與構意觀念

取意、構意和詞義都是人們日常觀念的產物。因此考證古代詞義實即考證古代人的日常觀念。這裏段氏所云"莫明于日"就是一個典型的基於人類生理感知而形成的普適觀念。不僅反映在造字構形的"構意部件(亦即'日')上"(如晤、旳、晄、曠均从日而表"不同的'明'",就是"明"字,从"日"从"囧"也同此理),而且在造詞命名的取意上,也是如此。譬如"知曉"的"曉＝天亮"、"懂得"的"懂＝黨本字＝火光"、"明白"的"明＝日月之光"和"白＝日光",都是從"光亮"取意而表"明白"、表"聰明"的觀念而來。聰明的"聰＝从窗"同樣從取"光"的觀念而來。這與英文"I see＝我明白","very bright＝很聰明"的取義,同出一轍。這也是比較訓詁學 comparative exegesis 的一個新興領域(參黃樹先《比較訓詁學探索》)。

3. 明音義同源之例

"同聲之義必相近",聲音跟意義先發生關係,之後才有文字。用比喻的説法來理解,"同聲"就是同一個家族,"義相近"就是家族成員無論怎樣不同但其基因必有相同之處。凡是同一家族的,基因相同,才是同源詞。而不同家族的,有一個交叉點,就如同來自不同家庭的孩子在同一教室學習,雖同爲學生,但基因不一定同。第一點中所説的"取意",就相當於詞族中的基因。在這個意義上,我們稱之爲"核心義"。

《説文解字注・卷七上・日部》p.539

昔 xī，乾肉也。《周禮・腊人》："掌乾肉，凡田獸之脯腊膴胖之事。"鄭云："大物解肆乾之，謂之乾肉。若今涼州烏翅矣。腊，小物全乾者。"鄭意大曰乾肉，小曰腊。然官名"腊人"，則大物亦偁腊也，故許渾言之。从殘肉，謂众也，象形。日吕晞之。昨之殘肉，今日晞之，故从日。鄭注《腊人》云："腊之言夕也。"此可證《周禮》故作昔字，後人改之昝者，古文。籀文增肉作䐗，於義爲短。昔肉必經一夕，故古叚昔爲夕。《穀梁經》："辛卯昔，恆星不見。"《左傳》："爲一昔之期。"《列子》："昔昔夢爲君。"皆是。又引伸之，則叚昔爲昨。又引伸之，則以今昔爲今古矣。今古之義盛行，而其本義遂廢。凡久謂之昔，《周禮》"昔酒"，鄭云："今之酋久白酒。"《周語》："厚味實腊毒。"韋云："腊，亟也。讀若酋昔酒焉。味厚者其毒亟也。"韋意久與亟義相成，積之久則發之亟。思積切，古音在五部。與俎同意。俎，从半肉且薦之；昝从殘肉日晞之。其作字之恉同也，故曰同意。䐗，籀文从肉。今隸作腊，專用諸脯腊。

【精讀示要】

1. "必經一夕，故古叚昔爲夕……又引伸之則叚昔爲昨。"注意：段玉裁的"引申假借"：借音是一般的假借，借義是引申，借助 A 的意思來說（表示）B 的意思，過夜的肉引申指夜。

2. 發明語義之間的關係

"味厚者其毒亟也。韋意久與亟義相成，積之久則發之亟"，這句話在講"語義上的聯繫"：味道太濃就變成毒了（毒是一種特別濃厚的味道，對人身體不好）。久、亟之間是相應的，其關係是：積壓時間久了，勃發的時候就會很快。久則濃，濃則密，緊密與速度快"義相成"。這就是"久"和"快"之間如何發生關係的"軌道"和"橋梁"（亦即古人的看法和觀念），亦即時間與空間是相互聯繫的。

　　"相因""相成""義通""引申"等是段玉裁用來溝通語義關係的一套術語。段玉裁能夠發掘語義之間的關係，是因爲他有一套相關概念的理論，譬如"義隔"説。不存在或找不到關係的兩個意義，叫義隔。意義有的是彼此相隔的。語義之間關係的"通"當中，有不同的類。"通"在訓詁學中一般是"泛稱"，要根據不同作者的不同理論及其不同對象，來定其確切含義。

　　從另一個角度來看，久就是時間長，長了就松了。松了就不可能快了。這就説明，觀察角度不同，則詞義不同。

　　3. 闡明許慎"同意"之意義

　　"與俎同意。俎，从半肉且薦之；㗱从殘肉日晞之。其作字之恉同也，故曰同意。"這是説字意（ideographical design/intention）相同，段氏在闡釋許慎的文字理念，僅僅用甲骨文來否定許慎而不見其"理"，則極易淪爲皮毛之論。

　　4. 套、袲［外衣→一套/一组］：其指物之恉同，故曰"指稱意"相同。

　　同律引申：詞義相同、引申義也相同的兩個詞。

　　類似例子：殊、非常——特殊的、極其的，奇、怪、特、殊。

　　同律互證是用"相同的取義"（都用一個意義比喻另一個意義）來命名的造詞運作。取意是用比喻義來指稱新對象的意圖（參第 16 條"過"）。

《説文解字注・卷七上・日部》p.540

昆 kūn,同也。《夏小正》:"昆小蟲。"傳曰:"昆者,衆也。由蘫(由同猶)。蘫也者,動也,小蟲動也。"《王制》:"昆蟲未蟄。"鄭曰:"昆,明也。明蟲者,得陽而生,得陰而藏。"以上數説,兼之而義乃備。惟明斯動,動斯衆,衆斯同。同而或先或後,是以昆義或爲先,如昆弟是也;或爲後,如"昆命元龜",《釋言》"昆,後也"是也。《羽獵賦》:"噍噍昆鳴。"从日,从比。从日者,明之義也,亦同之義也。从比者,同之義。今俗謂合同曰渾,其實用昆,用楄。古渾切,十三部。

【精讀示要】

1. 義串:動→衆→同→先→後

可以參考古人"襍"的觀念:襍有集合和襍多的意思,"襍"實際就是很多東西堆積在一起,是一個事物或事件的兩個方面。

2. 段注中透露出的詞義"備"的概念

這是段氏詞義學的一個重要思想。"兼之而義乃備"至少有兩個方面的意思:一是指意義數量的備,若干意義都搞明白了,才能對這個詞有全面深刻的認識;二是强調根義的重要性,根義明確了,才有利於其他意義的"備"。

"備"是能够反映衆多詞義的一個角度。如:"集"和"襍"二義相應,很多東西集合在一起就不一樣了,但同時,能集合在一起是因爲它們有共性。可見,"備"是指能够反映出衆多詞義(所從出)的一個"詞義集合"概念,也可以説是語義可延伸的角度。觀察詞義的角度,是詞義研究不可或缺的理論。

3. 慎重對待段氏的詞義分析

段玉裁的詞義分析給我們很多啓示,有些非常精闢,但有些也許不一定正確,可以存疑。譬如,"昆弟",是否"昆"就是兄弟之義的來源呢?"兄弟"的"弟"義是從"次第"而來。段氏説是從"動→衆→同→先→後"而來,這有待同律互證引申的支持。然而他説的"合同曰渾,其實用昆,用棞"者,却能引導我們思考"渾 * glu:n→囫圇個兒"的發展綫索。

第 73 條

《説文解字注·卷七上·禾部》p.560

秀 xiù,上諱。上諱二字,許書原文。秀篆許本無,後人沾之。云上諱,則不書其字宜矣。不書故義形聲皆不言。説詳一篇示部。伏侯《古今注》曰:"諱秀之字曰茂。"葢許空其篆而釋之曰"上諱",下文"禾之秀實爲稼",則本作"茂實"也。許既不言,當補之曰:"不榮而實曰秀。從禾人。""不榮而實曰秀"者,《釋艸》《毛詩》文。按《釋艸》云:"木謂之榮,艸謂之華。"①【校】榮華散文則一耳。榮而實謂之實,桃李是也。不榮而實謂之秀,禾黍是也。榮而不實謂之英,牡丹、勺藥是也。凡禾黍之實皆有華,華瓣收即爲秢而成實,不比華落而成實者,故謂之榮可,如"黍稷方華"是也,謂之不榮亦可,"實發實秀"是也。《論語》曰:"苗而不秀,秀而不實。"秀則已實矣,又云實者,此實即《生民》之堅好也。秀與采義相成,采下曰:"禾成秀也。"采自其巫言之,秀自其挺言之,而非實不謂之秀,非秀不謂之采。《夏小正》:"秀然後爲萑葦。"《周禮》注:"荼,茅秀也。"皆謂其采而實。引伸之爲俊秀、秀傑。從禾人者,人者,米也。出於秢謂之米,結於秢内謂之人。凡果實中有人,《本艸》本皆作人,明刻皆改作"仁",殊謬。禾秢内有人是曰秀。《玉篇》《集韵》《類篇》皆有禿字,"欲結米也,而鄰切"。本秀字也。隸書秀從乃,而禿別讀矣。息救切,三部。

【精讀示要】

1. 從客觀事物的屬性來看命名意圖的差異。華、榮、實、秀、穗、英:草木生長的各個階段,均有不同名稱。"黍稷方華""實發實秀":華、發、秀的順序。

一個對象有不同的名字;一個字有兩種造法:采——穗,前者爲會意字,後者爲形聲字。"黍稷方華""實發實秀":華、發、秀的順序。

---

① 校勘:引文"榮""華"二字誤倒。

2. 認知角度與詞義。"采自其巫言之,秀自其挺言之,而非實不謂之秀,非秀不謂之采。"

采:從下垂義而來,穗飽滿了會垂下去。秀:自挺言之。

"自……言之"反映了認知角度的表達式。《段注》中"自……言之"還有很多,如:

(1)"逝、徂、往自發動言之。適,自所到言之。"(《説文解字注》卷二·辵部"適"字注)

(2)"自其振物言之謂之震,自其餘聲言之謂之霆,自其光燿言之謂之電,分析較古爲愿心。"(《説文解字注》卷十一·雨部"電"字注)

(3)"垣自其大言之,牆自其高言之。"(《説文解字注》卷十三·土部"垣"字注)

(4)"車人徹廣六尺,自其裏言之。匠人注徹廣八尺,自其表言之。曰由軹以下曰軌,曰兩輪之間軌,自其裏言之。"(《説文解字注》卷十四·車部"軌"字注)

(5)"自其橫言之謂之衡,自其扼制馬言之謂之軛。"(《説文解字注》卷十四·車部"軛"字注)

(6)"按,名者自其有音言之。文者自其有形言之。字者自其滋生言之。"(《説文解字注》卷十五上)

從認知的角度觀察詞義時,不僅要本持文化不分優劣的立場,同時還要本持"觀念＝構意和取意"不能今是而昨非——世界萬物都可以從不同的角度來理解。認知沒有優劣,雖有不同和深淺。

3. 根義和字感:花生米＝花生仁,人者,米也。這是講"字感",在"秀"的構形當中"人"不是按照正常的詞義來理解,而應該當"米"講。

4. 筆勢之變:"隸書秀從乃,而禿(xiù)別讀(爲而鄰切)矣"——筆勢變化,而一字二分,以致讀音謬誤。禿本爲秀字,隸書筆勢"人"變爲"乃",於是一字成二。

《説文解字注・卷七上・禾部》p.564

稌 tú，稻也。《釋艸》曰:"稌，稻。"《周頌》毛傳同。許曰:沛國評秏，而郭樸曰:"今沛國呼稌"，然則稌、秏本一語，而稍分輕重耳。从禾，余聲。徒古切，五部。《周禮》曰:"牛宜稌。"《食醫》文。

【精讀示要】

- 段玉裁的韵律觀

段注非常注重語勢的輕重（或語氣的輕重），凡是有證據的時候就點出來輕重的不同。可參照"不""弗"字注釋。這裏，他說"稌、秏本一語（一根），而稍分輕重耳"：

稌 * lh-aaʔ

秏 * n-oolʔ

秏的韵母［oolʔ］比稌的韵母［aaʔ］多一個韵素，所以爲重。（參69條"邪"）。段氏的時代雖然没有今天的韵律音係學（prosodic phonology），但是他的分析和結論却被今天的音係理論所證實。

第 75 條

《説文解字注・卷七上・禾部》p.566

秏 diǎo，禾危采也。危采，謂穎欲斷落也。《齊民要術》云："刈晚則穗折，遇風則收減。"《玉篇》云："秏亦懸物也。"則秏同《方言》之丩。《方言》曰："丩，縣也。趙魏之間曰丩，燕趙之郊縣物於臺之上謂之丩。"郭樸曰："了丩，縣物皃。丁小反。"按，《玄應書》及《集韻》所引《方言》皆如是，今本《方言》作"佻"，妄人所改耳。王延壽《王孫賦》："丩瓜懸而瓠垂。"丩者，象形字。秏者，諧聲字。从禾，勺聲。都了切，二部。

【精讀示要】

在"秀"字條我們看到<u>一詞兩造</u>，本條我們又一次看到"丩—秏"一詞兩字的現象。但我們需分共時和歷時不同：

共時的兩造：

丩—秏：前者爲象形字，象倒懸的樣子；後者爲諧聲字。

采—穗：前者爲會意字，後者爲形聲字。

支—撲：前者爲會意字，後者爲形聲字。

歷時的兩造：

天：秂(甲骨文)—天(小篆)，前者爲象形字，後者爲會意字。

元：秂(甲骨文)—元(小篆)，前者爲象形字，後者爲會意字。

事實上，"一詞兩造"這一説法似乎不太合適，原因有二：一、"造"就意味着從無到有，所謂"歷時的兩造"其實不是"造"出來的，而是歷史演變中重新分析的結果。歷史演變過程中，後代人對字形的"解構"不同，也就是對字意的認識不同了。二、所謂"共時的兩造"的情況其實很難説兩個字就一定是共時的，有些形聲字可能是後來在"形聲化"趨勢的影響下才產生的——也是一種"重新分析”：用造字系統的不同規則對原有形式進行重新分析（根據另一規則重新編碼）。關於構意的重新分析，可參齊元濤《重新分析與漢字的發展》一文。

《説文解字注·卷七上·黍部》p.576

貀 nì，黏也。从黍，日聲。尼質切，十二部。《春秋傳》曰："不義不貀。"隱元年《左傳》文。今《左傳》作"暱"。昵，或暱字，日近也。《攷工記·弓人》："凡昵之類不能方。"故書昵或作"樴"。杜子春云："樴，讀爲不義昵之昵。或爲䵑，䵑，黏也。"按許所據《左傳》作"貀"爲長。貀與暱音義皆相近。䵑，貀或从刃。刃，聲也。據杜子春説，《攷工記·弓人》昵"或爲䵑"。《方言》曰："䵑，黏也。齊魯青徐自關而東或曰䵑，或曰敍。敍，黏也。"

【**精讀示要**】

1. 構意觀念與取意觀念相同

段玉裁説："昵，或暱字。从日，日，近也。"《史記·魏其武安侯列傳論》："魏其之舉以吳楚，武安之貴在日月之際。"這裏的"日月"指"近遠"（即宮內貴戚），因此昵、暱从日，可以看作形聲兼會意，即聲中有義："日"在這裏（構意部件）不是指太陽，而是人們對"日"的感知，即"內"和"近"的意思，這當然是相對"月"爲外的感覺而言，"外"於是有"遠"的意思。

2. 根義

首先，今天"團結"這個概念的根義是什麽、從何而來？其次，今天的"黏"，在古人的觀念裏和什麽現象有關係？

"黏"是根義，派生出團結、親近的意思。即：

中文｛
取意：粘黏→
詞義：團結＝爲了集中力量實現共同理想或完成統一任務而聯合或結合。

英文$\left\{\begin{array}{l}\text{取意: Solid 固體的、實心的→}\\\text{詞義: 團結(solidarize) 團結起來, 團結(solidarity)}\end{array}\right.$

"不義不親(厚將崩)"意謂不親是不義的結果,多行不義於是就不能團結人。

《馬王堆漢墓帛書五行·第二十章·經》:

　　"不簡,不行;不匿,不辯於道。……簡,義之方也。匿,仁之方也。剛,義之方殹。柔,仁之方也。詩曰:'不戁不竦,不剛不柔。'此之胃也。"①

池田知久説:"匿,隱藏之意。……《爾雅·釋詁》'匿,微也'。……就是不一一理會很多的些細的小罪。"②池田的説法似有不妥。用黏、粘的取意來解釋,自可渙然冰釋:團結人就是行"仁"。

3. 意念與詞義:學《説文》,學語言文字學,重在詞義。詞義＝漢人的意念。詞義的"取意"和"引申",帶着我們進入古人的文化理念,從而幫助我們讀懂古書以及古代歷史和典籍。不識字,不能讀書(戴震),所以古代哲學家,必须先通小學;否則只能看二手材料,不能自己判斷。

語言文字學的根源在於詞義,詞義源於當時人們的觀念和理念,既是他們認識世界的角度,也是我們認識他們的依據。因此不通小學,則不通國學;不通邏輯學,則不通西學。邏輯是西方學問中的精尖之學;中國的邏輯和精尖之學在小學。

又《説文解字·卷七上·日部》p.540

暱 nì,日近也。日謂日日也,皆日之引伸之義也。《釋詁》《小

---

① 〔日〕池田知久著,王啓發譯:馬王堆漢墓帛書五行[M].北京:綫裝書局;北京中國社會科學出版社,2005(364).

② 同上。

雅》傳皆云："暱，近也。"《左傳》："不義不暱。""非其私暱，誰敢任之。"从日，匿聲。舉形聲包會意。尼質切，古音在一部，魚力切。《春秋傳》曰："私降暱燕。"昭廿五年《左傳》文。今本作昵。昵，或从尼作。《攷工記》："凡昵之類不能方。"故書"昵"或作"樴"，或爲"翗"。杜子春讀爲不義不昵之昵。按，古文叚尼爲暱，古文《尚書》："典祀無豐於尼。"《釋詁》云："即，尼也。"孫炎曰："即猶今也，尼，近也。"郭樸引《尸子》："悦尼而來遠。"釋文引《尸子》："不避遠尼。"自衛包改《尚書》作昵，宋開寶閒又改《釋文》，而古文之讀不應《爾雅》矣。

又《説文解字・卷八上・日部》p.700

尼 ní，從後近之。尼訓近，故古以爲親暱字。《高宗肜日》曰："典祀無豐于尼。"釋文："尼，女乙反。《尸子》云：不避遠尼。尼，近也。"正義："《釋詁》云：即，尼也。孫炎云：即猶今也。尼，近也。郭璞引《尸子》：悦尼而來遠。"自天寶閒衛包改經"尼"爲"昵"，開寶閒陳諤又改釋文"尼"爲"昵"，而賈氏《羣經音辨》所載猶未誤也。尼之本義"從後近之"，若尼山乃取於圩頂、水澇所止，呢之假借字也。《孟子》："止或尼之。"尼，止也，與"致遠恐泥"同，泥濘之假借字也。从尸，止聲。女夷切，古音葢在十五部。

又《説文解字・卷二下・日部》p.132

遚 rì，近也。《釋言》："馹，傳也。"郭云："本或作遚。"按，此假遚爲馹也。《聲類》云："遚亦馹字。"則附會《爾雅》或本而合爲一字。从辵，臸聲。按，至部："臸，到也。"重至與並至一也。人質切，十二部。

又《説文解字・卷四下・日部》p.314

膠 jiāo，昵也。《弓人》説膠曰："凡昵之類不能方。"注："故書昵或作樴。杜子春云：樴讀爲不義不昵之昵。或爲翗，翗，黏也。玄謂樴，脂膏腫敗之腫，腫亦黏也。"按，此經杜作昵，又作翗，後鄭作腫，其意則同也。許從杜作昵。日部曰："暱,日近也。或作昵。"是則昵亦訓黏也。一説此昵也,及《周禮》注不義不昵之昵,三昵字皆當作和。作之曰皮。《考工記》:"鹿膠青白,馬膠赤白,牛膠火赤,鼠膠黑,魚膠餌,犀膠黃。"注云:"皆謂煑用其皮,或用角。"按,皮近肉,故字從肉。從肉,翏聲。古肴切,古音在三部。

又《説文解字・卷七上・日部》p.540

暬 xiè,日狎習相嫚也。嫚者,侮易也。《小雅》:"曾我暬御。"傳云:"暬御,侍御也。"《楚語》:"居寢有暬御之箴。"韋云:"暬,近也。"暬與褻音同義異,今則褻行而暬廢矣。從日,執聲。各本篆作暬,執聲作執聲。《五經文字》亦誤,今正。私列切,十五部。

按,從"日",取"近"的意思,而不是指"太陽"。"距離文化"的訓詁:遠=敬也,相反,狎習則相嫚,也就是説,距離過近就產生褻瀆。據此,我們可以重新理解"敬鬼神而遠之"的"遠"或本就是"敬畏"之意。同時,從《説文》"暱,日近也"的段注"日謂日日也。皆日之引伸之義也"可見"日"即每日之義(取每日東升之義),有兩例可證:暬,日狎習相嫚也。從日,執聲。祖,日日所常衣。從衣從日,日亦聲。和、暱、昵三字音義相近而通用,唯義有微別:和字從黍,取其黏著之意(黍,禾屬而黏者也);暱、昵 二字從日,取日日相近之意,又匿、尼亦聲,蓋取親近之意。這也是構意、取意上的同律互證。[①]

---

① 此與王利同學課後討論所得。

第 77 條

《説文解字注・卷七上・米部》p.578

粒，糂也。按，此當作"米粒也"，米粒是常語，故訓釋之例如此。與粻篆下云"粻米也"正同。《玉篇》《廣韵》粒下皆云"米粒"可證。淺人不得其解，乃妄改之，以與糂下"一曰，粒也"相合。不知粒乃糂之別義，正謂米粒，如妄改之文，則粒爲以米和羹矣，而"一曰，粒也"何解乎？今俗語謂米一顆曰一粒，《孟子》："樂歲粒米狼戾。"趙注云："粒米，粟米之粒也。"《皋陶謨》："烝民乃粒。"《周頌》："立我烝民。"鄭箋："立，當作粒。"《詩》《書》之粒，皆《王制》所謂"粒食"，始食、艱食、蘊食，至此乃粒食也。从米，立聲。力入切，七部。按，此篆不與糂篆相屬，亦可證其斷不作糂也。䊷，古文从食。

【精讀示要】

本條即段注結構嚴謹、層次分明、系統清晰的"理必注論"。讀者細心品味，自可見其嚴密之用心，洞悉其理必要點之所在。下面分步解析。

1. 指出錯誤：當作"米粒也"。

2. 發現《説文》的訓釋原則＝"訓釋之例"：按，此當作"米粒也"。"米粒"是常語，故訓釋之例。

3. 内證，亦即"訓釋之例"的内證：與粻篆下云"粻米也"正同。首先給上面"訓釋之例"找同類的現象："粻"訓"粻米"和"粒"訓"米粒"一樣，都是用"常語"解釋被訓釋詞的例子。其次給結論"粒，糂也"當作"粒，米粒也"的"當作……"建立證據。

4. 旁證：《玉篇》《廣韵》粒下皆云"米粒"可證。這是進一步從旁立證：《玉篇》《廣韵》的解釋和《説文》一樣，應當是取自《説文》，或同樣的"常語"訓詁。

5. 誤源的推測：淺人不得其解，乃妄改之，以與糂下"一曰粒也"相合。這裏是揭示致誤的客觀原因：因爲《説文》"糂"下有"一曰粒也"的訓詁，不學無術的人就把《説文》"粒"下的"米粒也"之訓改成了"糂也"，以便和"糂"下的"一曰"相合。

6. 用歸謬法駁斥妄改所導致的荒謬結論：不知粒乃糂之別義正謂米粒。如妄改之文，則粒爲"以米和羹"矣，而一曰粒也何解乎。

這裏必須把《説文》原文的"糂"和妄改的"粒"對勘，才能知其謬誤所在：

(1) 因爲："糂，以米和羹。"

(2) 如果："粒，糂也。"

(3) 那麼："粒，以米和羹也。"

(4) 荒謬："粒"不可能是"以米和羹"，所以"粒，糂也"必誤無疑。

7. 再引俗語以爲證：今俗語謂米一顆曰一粒。

8. 復引古籍用例以爲證：《孟子》："樂歲粒米狼戾。"趙注云："粒米，粟米之粒也。"

9. 延伸理證與《詩》《書》"粒"字之用例——既是預測，也是反證：《皋陶謨》："烝民乃粒。"《周頌》："立我烝民。"鄭箋："立，當作粒。《詩》《書》之'粒'皆《王制》所謂'粒食'；始食、艱食、鱻食，至此乃粒食也。"

10. 殿以《説文》例字之證："此篆不與'糂'篆相屬。"可見"粒""糂"非同類、同義之字，由此可證二字詞義之不同。

11. 最後得出結論的必然性："可證其斷不作糂也。"這裏的"斷"字可以從愛因斯坦所謂"too beautiful to be wrong"的角度來理解。

《説文解字注・卷七下・朮部》p.587

朮 pài，葩 fèi 之總名也。各本葩作"菲"，字之誤也，與《吕覽・季冬紀》注誤同，今正。艸部曰："葩 fèi，枲實也。"顧，或葩字也。葩本謂麻實，因以爲苴（jū、chá）麻之名。此句疑尚有奪字，當云"治葩枲之總名"。下文云"朮，人所治也"可證。葩枲則合有實無實言之也。趙岐、劉熙注《孟子》"妻辟纑"，皆云："緝績其麻曰辟。"①【校】按，辟音劈，今俗語緝麻析其絲曰劈，即朮也。**朮之爲言微也**，朮、微音相近。《春秋説・題辭》曰："麻之爲言微也。"朮、麻古蓋同字。**微纖爲功**。絲起於糸，麻縷起於朮。**象形**。按，此二字當作"从二朮"三字。朮謂析其皮於莖，朮謂取其皮而細析之也。**匹卦切，十六部**。**凡朮之屬皆从朮**。

【精讀示要】

1. 從字形分析詞義

"朮"謂析其皮於莖。"朮"謂取其皮而細析之。就是把麻的皮一絲一絲拆開織布，就是"朮"。

注意和"林"字區別：

朮朮—林林

2. 從所指分析詞義

微纖爲功：絲起於糸，麻縷起於朮，所以説麻的時候，想的就是細、小。

分析詞義要注意細小的差別。

---

① 校勘：劉熙注見《文選》張景陽《雜詩》"取志於陵子"注引，"績"當作"續"。後文麻部"纑"欄位注引不誤。

3. 從語音尋求"取意"

"林之爲言'微'也,林、微音相近。《春秋説·題辭》曰:'麻之爲言微也。'林、麻古葢同字。"微麻林相通。音相近,義相近。

4. 今俗語緝麻析其絲曰"劈",即"林"也

方言中"劈"義的語音均近 pai(掰);河北方言的"细绵(mir)"的"mir",葢來源於林之分析之義。據港中大訓詁班故弟子郭生詠豪君的研究:根義爲"中分"義者,在語音上均爲脣塞音;"林"當屬這一根係的同源之一。

第 79 條

《說文解字注·卷七下·宀部》p.590

家 jiā，凥也。凥，各本作居，今正。凥，處也。處，止也。《釋宫》："牖戶之間謂之扆。其内謂之家。"引伸之，天子諸侯曰國，大夫曰家。凡古曰家人者，猶今曰人家也。家人字見哀四年《左傳》《夏小正傳》及《史記》《漢書》。家、凥疊韵。从宀，豭省聲。古牙切，古音在五部。按，此字爲一大疑案。豭省聲，讀家，學者但見从豕而已。从豕之字多矣，安見其爲豭者耶？何以不云叚聲，而紆回至此耶！竊謂此篆本義乃豕之凥也，引申叚借以爲人之凥。字義之轉移，多如此。牢，牛之凥也，引伸爲所以拘罪之陛牢，庸有異乎？豢豕之生子冣多，故人凥聚處借用其字，久而忘其字之本義，使引伸之義得冒據之，葢自古而然。許書之作也，盡正其失，而猶未免此，且曲爲之説，是千慮之一失也。家篆當入豕部。豩（𤯝），古文家。按，此篆體葢誤，當从古文豕作"𪏮"。《古文四聲韵》引作"寗"，似近是。

【精讀示要】

1. 家人＝人家，例證如下

（1）《左傳·哀公四年》："公孫翩逐而射之，入於家人而卒。"孔穎達疏："翩在路，逐而殺之，遂入于凡人之家。"

（2）《大戴禮記·夏小正》："摻泥而就家人人内也。"[①]

（3）《史記·張釋之馮唐列傳》："夫士卒盡家人子，起田中從軍。"

（4）《漢書·惠帝紀》："春正月癸酉，有兩龍見蘭陵家人井中。"師古曰："家人，言庶人之家。"

---

① 按，此引自《四部叢刊初編·經部·大戴禮記》卷第二。文本尚須核對。疑有文字錯誤。

2. 文字疑案

　　 "豕之凥也,引申叚借以爲人之凥。字義之轉移多如此……
久而忘其字之本義,使引伸之義得冒據之,蓋自古而然。"

　　在小篆構意丢失的情況下,自然可以參考前代構意以見其變。
譬如:
　　 "家"甲骨文作 、,金文作 、、
　　段氏根據篆文字形找根義:"竊謂此篆本義乃豕之凥也,引申叚借
以爲人之凥。"他用的方法是同律互證:"牢"甲骨文作 、、、,
金文作 、,"牢"爲牛、羊之居所,是以"家"爲豕之居所,而"引申
叚借"指人的處所。段氏這一觀點解決了當時學者對"家"字分歧
聚訟。
　　3. 對許慎有批評,但不苛求古人:"許書之作也,盡正其失,而猶
未免此。且曲爲之説,是千慮之一失也。"

《説文解字注・卷七下・宀部》p.591

寏 huán,周垣也。寏之言完也。《西京賦》曰：“繚亘綿聯，四百餘里。”①【校】薛注曰：“苑之周圍也。”善曰：“《西都賦》之繚以周牆也。”从宀，奐聲。胡官切，十四部。**院**，寏或从𨸏，完聲。完亦義也。《廣雅・釋室》云：“院，垣也。”《左傳》：“繕完葺牆，以待賓客。”李涪云：“完當爲宇。”按，“繕完葺”三字成文，猶下文云“觀臺榭”亦三字成文也，安得以今人儷辭之法繩之。必欲謂爲誤字，則完當是“院”字。葢惟子産盡壞館垣，故措辭就垣言。上文“高其閈閎”，亦爲門不容車掩飾，古人字無泛設也。又按，鉉本云“寏或从𨸏”，錯多“完聲”二字，皆非善本。葢此篆當从宀，阮聲，與𨸏部从𨸏、完聲之字別，篆體及説解轉寫誤耳。

【精讀示要】

1. 從“寏”之或體“院”看其“名義”之來源——“寏之言完也”告訴我們是通過語音來取意、一詞兩體：寏-院（純形聲-形聲兼會意）（參第75 條“𥤖”）。

2. 發明古人語法——“三字成文”。

3. “安得以今人儷辭之法繩之”——首先是段氏有“儷辭之法”于腦中；其次是其古今“儷辭之法”的歷時概念，亦即 Historical Syntax；唯此，才能發現歷史語法原則。這就是拉波夫 Labov“以今釋古（use the present to explain the past）”的原則。

4. “儷辭之法”就是“組詞造句”的句法；可見段氏有句法的觀念，但是他强調不能“以今律古”。表面看來相互矛盾，其實則是互補分佈：

---

① 校勘：《文選・西京賦》“亘”作“垣”。

必須以今釋古：説的是普適原理，古今不二；

不能以今律古：説的是參數（parameter）不同，不能劃一。

5. 段玉裁在小學上發明的"理必"側重演繹（從戴震而來），王念孫在小學上發明的理必側重"生成類比"（也從戴震而來）。相較之下，段氏走得深，儘管有時"武斷"（任裁斷所難免者），而王氏通得廣，也往往或有失誤。章太炎批評高郵王氏夫子説：

　　　讀古書須明辭例，此謂位置相同，辭性若一，如同爲名物之辭，或同爲動作之辭是也。然尚有不可執者。《論語》發端便云"不亦説乎""不也樂乎""不亦君子乎"。"君子"與"説""樂"詞性豈得同耶？或者拘攣過甚，同爲名物，尚以天成、人巧，動物、植物瑣細分之，流衍所極，必有如宋人説《滕王閣序》以"落霞"爲"霞蛾"。[1] 高郵王氏夫子首明辭例，亦往往入于破碎。如《秦風》"將南何有？有紀有堂"，與"有條有梅"想偶，同爲名物之辭也。王氏以其屬對未精，必依《白帖》改紀堂爲"杞棠"。《商頌》"受小球大球，受小共大共"，傳曰："球，玉也；共，法也。"亦間爲名物之辭。王氏又以屬對未精，必依《大戴記》一本及《淮南》高誘注改"共"爲"拱"，引《廣雅》"拱，球，法也"説之。苟充其類，則霞蛾之説亦不可破矣。

　　　　　　　　　　　　　　　　《太炎文録續編卷一·菿漢閒話》

6. 與其四平八穩而無發明，不如蒙冤武斷而去發明。這需要"知我罪我，在所不計"（段玉裁語）的犧牲精神。

_____

　　① 宋人吳曾云："落霞非雲霞之霞，蓋南昌秋間有一種飛蛾，若今所在麥蛾是也。"（《能改齋漫録·辨霞鷔》），宋俞元德亦曰："落霞者，飛蛾也，非雲霞之霞。鷔者，野鴨也。野鴨飛逐蛾蟲而欲食之故也，所以齊飛"（《瑩雪叢説》）。

第 81 條

《説文解字注・卷七下・冖部》p.617

冣 jù，積也。冣與聚音義皆同。與冃部之最音義皆別。《公羊傳》曰：“會猶冣也。”何云：“冣之爲言聚。”《周禮・太宰》注曰：“凡簿書之冣目。”[1]劉歆《與楊雄書》索《方言》，曰：“欲得其冣目。”又曰：“頗願與其冣目，得使入録。”按，凡言冣目者，猶今言揔目也。《史記・殷本紀》：“大冣樂戲於沙丘。”冣一作聚。《張釋之馮唐列傳》：“誅李牧，令顔聚代之”，《漢書》聚作“冣”。《爾雅》：“灌木，叢木也。”毛傳叢木作“冣木”。《説文》凡字下曰“冣㮨也”，儹字下曰“冣也”。《史記・周本紀》“周冣”，《文選・過秦論》“周冣”，今各書此等冣字皆譌作“最”，讀祖會反，音義俱非。葢《字林》固有冣字，音才句反，見李善《選注》。至乎南北朝，冣最不分，是以周續之、劉昌宗、陸德明輩皆不能知毛傳之本作“冣木”。顧野王《玉篇》冖部無冣，而冃部有最，云：“齊也。聚也。”《廣韵》本《唐韵》，而《廣韵・十遇》才句一切無冣字，然則《唐韵》葢亦本無冣字。學者知有最字，不知有冣字久矣。《玉篇》云：“最者，齊也，聚也。子會切。”是以冣之義爲最之義，而《廣韵・十四泰》云：“冣，極也。祖外切。”亦是冣之義，誤以爲最之義也。何以言之？古凡云殿冣者，皆當作从冖字，項岱曰：“殿，負也。冣，善也。”韋昭曰：“第上爲冣，極下爲殿。”[2]孫檢曰：“上功曰冣，下功曰殿。”《漢書・周勃傳》曰：“冣從高帝”云云，師古云：“冣，凡也。揔言其攻戰克獲之數。”又《衛青霍去病傳》曰“冣大將軍青凡七出”云云，文法正同。此皆與冣目之冣同。又《周勃傳》曰：“攻槐裏好畤冣。”又曰：“擊趙賁内史保於咸陽，冣。”又曰：“攻上邦，東守嶢關，擊項籍，攻曲遇，冣。”《樊噲傳》曰：“攻趙賁，下郿、槐裏、栁中、咸陽，灌廢丘，冣。”此皆殿冣之冣。張晏曰：“冣，功

---

[1] 校勘：《大宰》是《小宰》之誤，見“六日聽取予以書契”下注。

[2] 校勘：項、韋二注均見《文選・文賦》“考殿最爲錙銖”句下注引《漢書》音義，“第上”是“第一”之誤。

第一也。"如淳曰："於將帥之中功爲冣也。"此正如《葬書》所言"凡山巓可葬者名上聚之穴"。《漢蔡湛碑》"三載勳冣",其字正作冣。以許君訓積求之,積則必有其高處。今人最美、最惡之云,讀祖會切,葢於形於音皆失之,古必作冣。讀才句切。从冂取。冂其上而取之。取亦聲。才句切,四部。

又《説文解字注・卷七下・冒部》p.619

最 zuì,犯取也。鍇曰："犯而取也。"按,犯而取,猶冡而前。冣之字訓積,最之字訓犯取,二字義殊而音亦殊。《顏氏家訓》謂冣爲古聚字,手部撮字从最爲音義,皆可證也。今小徐本此下多"又曰,會"三字,係淺人增之,《韵會》無之,是也。最,俗作"冣",六朝如此作。○《莊子・秋水》:"鴟鵂夜撮蚤,察毫末。晝出瞋目而不見丘山。"釋文:"撮,崔本作最。"此可證最、撮古音同。蚤謂齧人跳蟲也。或誤爲"聚爪",云夜入人家,索人指甲,可笑也。从冒取。會意。小徐衍聲字,非也。祖外切,十五部。

【精讀示要】

1. 字譌而音義俱非,最、聚之甚者,即:

冣:🔲｜
　　　　}冣:🔲、🔲→最
最:🔲｜

《元湛墓志》有"功🔲",字即"冣"之變。朱駿聲《説文通訓定聲》云:"凡冣目、冣括、冣殿字皆當作此,六朝後皆譌作最。"

2. 判定詞義最發聾振瞶者:凡經典之言計最、會最、最目、殿最者,皆冣之借字,音義并與聚同。例證如《公羊・隱元年》云"會猶最也",何注云:"最,聚也。最之言聚,若今聚民爲投最。"《漢書・嚴助傳》"願奉三年之計最",顏注云:"最,凡要也。"《史記・周勃世家》索隱云:"最,都凡也。"由是證明:計最者,總聚事物而算校其名數之言。計最則有簿書,故鄭注云《周禮》釋"要會"爲"計最之簿書"也。

3. 用句法看詞義："文法正同。此皆與冣目之冣同。"

根據段玉裁所據例句，"冣"的句法分布可分爲三組：

A 組：

韋昭曰："第上爲冣，極下爲殿。"

孫檢曰："上功曰冣，下功曰殿。"

B 組：

《漢書·周勃傳》曰："冣從高帝得相國一人，丞相二人。"

《漢書·衛青霍去病傳》曰："冣大將軍青凡七出。"

C 組：

《漢書·張陳王周傳》："攻槐裏、好畤，冣。"如淳曰：於將率之中功爲最也。

《史記·絳侯周勃世家》："擊趙賁内史保於咸陽，冣。"

《漢書·張陳王周傳》："攻上邽，東守嶢關，擊項籍，攻曲遇，冣。"

《漢書·樊酈滕灌傅靳周傳》曰："攻趙賁，下郿、槐裏、柳中、咸陽，灌廢丘，冣。"

綜合第1、2點來看，段玉裁對"冣"的辨析綜合運用了形、音、義和句法多方面的手段。其利用形音義時，遵循一定順序和程序，先用詞義來辨明字體、再用古音辨明詞義；最後，用"文法"來綜合論證，可谓"訓詁句法學的先聲"。

4. "以許君訓積求之，積則必有其高處。今人最美、最惡之云……"追迹詞義引申之路綫：積→高→極；發覆語法化（詞性轉移）之所因：冣＝聚$_{動詞}$→冣＝高$_{形容詞}$→冣＝第一$_{名詞}$→冣＝極$_{副詞}$！

5. "今人最美、最惡之云，讀祖會切，葢於形、於音皆失之"，指出謬誤之源（失形、失音、失義、失詞/字），最後做出"理必"裁斷："古必作冣"。

第 82 條

《説文解字注・卷八上・人部》p.641

企，舉踵也。踵，各本作踵，非，今正。踵者，跟也。企，或作跂。《衛風》曰：“跂予望之。”《檀弓》曰：“先王之制禮也，過之者，俯而就之；不至焉者，跂而及之。”《方言》：“跂，登也。梁益之閒語。”从人止。按，此下本無聲字；有聲非也。今正。止部曰：“止爲足。”《説文》無“趾”，止即趾也。从人止，取人延竦之意。渾言之，則足偁止；析言，則前止後踵。止鐏於前，則踵舉於後矣。企跂字，自古皆在十六部寘韵。用止在一部，非聲也。去智切。

【精讀示要】

1. 段玉裁在此以“聲韵、取意”爲本，定字形之“構意”；指出大徐本（徐鉉）的兩處錯誤：一是各本“踵”爲“踵”之誤，二是“从人，止聲”應爲“从人止”。其“注論”程式如下。

（1）指誤：各本“踵”爲“踵”之誤，踵者，跟也。

（2）義證：指出“企，或作跂”，并輔以書證，與“舉踵”意合。另外，段玉裁在“跘”（《段注説文・卷二下・足部》）下注中也提到“企，舉踵也”。

（3）指誤：解説造字法，大徐本“从人，止聲”爲形聲字，段玉裁認爲“企”本應爲會意字，當爲“从人止”。

（4）内證：《説文・止部》“止爲足”且《説文》無“趾”字，止即趾也。

（5）義證：根據意義分析“企”的字形。據“延竦之意”（伸長脖子，提起脚跟站着），推知“企”爲會意字，非形聲字。

（6）釋義：指出渾言析言的區別。渾言時，足、止無別；析言時，足的前部稱止，足的後部稱踵。

（7）音理之證：

因爲："止"在一部

如果：从人，止聲

那麼："企"應在一部

但是：企、跂二字，自古皆在十六部寘韵

所以：解説字形有誤，"企"不以止爲聲，本爲會意字，即"从人止"。

由上可見，段氏在此是以"聲韵"和"取意"爲根據，裁斷"企"字字形之"構意"。

第 83 條

《説文解字注・卷八上・人部》p.656

作 zuò，起也。《秦風・無衣》傳曰：“作，起也。”《釋言》《穀梁傳》曰：“作，爲也。”《魯頌・駉》傳曰：“作，始也。”《周頌・天作》傳曰：“作，生也。”其義別而略同。別者，所因之文不同；同者，其字義一也。有一句中同字而別之者，如《小雅》“作而作詩”①，箋云：“上作，起也；下作，爲也。”辵部曰：“迮迮，起也。”然則作迮二篆音義同。古文假借乍爲作。从人，乍聲。則洛切，五部。

【精讀示要】

1. 訓詁中的輕動詞：如果沒有今天輕動詞的理論，就難以深入理解段玉裁所謂“其義別而略同”。“起、始、爲、生”都是起始類輕動詞（參馮勝利、蔡維天主編《漢語輕動詞句法研究》2024）。

2. 義別而同：

“別者，所因之文不同”，不但指用詞的上下文的不同，而且指造詞的不同來源和族群部落的不同。上述諸詞語根不同，但它們在相交的某一點上都有“起始”這個意義特點。

“其字義一也”是指這四個詞的意義相同。

3. 分化字：原來的字在詞義發展中産生了多種用法，爲區分其不同的詞義而在原字基礎上通過添加形符等手段彰顯分化出的新字。原字叫作母字，後出字叫作分化字。如：

---

① 校勘：見《小雅・巷伯》，今本作“作爲此詩”，釋文云一本作“作爲作詩”，段氏《詩經小學》謂應爲“作而作詩”。

乍 {作
　 {迮

"其義別而略同"反映的正是"輕動詞句法派生詞"的語法事實。

《説文解字注・卷八上・匕部》p.673

匕 huà，變也。變者，叓也。凡變匕當作匕，教化當作化，許氏之字指也。今變匕字盡作化，化行而匕廢矣。《大宗伯》："以禮樂合天地之化，百物之産。"注曰："能生非類曰化，生其種曰産。"按，虞荀注《易》分別天變地化、陽變陰化，析言之也；許以匕釋變者，渾言之也。从到人。到者，今之倒字。人而倒，變匕之意也。呼跨切，十七部。凡匕之屬皆从匕。

又《説文解字注・卷八上・匕部》p.674

匕 bǐ，相與比叙也。比者，密也。叙者，次弟也。以姘籀作妣，祉或作礼，秕或作秕等求之，則比亦可作匕也。此製字之本義。今則取飯器之義行而本義廢矣。从反人。相與比叙之意也。卑履切，十五部。匕亦所㠯用比取飯。㠯者，用也。用字衍。（下略）

【精讀示要】

此處將段氏兩字之注合而觀之，方見段氏本義（製字之本義）、字意、詞義概念之不同。

1. 段氏"匕"下注解明言"製字之本義"，即謂造字時所取的構意反映的詞義，因此與字形密切相關。注意：這裏我們切不可將"製字之本義"等同於"構意"。"匕"的本義是"密密地排列在一起"，引申而有"密集""次序"等義。

2. 從上述兩字（匕與匕）的比較可以看出：無論段玉裁有關字形的解釋和甲骨文、金文合與不合，有一點很清楚：造字之前，得有一個表達該詞的造字意圖。亦即："從倒人"是"變匕之意也"，"從反人"是

"相與比叙之意也"。這裏段氏用的都是"意"這個術語,可見"意"是段氏文字學中的一個重要概念。事實上,許慎《説文》并没有明確區分"意"與"義"的不同,而段玉裁之分析不能不説深得"許氏之字指"——深明許慎的"製字理論"并從字義與字意之不同的角度,深化了許慎的理論(如下所示)。

3. 製造字的本義和字形之旨意不同

ㄥ:"倒人"是字意,"變"是詞義。

ㄑ:"反人"是字意,"相與比叙"是詞義。

漢語是用字意來表達(或表現)詞義的,因此凡是表達/表現詞義的字形的意義(如"齊"的"吐穗之上平"),是本義。"變也"是通過"倒着的人"這一構意來體現的,"相與比叙"是通過"反過來的人"這一構意而體現的;離開了"意",文字的理性就失去了根據。因此可知,段玉裁的意義系統(字意、字義和詞義)是有條不紊的。

第 85 條

《説文解字注·卷八上·毛部》p.698

　　毣 mèn，目毳爲繙。色如虋，故謂之毣。與虋雙聲。虋，禾之赤苗也。詳艸部，取其同赤，故名略同。从毛，㒼聲。《詩》曰："毳衣如毣。"《王風》文，今詩毣作"璊"。毛曰："璊，赬也。"按，許云毳繙謂之毣，然則《詩》作"如璊"爲長，作"如毣"則不可通矣。玉部曰："璊，玉經色也。"禾之赤苗謂之虋，璊玉色如之，是則毣與璊皆於虋得音義。許偁《詩》證毳衣色赤，非證毣篆體也。淺人改从玉爲从毛，失其恉矣。抑西胡毳布，中國即自古有之，斷非法服。毛傳曰："大車大夫之車也，天子大夫四命，其出封五命，如子男之服，乘其大車檻檻然，服毳冕以決訟。"是則《詩》所云"毳衣"者，《周禮》之毳冕，非西胡毳布也。許專治《毛詩》，豈容昧此？疑此六字，乃淺人妄增，非許書固有。

【精讀示要】

　　本條注論的理必核心要點是：在建立"命名通則"的基礎上，推證引《詩》用字之正誤，發明許慎引詩之旨，考證古代禮制以及《説文》舊本之原。其中的"斷非/不"當從"理不容非"的理必概念來理解。其論證分步如下：

　　1. 建立"命名通則"

　　段氏首先根據《説文》"(繙)色如虋，故謂之毣"指出：(1)"毣與虋雙聲"，(2) 虋是"禾之赤苗"、毣色如虋，所以(3) 二者"取其同赤，故名略同"(十三部與十四部之微异)。這是段玉裁命名取意的理論之一。具言之，即"毣(赤色毳)與璊(赤色玉)皆於虋(赤色禾)得音義"。根據對象的特徵(這裏是顏色)來取名，無疑是古人"命名"的一大原則，因此也是後人得以"考義"的根據和重要手段。段氏深明此理，并以之爲考義準則。

2. 推演規則,發現"不可通"的錯亂現象

根據上面"名略同""由取義同"(由於命名的理據相同)的第一標準,推出"義從音得"(詞義從詞音得名)的第二標準。標準既立,則以之檢定事實,結果發現"《詩》作'如璊'爲長,作'如毳'則不可通矣"的結論。因爲如果僅從毳字從毛表示"毳纊"而不從命名取意出發,把《詩經》"毳衣如璊"解釋爲毳纊如玉之赤的"璊"改爲"毳",就會出現"毛(毳)衣如毛"的"不通"結果,丟失了《詩》語"璊"字的"命意(命名意圖)"效應。

3. 分析誤源

淺人(不明造字理據與命名原理者)以爲許慎引《詩經》"毳衣如璊"是爲了證明字形,所以把《詩經》的"璊"改成了"毳"。殊不知"許偁《詩》證毳衣色赤,非證毳字篆體也"。所以説"淺人改從玉爲從毛,失其恉矣。""恉"是這裏的關鍵字,謂淺人不曉許慎"(纊)色如虋故謂之毳"的命名原理而發生的誤解。

4. 考證史實,斷以決詞

段氏首先指出:"西胡毳布,中國即自古有之",所以"斷非法服"。其"斷非"的理據是毛《傳》"服毳冕以決訟"。由此推出"《詩》所云毳衣者,《周禮》之毳冕"也。所以"毳冕""斷非法服。"

5. 申明治學原則

段氏不僅重視學理,更重視學者的治學原則。這裏他從許慎治毛詩的古文家學的背景出發,得出許慎深明《詩》所云"毳衣"即《周禮》之毳冕,而非西胡毳布。專治《毛詩》恪守家法的許慎"豈容眛此"!"豈容"二字下得相當重,表明段氏對古代學者的學術門派之操守的敬重,以及他對後人治學的要求。正因爲他如此理解、看重和堅持門派(一家之學的學理)之治學原則,所以用學派原則爲根據進行理必推理。

6. 推論致誤緣由:疑此六字乃淺人妄增,非許書固有

這是段玉裁根據上面 1—4 學理,再加之 5 中的"治學原則"推出的一條"猜想性"的推論:"疑[……乃……][非……固有]。"

本條理必用語的概念，箋識如下：

* 證

論證的常用術語，即英文的 prove, verify 的意思。讀《段注》應從兩個角度理解這個術語：一爲"實證"，一爲"理證"。這裏"許偁《詩》證毳衣色赤，非證毳篆體"中的兩個"證"，是實證。"毳與瑣皆於虋得音義"則是"理證"——用"音兒義（語音的像似性）"的原理，證明瑣與虋音義相通。

* 恉

"淺人改从玉爲从毛，失其恉矣。""恉"的字面是"意旨"，在注文論證中指"原理"和"學理"，相當於 reason 或 reasoning。

* 斷/斷非

"斷"是絕對的意思，相當於 absolutely, certainly, surely。斷非是絕對不可能是，certainly not 的意思。意思雖都不難理解，但在段注中其邏輯功用則要特別注意：第一，這是段氏邏輯裁斷的最高形式，第二，段氏凡用此術語均有學理在其背後。因此，它是 certainly not according to the principle of 的意思，亦即"根據……原則，絕對不可能……"的意思，而不能簡單理解爲"絕對……"的意思。

* 容

容許、允准、permit 的意思。而"豈容"是怎麼允許、決不允許、絕不允准的意思，但不是主觀或客觀的不允許，而是邏輯的，道理上的不允許。因此，相當於 logically intolerability 或者 not logically valid。

《説文解字注・卷八下・欠部》p.722

　　歇 kě，欲歃歇。从欠，渴聲。此舉形聲包會意。渴者，水盡也，音同竭。水渴則欲水，人歇則欲飲，其意一也。今則用竭爲水渴字，用渴爲飢歇字，而歇字廢矣，渴之本義廢矣。《晉語》：“忨日而歇歲。”心部引《春秋》：“忨歲而歇日。”韋昭曰：“歇，遲也。”遲讀爲遲久之遲，急待之意也。苦葛切，十五部。

【精讀示要】

　　1. 凡形聲兼會意，聲中有義的都是同源詞，如：歇、渴、竭。

　　用字意來表達的詞義是“欲歃歇”。怎麼給“口渴想喝水”這個詞造一個詞呢？古人的取意非常巧妙，是用水的枯竭來表達口渴之意，所以“歇”字從渴。

　　“急待之意”是指急急乎等待、期待的那種心意或意象。“忨歲而歇日”是表達日子不夠，渴望每一天的時間更長。

　　2. “渴之本義廢矣”：乾枯了才要水，於是“渴”的意思流行了，本義“乾枯”就廢了，後人們不知道“渴”原來是“乾”的意思了。

第 87 條

《説文解字・卷九下・石部》p.786

硞 què，石聲。今《爾雅・釋言》：“硞，鞏也。”郭云：“硞然堅固。”邢昺曰：“硞，苦學切。當从告，《説文》別有硞，苦八切，石堅也。”按，邢語剖別甚精。《釋文》苦角切，故邢曰苦學切。《四覺》韵字多從屋韵轉入，如《四江》韵字多從東韵轉入，告聲在古音三部屋韵，是以硞轉入覺韵。據陸氏反語，則知陸本作硞，不作硞。《廣韵》《玉篇》皆曰：“硞，苦角切。硞，恪八切。”《集韵》《類篇》克角一切内，亦有硞無硞，皆可證。而《釋文》、注疏、唐石經皆訛作硞，則與陸氏苦角之音不合矣。且硞之與鞏音切近，以尤韵與東韵切近，而硞與鞏不相關也。硞斷無苦學之音，硞斷無苦八之音，此一定之音理，學者不知古音不可與讀古者此也。《江賦》曰：“幽㵎積岨，礐硞礧硞。”礐硞，當上音學，下音角。○或問：何不正音之苦角爲苦八，而謂正文字誤也？曰：音義積古相傳之學，陸氏多從舊，當陸時，字固未誤也。○《五經文字》曰：“硞，口八反，又苦角反，見《爾雅》。”知張時《爾雅》已誤，而張云吉聲之字，可有口八、口角二反，是其不知音理也。从石，告聲。苦角切，三部。

【精讀示要】

本條的理必核心觀點是：學理是學術討論的基本條件。段氏深知：古音有其特定之音理，故“不知古音不可與讀古者”。“不可與讀古者”之潛在含意是“没有資格參與文獻語言的討論”；其延伸之意謂：不明學理，則無法參加相關對象的討論。其論證程式如下：

1. 指誤：發現《爾雅・釋言》：“硞，鞏也。”而《説文》別有“硞”字，讀爲“苦八切”，與“苦學切”不合，那麼《説文》的“硞”與“硞”必然不同。

2. 佐證（引證）：肯定邢昺剖析精當，即“苦學切”的“硞”當從告。

3. 音理類證法：爲什麼《釋文》作“苦角切”，而邢昺爲“苦學切”

呢？段氏從音轉的角度推導"學"與"角"的韵部關係，"角"爲覺韵，"學"爲屋韵，覺韵字多從屋韵轉入，跟江韵字多從東韵轉入同理。此外，告聲在古音三部屋韵，所以，從"告"得聲的"硞"可轉入覺韵。

4. 音理推證法：根據陸德明《釋文》中的反語"苦角切"推知，"苦角切"當爲"硞"，而非苦八切的"硈"。

5. 書證：段玉裁借助《廣韵》《玉篇》從韵書、字書兩方面證"硞"當爲"苦角切"，"硈"爲"恪八切。"二者判然有別。

6. 反證：《集韵》和《類篇》克角（苦角）《一切》内，均無硈字，反面證明"硈"不屬於"克角切"的字。

7. 預測與檢驗：考證至此，"硞"和"硈"的區別已經十分明顯了，段玉裁順勢預測古籍中可能還有"硞"誤作"硈"的現象，檢驗後果然發現《釋文》、注疏、唐石經皆訛作硈"。

8. 據音理反推（於音尋義）：段玉裁認爲，儘管《爾雅·釋言》中説"硞，鞏也"。據音理"硞"與"鞏"音近，而"硈"與"鞏"音隔，那麼從音義關係反推的原理，斷言"硞斷無苦學之音，硈斷無苦八之音"，兩個"斷無"猶如愛因斯坦"too beautiful to be wrong"的自信，將音義關係提升到理論的高度，即所謂"一定之音理"。説"有"易説"無"難，"有"可通過目治觀察來發現，而"無"則需要建立在"通理"的基礎上用腦力去推演，然後方能預測其"無"。段氏此注中的"斷無"就是根據音理進行推斷的。其難度之高，遠在"有"的發現之上，可想而知者也。

9. 核查現實：段玉裁認爲有些音誤是由於學者不知古音造成的，并進一步舉了與"苦角切"有關的音讀的用例，郭璞《江賦》中"礐硞礱確"是四音節聯綿詞，受音韵結構的限制，"礐硞礱確"的"礐硞"語音正相關，上字音學，下字音角。

10. 溯因反證：段氏運用音理進一步發現矛盾、解決矛盾。爲了辨析究竟是音誤還是形誤，段氏通過一個設問進行溯因反證，認爲"音義積古相傳之學，陸氏多從舊"。他從張參《五經文字》"硈"就已經有"口八反"和"苦角反"二音相互矛盾發現："苦角反"是從陸德明那裏繼承來的，"口八反"是誤讀。"張時《爾雅》已誤"是張參時期"硞"字寫作了"砧",因此才有了"口八反"的誤讀。張參以誤字爲據進行注音,同時也保留了陸德明的正確讀音。這個誤讀乃"不知音理"之故。

段氏這條注論經過十余步的邏輯論證,又兼以反證法進行補證,充分表現出他精熟於裁斷的理必論證法。故段氏的《説文》注釋,當以"注論"視之。該條注論不僅對《説文解字》進行理必考證,且運用此法對其他字書中錯誤亦推闡其必,所謂觸類旁通者以此。

本條理必用語的概念,箋識如下:

　＊不合　字面義是不符合,從理必角度當理解爲"矛盾(contradict)"之義。

　＊一定　"此一定之音理"中之"一定"不是"一旦決定",而是"特爲確定"的意思,是"有根據的""經過研究得出的"或"據法而定的"的意思;相當於英文的 given 或 well-establish 的意思。

　＊音理字面是"語音的道理"。在段氏古音學裏,應當是"古音的規律",是段氏的語音理論的一部分,相當於今天 phonology;段玉裁從事的是 historical phonology(歷史音系學)的前期工作。

第 88 條

《説文解字・卷九下・石部》p.787

硍 xiàn，石聲。从石。皀聲。此篆各本作硠。从石，良聲，魯當切，今正。按，今《子虚賦》："礧石相擊。硍硍礚礚。"《史記》《文選》皆同。《漢書》且作"琅"。以音求義，則當爲硍硍，而决非"硠硠"。何以明之？此賦言"水蟲駭，波鴻沸，涌泉起，奔揚會，礧石相擊，硍硍礚礚，若雷霆之聲，聞乎數百里之外"，謂水波大至動搖山石，石聲礔天。硍硍者，石旋運之聲也。礚礚者，石相觸大聲也。硍，《篇》《韵》音諧眼切，古音讀如痕，可以兒石旋運大聲，而硠硠字，祇可兒清朗小聲，非其狀也。音不足以兒義，則斷知其字之誤矣。《江賦》曰"巨石硉矹以前却"，又曰"觸曲崖以縈繞，駭奔浪而相礧"，皆即此賦之意。《漢桂陽太守周憬碑》："弭水之邪性，順導其經脈，斷硍瀺之電波，弱陽疾之洶涌。"此用《子虚賦》也，而硠作硍，可證予説之不繆。《釋名》曰："雷，硍也。如轉物有所硍雷之聲也。"冣爲朗證。左思《吴都賦》："菈擸雷硍，崩巒弛岑。"雷即《子虚》"礧石"之礧，"礧硍"亦用《子虚賦》字也。而俗本譌作"硠"，李善不能正。且曰"音郎"，於是韓愈本之，有"乾坤擺雷硠"之句，蓋積譌之莫悟也久矣。至於許書之本有此篆，可以《字林》證之，《周禮・典同》釋文曰："《字林》硍音限，云石聲。"此必本諸《説文》，《説文》必本《子虚賦》也。至於許書本無"硠"字，以硠从良聲，當訓爲清澈之聲，非石聲。《思玄賦》："伐河鼓之磅硠。"古作"砏碢"，未可知也。古音在十三部。○《周禮・典同》"高聲硍"注曰："故書硍爲硍，杜子春讀硍爲鏗鎗之鏗。"硍字見於經典者惟此。

【精讀示要】

這是一篇非常精彩的"因理求是"推理論文（或注論）。其所用術語如"以 X 求 Y，當爲……絶非……；不……斷知"均有"系統性的確定含義"。其步驟和結構可分析如下：

1. 正誤：指出“此篆各本作碙，从石，良聲，魯當切”，誤！故段氏改爲“從石皀聲”。

2. 因理求是：根據原理推求對象的本質。這裏的原理是“音可兒義”（論“音不足以兒義”的潛命題），推求的對象是“詞義”，即所謂“以音求義”。這是段氏考義理論的一大原則，是他發明的一大原理：語音本身就象徵或反映着所指對象的特徵或樣貌（激流衝擊巨石的“旋運大聲”）。

3. 推出必然：“以……求……”的結果是“當爲‘碙碙’，而決非‘碙碙’”。

4. 據實否證：如果是“碙”，那麽“衹可兒清朗小聲”，其語音“不足以兒義（非大聲之狀也）”。故斷知“碙”字之誤矣。

5. 引證文獻：以證其説之不謬。《江賦》曰：“巨石硉矹以前却”“觸曲崖以縈繞，駭奔浪而相礧”描繪的都是波浪的狀貌；而《漢桂陽太守周憬碑》裏面的“彌水之邪性，順導其經脉，斷碙灢之電波，弱陽侯之汹涌”則直接用“碙”而不用“碙”。

6. 再證語音的象徵義：《釋名》“雷，碙也。如轉物有所碙雷之聲也。”這裏的聲訓可進爲明證。

7. 致誤之由：俗本訛碙爲碙，韓愈本之，有“乾坤擺雷碙”之句，於是以訛傳訛，流傳久誤而没人知曉。

8. 再引字書以證之：引《字林》證“許書之本有此篆”。《周禮·典同》釋文曰：“《字林》碙音限，云‘石聲’。”此必本諸《説文》，《説文》必本《子虛賦》也。

9. 回應正誤遺留問題：前證許書本無碙字，如何解釋許書今有碙字？段氏首先提供了一種可能，即“以碙從良聲，當訓爲溥澈之聲，非石聲”。所以，許書如果有“碙”也與“石聲”之“碙”無關。其次，《思玄賦》“伐河鼓之磷碙”，古作“芀琅”。段氏懷疑今《説文》之“碙”或爲“琅”字之訛變，“亦未可知也”。

10. 補證以音象義之證：《周禮·典同》“高聲碬”注曰：“故書碬爲碙，杜子春讀碙爲鏗鎗之鏗。”用“鏗鎗”撞金之聲描狀“碙碙”激浪撞石之聲，證明"硍硍＝鏗鏗"的象聲詞義。

本條理必用語的概念，箋識如下：

＊ 以……求……：

字面上，"以"是根據，"求"推求。但所必知者：這種運算式的背後均蘊含着一個通理。這裏"以音求義"是段玉裁發明和用以推理的一條規律：聲音本身含有意義（所謂"音以兒義"説），正因如此，他才可以根據聲音推求意義。這條通理就是今天所謂"語音象徵性 sound symbolism"（參朱曉農 2004），即："一定的聲音表達一定的意義"。有這條根據，才可以"以音求義"，才能推出"則當爲'硍硍'，而決非'硠硠'"的結論。

＊ 決（非）：

決非的意思和斷非相近，都有"絕對不 absolutely/surely not"的意思。但二者不盡相同。"決非"背後的必然，主觀性比較强（by theory），"斷非"則實證性較强。

＊ 何以明之：

字面上就是"用什麼辦法讓它明瞭/説明它"的意思。但在段氏注論裏，"明之"一定要理解成"證明它、使它具有必然性，使它成爲原理的結果"。因此，"何以明之"相當於英文的"how can you prove it"。

＊ 斷知：

這裏的"知"不是字面"知道"的意思，而是邏輯上"可以得出判斷"的意思。"斷知"是"（One）can certainly make a decisive judgement（that）"的意思。

＊ 未可知也：

這裏不能就字面意思來理解，它是"不能做出判斷"的意思。這裏的"知"也是"判斷"的意思。注意：段注裏的"知"很容理解爲與認知相關的"知識"的意思，但在段氏注論系統中，它不是知識系統的概念，而是理必邏輯系統的表達，是"（據理）判斷"的用語，不是生活認知用語。

＊ 謬：

口語裏是"胡説"的意思，但在"可證予説之不謬"裏面，"謬"是"不合邏輯（illogical）"或"荒謬（fallacy）"的意思。

＊ 證……：

就是證明 prove，但它要求的是：用事實，用道理推演出的正確的結論。

＊ 明證：

也有兩層含義：明顯的實據；不容質疑的理據，evidently and logically。

＊ 當是：

理論上應該如此的意思，相當於 should be 或 predicted to be 的意思。

第 89 條

《説文解字注・卷十上・馬部》p.804

駒 jū,馬二歲曰駒,三歲曰駣。《周禮・廋人》:"教駣攻駒。"鄭司農云:"馬三歲曰駣,二歲曰駒。"《月令》曰:"犧牲駒犢,舉書其數。"犢爲牛子,則駒馬子也。《小雅》:"老馬反爲駒。"言已老矣,而孩童慢之也。按,《詩》駒四見,而《漢廣》《株林》《皇皇者華》於義皆當作驕,乃與毛傳、《説文》合,不當作駒。依韵讀之,則又當作駒乃入韵,不當作驕,深思其故,葢《角弓》用字之本義,"南有喬木"《株林》《皇皇者華》則皆讀者求其韵不得,改驕爲駒也。駒未可駕車,故三詩斷非用駒本義……从馬,句聲。

【精讀示要】

本條理必注論之特點在於它提供的一個"據理推證,自陷矛盾,設理自拔,回證必然"的論證範式。我們可以分層理解和賞析。

1. 類比推演:

《月令》"犧牲駒犢",犢爲牛子,則駒,馬子也。此段氏用邏輯推理之法得出"駒爲馬子"而兼引鄭注爲證。

2. 詩語反證:

《小雅・角弓》"老馬反爲駒",老之反爲駒,是駒爲小馬。此詩語反證之法。

3. 剔除反例:

《詩》駒四見,三處均非"馬子",是爲反例。然而,段氏發明之曰:彼三處之"駒",於義皆當作驕。如此不僅合毛傳(詩意),亦合《説文》(與駒之詞義不矛盾)。此段氏排除例外之法也。

4. 自陷矛盾:

《詩》駒凡四見,其中三處於義皆當作驕,不當作駒;但依韵讀之,則又當作駒,不當作驕(乃入韵)。於是段氏自陷矛盾,當如何解之?

5. 自求其解：

深思其故，提出解釋方案："南有喬木"《株林》《皇皇者華》三處之"駒"皆讀者求其韵不得，乃改驕爲駒也。按，這裏的"自解"意義非常。如果段玉裁判斷是正確的，那麼他實際上發現了上古漢語中一種"協韵改詞"類的"爲韵律而犧牲語義"的重要現象（韵律語法的效應）。顯然這是今人需要跟進研究的重要課題。

6. 再引書證：

《皇皇者華》曰："我馬維駒，六轡如濡。載馳載驅，周爰諮諏。"段曰：駒未可駕車，故《詩》斷非用駒本義。

本條理必用語的概念，筆識如下：

＊ 於……皆當："對/在……而言/方面，（道理上）都應該……"的意思，這是段氏論證中一個理設用語，"理當……"的意思。"《漢廣》《株林》《皇皇者華》於義皆當作驕"，言外之意，都没有寫作"驕"。這是把人帶入虛擬的理設推理世界，曉之以"理當如此而現實不然"的理性真實的世界。

＊ 合：符合、滿足推理條件和結果。

＊ 不當……又當……：立悖法，即設立矛盾、創造衝突的表達法。"於義皆當作驕不當作駒，韵讀又當作駒不當作驕"，在"義"和"韵讀"上發生衝突和悖論。

＊ 故：原因，這是段氏理必之學的重要概念，亦即"爲什麼的問題（question of why）"。"深思其故，葢……"表現出他慣常的邏輯思維。

《説文解字注·卷十下·亢部》p.868

亢 kàng,人頸也。《史》《漢》《張耳列傳》:"乃仰絶亢而死。"韋昭曰:"亢,咽也。"蘇林云:"肮,頸大脈也,俗所謂胡脈。"《婁敬傳》:"搤其亢。"張晏曰:"亢,喉嚨也。"按,《釋鳥》曰:"亢,鳥嚨。"此以人頸之偁,爲鳥頸之偁也。亢之引申爲高也,舉也,當也。从大省,上人。象頸脈形。下几。蘇林説與此合。古郎切,十部。按,亦胡郎切,亦下浪切。俗作"肮",作"吭"。凡亢之屬皆从亢。

頏 háng,亢或从頁。此字見於經者,《邶風》曰:"燕燕于飛,頡之頏之。"毛傳曰:"飛而上曰頡,飛而下曰頏。"解者不得其説。玉裁謂,當作"飛而下曰頡,飛而上曰頏",轉寫互譌久矣。頡與頁同音,頁古文䭫,飛而下如䭫首然,故曰"頡之",古本當作"頁之"。頏即亢字,亢之引申爲高也,故曰"頏之",古本當作"亢之"。於音尋義,斷無飛而下曰頏者。若楊雄《甘泉賦》:"柴虒參差,魚頡而鳥胻。"李善曰:"頡胻,猶頡頏也。"師古曰:"頡胻,上下也。"皆以《毛詩》"頡頏"爲訓。魚潛淵,鳥戾天,亦可證頡下頏上矣。俗本《漢書》胻譌从目,作"眄",《集韵》入諸唐韵,謂即《燕燕》之頏字,俗字之不可問有如此者。楊雄《解嘲》:"鄒衍以頡亢而取世資。"《漢書》作亢,《文選》作頏,正亢頏同字之證。頁部曰:"頡者,直項也。"亢者,人頸。然則頡亢正謂直項。《淮南·修務訓》:"王公大人有嚴志頡頏之行者,無不憚悷癢心而悦其色矣。"此正用直項之訓。《解嘲》之"頡亢",亦正謂鄒衍强項傲物,而世猶歸資之也。亢用字之本義。《東方朔畫贊》云:"苟出不可以直道也,故頡頏以傲世。"亦取直項之義。

【精讀示要】

本條的注論可作爲典型理必論證的結構模式,其層次、步驟井然有序。

1. 提出問題：《毛傳》曰：“飛而上曰頡，飛而下曰頏。”解者不得其説。

2. 解決方案：段玉裁謂：當作“飛而下曰頡，飛而上曰頏”，轉寫互訛久矣。

3. 論證（1）：首先，解決第一個字“頡”的本字問題。“頡與頁同音，頁古文𦣻。飛而下如𦣻首然，故曰‘頡之’。古本當作‘頁之’。”

4. 論證（2）：其次，解決第二個字“頏”的本字問題。“頏即亢字。亢之引申爲高也，故曰‘頏之’。古本當作‘亢之’。”

5. 提出原理——用“學理的必然性”做出判斷：“於音尋義，斷無飛而下曰頏者”——先出原理，再下斷語——這是段玉裁“理必”論證法一大原則。

6. 理必之證一：若楊雄《甘泉賦》：“柴虒參差，魚頡而鳥脰。”李善曰：“頡脰，猶頡頏也。”師古曰：“頡脰，上下也。”皆以毛詩頡頏爲訓。

7. 理必之證二：“魚潛淵，鳥戾天，亦可證頡下頏上矣”。按，《詩經·大雅·旱麓》：“鳶飛戾天，魚躍於淵。”鄭玄箋：“鳶，鴟之類也，鳥之貪惡者也，飛而至天，喻惡人遠去，不爲民害也。魚跳躍于淵中，喻民喜得所。”

8. 去僞反證：俗本《漢書》“脰”訛從目，作“眪”，《集韵》入諸唐韵，謂即燕燕之“頏”字。俗字之不可問有如此者。

9. 更深一層：證“亢”“頏”之同，爲下面的“取義”理論鋪路：楊雄《解嘲》：“鄒衍以頡亢而取世資。”《漢書》作亢，《文選》作頏，正亢、頏同字之證。

10. 揭示同源“取義”之義核：《頁部》曰：“頏者，直項也。”亢者，人頸。然則頏亢正謂直項。

11. 引證文獻以鑿實義核推斷之確：《淮南子·修務訓》：“王公大人有嚴志頡頏之行者，無不憚悇癢心而悦其色矣。”此正用直項之訓回推《解嘲》之頡亢，亦正謂鄒衍强項傲物而世猶歸資之也；“亢”，用字之本義。

12. 結論：義核訓詁的效應

東方朔《畫贊》云："苟出不可以直道也，故頡頏以傲世。"亦取直項之義。按，這也是一條 too beautiful to be wrong 的典範論證模式！

第 91 條

《説文解字・卷十下・心部》p.894

憘 chì，小怒也。從心，豈聲。充世切。按，《廣韵》，憘在《十三祭》，引《説文》"小怒也"，尺制切；恆在《四十四有》《四十九宥》，"小怒也"，芳否、敷救二切。《集韵》則祭韵有憘，有韵憘、愇二同匹九切。《類篇》從之，而無恆字。蓋恆、憘、愇三字同。以《説文》音或作歍及《説文》㥁字《廣韵》作佫求之，定爲一字異體。古音豈、尌、樹、豎皆讀近受，憘斷不讀充世切也。音者，相與語唾而不受也，天口切，與小怒義亦相近。

【精讀示要】

本條注論中的理必精華在"以理推求，必然如此"的推演法，即"以《説文》音或作歍及《説文》㥁字《廣韵》作佫求之，定爲一字異體"。其中有三個要點，值得一提：

1. "以……求之"中的"求"要從邏輯的推求（infer）的意思來理解，才得段氏要旨。他是用推求法來建立理必邏輯的。其推算方式如下：

因爲：音＝歍、㥁＝佫

所以：音、豈、豆三個聲符爲异體

推斷：愇、恆、憘三字同

2. 列出上面的算式後，可馬上得出理必結論：A 定爲 B。這裏的"定"要從 logical certainty/necessity 的邏輯必然的角度來理解。具體而言，因爲音或作歍、㥁或作佫，所以，以推理求之，音、豆、豈三字同。如果三字同，那麼就音同＋義同"定爲一字異體"。

3. 其語音論證的推算如下：

因爲：恆，《廣韵》芳否、敷救二切。《集韵》憘、愇二同匹九切。

所以：愇、恆、憘（三字同）而又讀有宥韵（尤韵上去），則憘不讀充

世切（祭韵）

推斷："古音壴、尌、樹、豎皆讀近受，愷斷不讀充世切"，其運算邏輯式是：a，b，c，d 皆 X，故 b 斷不爲 Y（＝[−X]）。

段氏的注論很多都能用邏輯推算公式來表達，可見其理必之邏輯性。

本條理必用語的概念，箋識如下：

＊ 求：字面的意思是"尋求"或"求得"，但段注中的"求"一定要理解成"推求"。"推求"是"推而得之"之義。這是段注邏輯推演中的一個常用術語；相當於 infer＝deduce or conclude（information）from evidence and reasoning rather than from explicit statements.

＊ 定：字面的意思是"一定"，但在段注中當理解爲"毫無疑義"的意思，相當於"it is logically certain that …"。

《説文解字注・卷十下・心部》p.896

惲 yún，憂皃。以下惡字廿二見，併上文四見，各本皆作"憂"，淺人用俗行字改之也。許造此書，依形<u>立解</u>，<u>斷非此形彼義、牛頭馬脯以自爲矛盾者</u>。惡者，愁也。憂者，和行也。<u>如今本</u>，則此廿余篆將訓爲和行乎。他書可用叚借，許自爲書不可用叚借。從心，員聲。王分切。十三部。

【精讀示要】

理必不容矛盾（學理不容自欺）——此形彼義＝牛頭馬脯。此注反映出段氏心目中强烈的理論意識和邏輯"矛盾律"的觀念，堪爲段氏理必思想的典型釋例。其注論步驟可歸納如下：

1. 建立原理："許造此書，依形立解"；

2. 理必推理："斷非此形彼義"；

3. 悖論結果："牛頭馬脯，以自爲矛盾"；

4. 歸謬論證："如今本（憂者，和行也），則此廿餘篆將訓爲和行乎"——假如像今本那樣的話，那麽那 20 多個訓"憂"的字都要解釋成"和行"嗎？顯然不能。

5. 結論：他書可用"叚借"，許自爲書（自建體系），不可用"叚借"。所以看出段氏理必不容矛盾：此形彼義等於牛頭馬脯，這樣就成了學理自欺，爲段氏理必系統所不容。

本條理必用語的概念，箋識如下：

＊立解：建立解釋系統。這裏的"立"反映出段玉裁的理論構建的意識非常强烈——在他眼裏，"解釋"就像觀點一樣要"立論"的，因此"立解"和"立說""立論"應該是同類的學理操作。這一點讀不出來，

就對段氏理必之學仍然隔層。

　　＊　自爲矛盾：自相矛盾（self-contradiction）。在段氏系統裏，無論是"解"還是"論"都不能自相矛盾。

　　＊　如：如果（像）……的話，假設連詞："如今本，則此廿餘篆將訓爲和行乎？"

第 93 條

《説文解字注・卷十二下・戈部》p. 1099

戉 yuè,大斧也。一本奪大字,非。斧,所以斫也。从戈,乚聲。王伐切,十五部。俗多金旁作鉞。《司馬瀎》曰:"夏執玄戉,殷執白戚,周ナ杖黄戉,又把白髦。"《周書・坶誓》作"秉白旄",此作"把白髦"者,葢《司馬法》之文有不同也。《毛詩》傳曰:"秉,把也。"手部曰:"把,握也。"髦者,旄之叚借字。凡戉之屬皆从戉。

【精讀示要】

1. 區分不同的動詞:執、杖、把、秉、握。不僅詞義不同,語體也不同。如"把酒",古雅;"把門",俗常。

2. 《司馬法》連用"執、杖、把"三個動詞,特別是其中之"把白髦"《周書・坶誓》作"秉白旄";段氏曰:"葢司馬法之文有不同也"。這啓發我們思考《司馬法》的用字與語體的匹配(或編碼)關係:《司馬法》之文是當時人的叙述,還是當時方言的不同説法,或是引用古時的書語?值得深入研究。

3. 另外,《司馬法》用較古的"ナ""又"二字(後分化爲左、右字);這種异文説明用字和語體應該是彼此匹配的,其中暗示有文體/語體的不同。根據語體語法的理論,語體不同,字詞的用法則不同(包括音法、詞法、字法和句法)。據此説明,段玉裁是從語體的角度來解釋文獻語言的异體和异文,今人都很難做到這一點。

第 94 條

《説文解字注・卷十二下・戉部》p. 1099

戚 qī,戉也。《大雅》曰:"干戈戚揚。"傳云:"戚,斧也。揚,鉞也。"依毛傳戚小於戉,揚乃得戉名。《左傳》:"戚鉞秬鬯,文公受之。"戚鉞亦分二物,許則渾言之耳。戚之引伸之義爲促迫,而古書用戚者,俗多改爲蹙。試思親戚,亦取切近爲言,非有異義也。《大雅》:"戚戚兄弟。"傳曰:"戚戚,内相親也。"《小雅》:"戚戚靡所逞。"箋云:"戚戚,縮小之貌。"其義本相通。而淺人於《節南山》必易其形與音矣。戚訓促迫,故又引申訓憂。《小明》:"自詒伊戚。"傳曰:"戚,憂也。"度古祇有戚,後乃別製慽字。从戉,尗聲。倉歷切,古音在三部。

【精讀示要】

《詩經・小雅・節南山》:"我瞻四方,蹙蹙靡所騁。"

1. 詞義引申:

"戚之引伸之義爲促迫、斧切"(參第 35 條"數"、第 48 條"切")。"試思親戚,亦取切近爲言"是段氏的假設(assume),之後是段玉裁的一種論證。反應的還是看問題的"角度",段氏講詞義引申始終不離開觀察角度。

2. "戚訓促迫,故又引申訓憂。《小明》:'自詒伊戚。'傳曰:'戚,憂也。'度古祇有'戚',後乃別製'慽'字。"這裏段氏也是從"義軌"的角度發明"促迫"和"憂戚"之間的關係,可證者有:秋、揪、愁之間的緊縮、促縮與憂愁之間的關係。

3. "度古祇有'戚',後乃別製'慽'。"這個"度"字實際就等於今天所説的溯因推理(abduction),溯因推理或猜想不是漫無目的的瞎想,而是理性的預測。"試思"或"度"在某種意義上似乎違背了乾嘉樸學重事實根據的特點,但要知道:段玉裁的思維不僅是經驗式的

（empiricism），還是"理必"式的思維（rationalism），他在不斷地概括和推演，并且還給後代提供了一個理性思維的空間，讓將來的讀者去思考。有人説段玉裁武斷，其實是他所選擇的學術路數使然。發明之學，必有"武斷"之處——章太炎説戴震、段王之學是"任裁斷"，邏輯的全稱判斷必須百分之百才能推理，從這個意義上説，没有"武斷"性的百分之百的推理，無法進行邏輯運算。段氏的"武斷"也有後人所不及者，因爲他的"武斷"是科學家式的"預設＋裁斷"！本書選讀的諸條注解可以充分看出這一點。

第 95 條

《説文解字注・卷十二下・我部》p. 1099

我 wǒ，施身自謂也。不但云"自謂"，而云"施身自謂"者，取施與我古爲疊韵。施讀施捨之施，謂用己廁於衆中而自稱則爲我也。施者，旗貌也。引申爲施捨者，取義於旗流下巫也。《釋詁》曰："卬、吾、台、予、朕、身、甫、余、言，我也。"又曰："朕、予、躬，身也。"又曰："台、朕、賚、畀、卜、陽，予也。"或以賚、畀、卜、予不同義，愚謂有我則必及人，故賚、畀、卜亦在施身自謂之内也。口部曰："吾，我自稱也。"女部曰："姎，女人自稱。姎，我也。"《毛詩》傳曰："言，我也。卬，我也。"《論語》二句，而我吾互用。《毛詩》一句，而卬我襍稱，葢同一我義，而語音輕重緩急不同，施之於文，若自其口出。**或説我**，逗。**頃頓也**。謂傾側也。頃，頭不正也。頓，下首也。故引申爲頃側之意。《賓筵》："側弁之俄。"箋云："俄，傾貌。"人部曰："俄，頃也。"然則古文以我爲俄也。古文叚借如此。**从戈手**。合二成字，不能定其會意形聲者，以手字不定爲何字也。五可切，十七部。**手，古文巫也**。巫當作巫。巫、巫在十七部，然則我以爲形聲也。**一曰，古文殺字**。我从殺則非形聲，會意亦難説也。殺篆下載古文三，有一略相似者。**凡我之屬皆从我**。

【精讀示要】

1. "有我則必及人，故賚、畀、卜亦在施身自謂之内也。"這裏"有我"爲什麼"必及人"？以及"有我則必及人"是否是古人的通識觀念？這兩個問題不先解決，段氏的分析很難成立。這是讀段注要特別注意的。

2. "葢同一我義，而語音輕重緩急不同。施之於文，若自其口出"。這是本條的精華所在。首先，同一個"我"的意思，語音有輕重和緩急的不同,這就是今天的韵律。所以,從這一事實看,段氏已經看到一個詞在韵律輕重上的效應。"輕重緩急"指重讀、輕讀、緩讀、急讀,這反映或强調了有焦點的不同。其次,"施之於文,若自其口出"的"口出"實際指口語,從這一點看,段玉裁不僅已經具有了語言學的意識,還從分析口語的角度來分析、鑒定書面語。這其實已經是文獻語言學的做法。本師陸穎民宗達先生可能是受段注的影響而第一個提出了"文獻語言學"這一概念,并將之系統化。文獻上的問題背後是口語問題。語言是口語的,是活語言。通過文獻而聯繫口語,才能切中語言要害。

3. 上古韵律音系("＞"標識韵素分量"重於")

我＞卬＞言＞吾,大概是四個等級。段玉裁發現了這個規律,後人的研究證明段玉裁的發現是正確的。相關內容可參趙璞嵩《從"吾""我"的互補分布看上古漢語韵素的對立》(2014)。

第 96 條

《説文解字注・卷十二下・亡部》p. 1102

匄 gài，气也。气者，雲气也。用其聲叚借爲气求、气與字。俗以气求爲入聲，以气與爲去聲。匄訓气，亦分二義二音。《西域傳》："气匄亡所得。"此气求之義也，當去聲。又曰："我匄若馬。"此气與之義也，當入聲。要皆强爲分别耳。《左傳》："公子棄疾不强匄。"又子産曰："世有盟誓，毋或匄奪。"皆言气求也。《通俗文》曰："求願曰匄。"則是求之曰气匄，因而與之亦曰气匄也。今人以物與人曰"給"，其實當用"匄"字。《廣韵》古達切。其字俗作丐，與丏不同。《廣韵》曰："二字同。"非是。亡人爲匄，逯安説。此稱逯安説，以説字形會意。逯安亦通人之一也。从亡人者，人有所無，必求諸人，故字从亡、从人。古代切，按，《廣韵》古太切，亦古達切，十五部。

又《説文解字注・卷十二下・亡部》p. 1102

無 wú，亡也。凡所失者，所未有者，皆如逃亡然也。此有無字之正體，而俗作無。無乃霖之隸變，霖之訓豐也，與無義正相反。然則隸變之時，昧於亡爲其義，霖爲其聲，有聲無義，殊爲乖繆。古有叚霖爲𣠮者，要不得云本無二字。漢隸多作𣠮，可證也。或叚亡爲無者，其義同，其音則雙聲也。从亡，霖聲。按，不用莫聲，而用霖聲者，形聲中有會意。凡物必自多而少，而無，《老子》所謂"多藏必厚亡"也。武夫切，五部。古音武夫與莫胡二切不别，故無、模同音，其轉語則《水經注》云燕人謂無爲毛，楊子以曼爲無，今人謂無有爲没有，皆是也。

【精讀示要】

1. 别音義：去入别義。

2. 字意：亡人爲匃＝"人有所無必求諸人"，非也。段氏對"亡人"字意的解釋有缺欠。"亡人"者，當爲"使人亡（無）"之意。使人"有"是"給"，使人"無"就是"乞"；故"亡人"爲"求"。

3. 上古漢語，使人"加"，孳乳爲"賀"，與"益貝爲賜""增貝爲贈"同理，都是"使……有/無"句法結構生成結果：

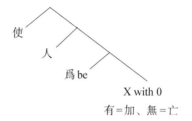

從文字上看語法：造字當中有語法上的信息，會意字的兩個構件在意義上表達了一種語法關係。

《漢書・朱買臣傳》："買臣乞其夫錢，令葬。"《廣韵・未韵》"气，与人物也。《説文》曰：雲气也。今作乞。"《正字通・乙部》"凡與人物亦曰乞"。《清平山堂話本・錯認尸》："周氏不敢言語，乞這大娘駡了三四月。"

第 97 條

《説文解字·卷十三上·糸部》p. 1142

縿 shān，旌旗之游所屬也。各本失"所屬"二字，今補。㫃部曰："游，旌旗之流也。"《周禮·巾車》注云："正幅爲縿，游則屬焉。"正義曰："正幅爲縿，《爾雅》文。"又《覲禮》正義："《爾雅》説旌旗正幅爲縿。"唐後《爾雅》奪"正幅爲縿"四字，邢疏不能攷補。縿是旌旗之體，游則屬焉，故孫炎注曰："爲斿於縿。"郭璞曰："縿，衆斿所箸。"戴先生曰："游，箸縿垂者也，交龍鳥隼之屬，皆畫於縿。"《爾雅》曰："纁帛縿。"鄭本之，曰：九旗之帛皆用絳，上有弧以張縿之幅。見《覲禮》《明堂位》《考工記》。下以人維之，《周禮·節服氏》"六人維王之太常"，《爾雅》"維以縷"是也。所以太常必維之者，正恐其游長曳地。《毛詩》"素絲紕之"，大夫旌旗之游亦維持之也。游屬於縿，而統於縿，然㫃部游下不云"旌旗之縿也"，則知縿下斷不云旌旗之游。理合析言，不得渾言矣。从糸，參聲。所銜切，古音在七部。

【精讀示要】

1. "理合析言，不得渾言"的理性思維。其注論程式如下：

（1）指誤：各本失"所屬"二字。

（2）内證：《説文·㫃部》曰："游，旌旗之流也。"證明"游"是一種"流"。

（3）旁證：引《周禮》《爾雅》等從旁立證，"縿"當爲"旌旗正幅"。

（4）誤源推測：《周禮》注、疏和《覲禮》正義引《爾雅》不誤，但唐之後《爾雅》奪"正幅爲縿"四字，而宋代邢昺作《爾雅疏》又没能考補出來。後世所尊崇沿用邢疏，因而致誤。

（5）旁證：引用孫炎、郭璞和其師戴震等人的説法來爲證明"縿"和"游"不是同一事物，增加可信性，屬於旁證。

（6）古籍義證：利用《爾雅》《周禮》《毛詩》等古籍的用例和釋義，辨析"游"和"縿"的關係，指出古籍中明確記載"游"屬於"縿"，是一種長可曳地的所屬物。這是運用古籍義證證明"游"和"縿"是不同事物。

（7）反證與推論：

如果：各本沒有"所屬"二字，即"縿，旌旗之游也"正確，

那麼："游"和"縿"應是互訓關係的同一事物，

　　"游"的釋義應爲"游，旌旗之縿也。"

但是：《説文》："游，旌旗之流也。"

所以：前面的假設就不成立。

"游"和"縿"當有別，游屬於縿，而統於縿，因此，段氏斷言"縿"絕不是"旌旗之游"，當爲"旌旗之游所屬也"。

（8）理必原則：分析到最後，段玉裁一語點破所本的理必原則："理合析言，不得渾言矣。""縿"和"游"有不析言則混淆問題，故理當別處，不能渾也。——"理"是決定"該析/該渾"的決定因素。

第 98 條

《説文解字・卷十四上・金部》p. 1241

鎦（鎦）liú，殺也。《般庚》：“重我民，無盡劉。”《君奭》：“咸劉厥敵。”《左傳・成十三年》：“虔劉我邊垂。”《釋詁》：“劉，殺也。”《書》孔傳、《左》杜注同。从金刀，此會意。从金。殺義未著，必从金刀而後著。丣聲。丣者，古文酉也。力求切，三部。此篆二徐皆作鎦，別無劉篆。鎦古書罕用，古未有姓鎦者，且與殺義不協。其義訓殺，則其文定當作劉。楚金疑脫劉篆，又疑鎦之丣下本作刀，轉寫訛田，後説是也。竹部有籀，劉聲；水部有瀏，劉聲；又“劉，劉杙”；又劉向、劉歆，以許訂許，此必作劉。若無劉字，劉聲無本矣。今輒更正篆文，以截斷衆疑。至若此字丣聲、非丣聲，絶無可疑者。二徐固皆不誤。葢凡丣聲之字，皆取疊韵而又雙聲，丣、丣皆在古音第三部，而各有其雙聲，故二聲不可淆混。東漢一代持卯金刀之説，謂東卯、西金，從東方王於西也。此乃讖緯鄙言，正馬頭人、人持十、屈中、止句一例，所謂不合孔氏古文、謬於《史籀》之野言。許之所以造《説文》者，正爲此等。矯而燿之，隤而楯之，使六書大明。以視何休之恃此説經，其相去何如也！正劉爲劉，許君之志也。或疑其有忌諱而隱之，夫改字以惑天下，後世君子不出於此。

【精讀示要】

本條注論從諸多方面體現了段氏的理必思想和方法。如原理的實現與否（著 zháo＝落實）、規則之間的一致性（協＝consistent，coherence）、因果的預期（定當）、事實的引證、決“疑”的能力與治學的原則等。下面試分解之。

1. 揭明詞義

本條開宗明義：“劉”的詞義是“殺”。

2. 書證詞義

引《般庚》：“重我民，無盡劉。”《君奭》：“咸劉厥敵。”《左傳・成十三年》："虔劉我邊垂。"其中的劉，都是《釋詁》"劉，殺也"，且《尚書》孔安國傳、《左傳》杜預注也如此。以此證明"劉"義爲"殺"。

3. 考訂字形（根據音形義三者互求之理）

（1）從六書入手：劉字從金、刀者，段定爲會意。因爲只從金的話，"殺"的意思"没有着落（未著）"。根據漢字構形的理據原則，此字"必從金、刀而後著（有附着的形體）"。這裏是"劉"字字形所以從"刀"的必然性。

（2）那麼"戼"呢？段氏根據許慎《説文》"戼者，古文酉也"，則戼是其聲符。

（3）劉，大徐和小徐本《説文》均作"鎦"，又都没有"劉"這個字。段玉裁必須説明這兩個字的來歷及其存在的合理和合法。他首先指出："鎦，古書罕用"；其次揭示"古未有姓鎦者"。這兩點都是實證"鎦"字合理存在的可疑性。後面兩點是其理證：① "與殺義不協"；② 若"其義訓殺，則其文定當作劉"。鎦字構形與造字理據有矛盾，因此如果"鎦"字訓"殺"，那麼不能没有表示"殺"的意符（如"刀"），結果"鎦"字無理，而非"劉"莫屬。

4. 推求誤源

（1）介紹南唐徐鍇（字楚金）有關"劉"字的兩説法：①《説文》脱劉篆；② 鎦篆"史傳所不見，疑此即劉字也。从金从戼，刀字屈曲，傳寫誤作田尔。"

（2）段氏確認後一説爲是。（徐鍇《説文解字係傳》"鎦"字下注）

5. 以許例推必

用許慎的體例推證必然結果。段氏"以許訂許"，用竹部之"劉"、水部之"瀏"之從劉聲，得出理必之論："鎦必作劉"。

6. 以歸謬推必

歸謬是段氏理必的"殺手鐧"。這裏他一語破的："若無劉字，劉聲無本矣。"

7. 斷疑結論："今輒更正篆文，以截斷衆疑"。這裏有兩點值得注意：第一，段氏非常果斷地"更正篆文"——此章太炎所謂皖派"任裁斷”之具體表現,此亦常被非難爲“武斷”之舉者。然而,是耶非耶? 讀者自明也。第二,段氏非常自信地説自己的注論可以“截斷衆疑”。其言外之意是自己提供了“揭秘”或“解謎”的不刊之論! 我們看到: 非有堅實理必學理爲其基石者,不能也無從有此信心與成就。信哉!“千七百年來無此作也。”(王念孫語)

8. 至此,本條注論已然結束。下面是段氏又予補證的内容

(1) 校定聲符:“葢凡㕚聲之字皆取疊韵而又雙聲。”㕚、㕚皆在古音第三部,而各有其雙聲,故二聲不可淆混。

(2) 駁民間讖緯鄙言:

① 東漢一代持卯金刀之説,謂東卯西金,從東方王於西也。此乃讖緯鄙言。正馬頭人,人持十,屈中,止句一例。

② 所謂不合孔氏古文,謬于史籒之野言。許之所以造説文者,正爲此等。矯而煣之,隑而栔之,使六書大明。以視何休之恃此説經,其相去何如也。

(3) 從治學角度申明許慎之“學志”:

① 指出: 正劉爲鐂爲許君之志。

② 據有人或疑許氏因忌諱而隱之者,指出:夫改字以惑天下後世,君子(許慎)不出於此。“(志)不出於此”説明段氏不僅爲學本理必,做人也要有原則。故“改字以惑天下後世”絶不是許慎“學志”原則所能允許的。

③ 闡明“學志”之重要:許慎造説文要在使六書大明,故段氏堅信“正鐂爲劉”乃“許君之志”,而明“六書”之道乃學者君子行爲之所出。

本條理必用語的概念,箋識如下:

＊ 必……而後可:似不難解,但要進而理解成:“……是在原理或公理的强迫之下的必然結果”之義,即如“劉”字的“殺”義,必從金、刀而後著(著＝有著落、有實現的表徵或載體)。這裏暗含一個“公理”,即“漢字是表意構形的系統”。没有這一公理,不能有“必……而後可(著)”的推理。

＊若 X,則 A 定當 B：這是一個典型的推理運算式：在 X 的情況/條件下,A 一定會有 B 的結果。其理必屬性工作表現爲：只要具有 X 的屬性,那麼爲 X 決定的 A 就會導致 B 的結果。"其義訓殺,則其文定當作劉"即用此邏輯式。

＊不協：字面是"不協調"的意思。在段氏理必系統裏,"古未有姓鐂者,且與殺義不協"的"不協"實函"抵觸"或"矛盾"的意思。

＊若無……：假設用語。這裏是虛擬邏輯的用法：虛擬一種可能出現的結果的不可能性,即"若無劉字,劉聲無本矣"。

＊斷疑：理必論證工作的目的,就是要"截斷衆疑"——斷除/消除學者的疑惑。這是段氏理必之學的目標和境界。

＊凡……皆……：不必是嚴格的全稱判斷,很多情況下是"一般而言",相當於,in general。

＊鄙言/野言："讖緯鄙言""謬于史籒之野言"中的"鄙/野言"都是段氏用來表達"無稽之談"意思的用語。不宜從譏諷角度理解,實指沒有論證根據和價值的 nonsense 或 fallacy。

＊或疑：設疑之辭,設有……。英文是 one may wonder 的意思。

＊君子不出於此：這不是邏輯術語,但却是段玉裁做出"裁斷"的一個重要原則,是他力主"學德"的一個原則。"出於此"三字説明段氏爲人做事的行爲也是理必性的：行爲出於道德原則。

《説文解字注・卷十四上・金部》p. 1241

鍲 mín,業也。賈人佔鍲。从金,昏聲。武巾切,十二部。按,此字必後人所增,必當删者。《史》《漢》"賈人緍錢"字从糸,李匪曰:"緍,絲也。以貫錢也。"引《詩》"維絲伊緍",如淳引胡公云:"緍錢爲緍者,《詩》云:氓之蚩蚩,抱布貿絲。故謂之緍也。"不知何人因二千一算改爲鍲字,正如矢族改爲鏃耳。以業訓之,尤不可通。

【精讀示要】

本條注論的理必特點是開門見山,連用兩個"必",斷定許慎《説文解字》的"鍲"字"必後人所增,必當删者"。其論證特點是以理之"通否"爲其裁斷根據。其論證過程如下:

1. 指誤點題:"鍲"字必後人所增,所以必當删去。

2. 提供書證:《史記》《漢書》作"緍",從糸不從金。

3. 提供義證:采用李匪(顔師古《漢書注》引作"李斐",即段注"李匪")的釋義。"緍"意爲"以絲貫錢",在《詩經》中正作"緍",如淳也說"緍錢爲緍"。

4. 理設致誤原因:段氏推想,或有人"因二千一算"的歷史,將"緍"改爲了"鍲"。這種推想是根據漢武帝時的"算緍"制度:元狩四年(公元前 119 年),漢武帝下令"初算緡錢"("緡"同"緍"),規定商人財産每二千錢須繳納 120 錢作爲財産税。

5. 類比致誤原理:"緍"改爲"鍲"與"族"改爲"鏃"同理。段氏在"鏃"字下說:"疑後所增字。"《説文・㫃部》曰:"族,矢鏠也,束之族族也。"段注曰:"今字用鏃,古字用族。""鏊"下又注云:"鏃當作族。族,矢鏠也。"《説文・金部》:"鏃者,利也。"本條注論裏,段氏通過類比發現了古今改字致誤的同一規律:根據詞義加置偏旁而增入《説文》。

6. 結論：以"業"訓"鐕"，于義"尤不可通"——在語義上毫不沾邊。所以"鐕"必删無疑。

按，本條開篇兩個"必"的背後，藴含所以如此的必然道理；而必然道理裏面藴含着不如此則"不通"的推演。故而所以"通"的背後一定有必然，必然的存在也預示着不如此則不通的道理。是故"通預必然、必預不通"。明于此則可以理解何爲"段氏理論"。

本條理必用語的概念，箋識如下：

＊必當：字面很好理解，但在段氏注論中應理解爲"最强的理論預測"的意思。"必"是不可能不如此、"當"是應該如此（理論要求如此），"必當"相當於 must be 或 should be，no question about it 的意思。

＊不可通：字面上是"説不通"的意思，在段氏的釋義論證系統中應當理解爲"邏輯上有矛盾"的意思。因此凡段氏斷語"不可通"處，都有邏輯原理在其前或其中。

引用文獻與參考文獻

引用文獻

（西漢）班固,2007.漢書[M].北京：中華書局.

（西漢）班固,2018.白虎通義[M].北京：中國書店.

（北宋）陳彭年等,1935.廣韻[M].北京：商務印書館.

（西漢）戴聖編,2022.禮記[M].北京：中華書局.

（西漢）戴德著；黃懷信譯,2019.大戴禮記[M].上海：上海古籍出版社.

（北宋）丁度,1983.集韻[M].北京：中國書店.

（唐）杜甫著,仇兆鰲注,2004.杜詩詳注[M].北京：中華書局.

（南朝宋）范曄,1965.後漢書[M].北京：中華書局.

（明）方以智,1990.通雅[M].北京：中國書店.

（戰國）韓非；高華平等譯注,2015.韓非子[M].北京：中華書局.

（魏）何晏注；（北宋）邢昺疏,2017.論語注疏[M].上海：上海古籍出版社.

（明）洪緶,2019.清平山堂話本[M].長沙：岳麓書社.

（西漢）桓寬,1974.鹽鐵論[M].上海：上海人民出版社.

（西漢）孔安國傳；（唐）陸德明音義,2022.尚書[M].上海：上海古籍出版社.

（西晉）孔晁注,2021.逸周書[M].北京：中國書店.

（春秋）老子；張松輝譯注,2012.道德經[M].北京：中華書局.

（北魏）酈道元注,陳橋驛注釋,2001.水經注[M].杭州：浙江古籍出版社.

（明）李漁,2010.李漁全集[M].杭州：浙江古籍出版社.

（西漢）劉安等著,2015.淮南子[M].長沙：岳麓書社.

（東漢）王充著,1974.論衡[M].上海：上海人民出版社.

（東漢）劉熙,2016. 釋名[M]. 北京：中華書局.

（西漢）毛亨注;（東漢）鄭玄疏;（唐）孔穎達正義,1990. 毛詩正義[M]. 上海：上海古籍出版社.

（戰國）墨子,2022. 墨子[M]. 北京：中華書局.

（北宋）歐陽修、宋祈編,2003. 新唐書[M]. 北京：中華書局.

（戰國）屈原,2003. 楚辭[M]. 太原：山西古籍出版社.

（魏）阮籍著;陳德文刻,2010. 阮嗣宗集[M]. 北京：國家圖書館出版社.

（清）阮元,2009. 十三經注疏[M]. 北京：中華書局.

（清）阮元校刻;蔣鵬翔編,2015. 阮刻春秋左傳注疏[M]. 杭州：浙江大學出版社.

（北宋）司馬光編;（元）胡三省注,2024. 資治通鑒[M]. 杭州：浙江大學出版社.

（西漢）司馬遷著,2010. 史記[M]. 武漢：崇文書局.

（清）文瀾閣編,2015. 欽定四庫全書經部[M]. 杭州：杭州出版社.

（魏）王弼注;（晉）韓康伯注,2013. 周易注疏[M]. 北京：中央編譯出版社.

（南宋）吳曾,2020. 能改齋漫録[M]. 濟南：山東人民出版社.

（南朝梁）蕭統編,2017. 文選[M]. 杭州：浙江大學出版社.

（戰國）荀子,2011. 荀子[M]. 北京：中華書局.

（清）嚴可均,1999. 全上古三代秦漢三國六朝文[M]. 北京：中華書局.

（春秋）晏嬰,2018. 晏子春秋[M]. 哈爾濱：北方文藝出版社.

（西漢）揚雄著;華學誠,游帅校注,2022. 方言[M]. 北京：中華書局.

（明）袁宏道,1976. 袁中郎全集[M]. 臺北：偉文圖書出版社.

（魏）張揖著;（隋）曹憲音釋,2014. 廣雅[M]. 北京：國家圖書館出版社.

（明）張自烈、廖文英，1996. 正字通［M］. 北京：中古工人出版社.

（東漢）趙岐注；（北宋）孫奭疏，2023. 孟子注疏［M］. 北京：北京大學出版社.

（東漢）鄭玄注；（唐）賈公彥疏，2001. 周禮注疏［M］. 上海：上海古籍出版社.

（清）朱駿聲，説文通訓定聲. 2024［M］. 北京：中華書局.

（戰國）莊周著；方勇注譯，2015. 莊子［M］. 北京：中華書局.

（春秋）左丘明；（三國吴）韋昭注，1978. 國語［M］. 上海：上海古籍出版社.

陳奇猷校釋，1984. 吕氏春秋校釋［M］. 上海：學林出版社.

董蓮池，2011. 新金文編［M］. 北京：作家出版社.

方韜譯，2022. 山海經［M］. 北京：中華書局.

高明，2022. 帛書老子校注［M］. 北京：中華書局.

李元燕，李文娟譯注，2001. 管子［M］. 廣州：廣州出版社.

劉釗等編纂，2009. 新甲骨文編［M］. 福州：福建人民出版社.

唐敬杲；余欣然校注，2014. 韓非子［M］. 武漢：崇文書局.

王華寶譯注，2019. 戰國策［M］. 武漢：長江文艺出版社.

王力，2014. 同源字典［M］. 北京：中華書局.

王力，2010. 王力古漢語詞典［M］. 北京：中華書局.

徐中舒，2023. 甲骨文字典［M］. 成都：四川辭書出版社.

周法高編，1974. 金文詁林［M］. 香港：香港中文大學出版社.

參考文獻

（清）段玉裁，1982. 説文解字注［M］. 上海：上海古籍出版社.

（清）龔自珍，1997. 説文段注札記//王德毅編，叢書集成續編［M］. 臺北：新文豐出版公司.

（清）王念孫，1985. 讀書雜志［M］. 北京：中國書店出版社.

（清）王引之，1985. 經傳釋詞［M］. 南京：江蘇古籍出版社.

（清）王引之,2000. 經義述聞[M]. 南京：江蘇古籍出版社.

（清）汪中,2014. 釋三九//述學校箋[M]. 北京：中華書局.

（漢）許慎,2013. 説文解字[M]. 北京：中華書局.

（清）俞正燮,1957. 癸巳類稿[M]. 北京：商務印書館.

（清）章太炎,1913. 文始[M]. 杭州：浙江圖書館石印本.

（清）章太炎,2010. 説文解字授課筆記[M]. 北京：中華書局.

（清）章太炎,2014. 太炎文録續編//章太炎全集[M]. 上海：上海人民出版社.

陳雪良,2015. 春秋史[M]. 上海：上海人民出版社.

[日]池田知久著;王啓發譯,2005. 馬王堆帛書五行研究[M]. 北京：綫裝書局;北京：中國社會科學出版社.

杜恒聯,2007. 試論一組言部形聲字所表達的詞源意[J]. 臨沂師範學院學報(29‐4)：66‐68.

馮利,1983. 區分詞義訓詁與文意訓詁[J]. 辭書研究(3)：78‐86.

馮利,1985. 詞的"名義"與大型語文詞典編纂[J]. 辭書研究(2)：54‐62.

馮利,1986a. 同律引申與語文詞典的釋義[J]. 辭書研究(2)：8‐13.

馮利,1986b. 古漢語詞義的歷史考證法[J]. 辭書研究(5)：26‐33.

馮利,1987. "社"字義變與詞義演變的文獻證據[J]. 辭書研究(1)：91‐93.

馮利,1993. "造意語境"考義法芻議[J]. 古漢語研究(2)：18‐21.

馮勝利,1982. 説文解字注"引申義"研究[D]. 北京師範大學碩士論文.

馮勝利,2005. 輕動詞移位與古今漢語的動賓關係[J]. 語言科學(1)：3‐16.

馮勝利,2011. 漢語詩歌構造與演變的韵律機制[J]. 中國詩歌研究(8)：44-61.

馮勝利,2015a.乾嘉"理必"語言研究的科學屬性[J].中文學術前沿(2)：89-107.

馮勝利,2015b.語體語法的邏輯體系及語體特徵的鑒定[J].漢語應用語言學研究(00)：1-21.

馮勝利,2016.論王念孫的生成類比法[J].貴州民族大學學報(哲學社會科學版)(06)：77-88.

馮勝利,2018.王念孫"生成類比邏輯"中的必然屬性及當代意義[J].勵耘語言學刊(01)：1-26.

馮勝利,2019.乾嘉之學的理論發明(一)——段玉裁《説文解字注》語言文字學理論闡微.民俗典籍文字研究[J].1-23.馮勝利,2019.乾嘉之學的理必發明(一)——段玉裁《説文解字注》語言文字學理論闡微[J].民俗典籍文字研究(01)：1-23.

馮勝利,2019.乾嘉之學的理論發明(二)——段玉裁《説文解字注》理必論證與術語札記[J].民俗典籍文字研究(02)：23-41.

馮勝利,2022."寡人"詞義觀念考與"2+1"三重證據法[J].中國語文(05)：617-640.

馮勝利、蔡維天主編,2024.漢語輕動詞句法研究[M].北京：北京大學出版社.

馮勝利、彭展賜,2023.論《段注》的"意""義"系統及其語義學意義[J].中國古典學(3)：1-31.

馮勝利、彭展賜,2024.《説文段注》對漢字構形之"意"的闡釋與發展[J].古漢語研究(3)：43-62.

馮勝利、蔡維天、黃正德,2008.傳統訓詁與形式句法的綜合解釋——以"共、與"爲例談"給予"義的來源及發展[J].古漢語研究(3)：2-13.

郭詠豪,2013.同源詞研究以唇塞音聲母字爲例[M].香港：商務印書館.

郝士宏,2008.古漢字同源分化研究[M].合肥：安徽大學出版社.

胡厚宣,1957. 釋“余一人”[J]. 歷史研究(01)：75－78.

胡厚宣主編,王宇信、楊升南總審校,2009. 甲骨文合集釋文第 2 册[M]. 北京：中國社會科學出版社.

黄樹先,2024. 比較訓詁學探索[M]. 成都：四川大學出版社.

李傳書,1997. 説文解字注研究[M]. 長沙：湖南人民出版社.

李先華,2005. 説文與訓詁語法論稿[M]. 合肥：安徽大學出版社.

李旭昇,2010. 説文新證[M]. 福州：福建人民出版社.

陸宗達,1981. 説文解字通論[M]. 北京：北京出版社.

陆宗達、王寧,1996. 訓詁學原理[M]. 北京：中國國際廣播出版社.

齊元濤,2008. 重新分析與漢字的發展[J]. 中國語文（01）：85－89.

任學良,1985. 説文解字引論[M]. 福州：福建人民出版社.

沈兼士,2014. 右文説在訓詁學上之沿革及其推闡[M]. 太原：山西人民出版社.

舒懷編,2018. 説文解字注研究文獻集成[M]. 武漢：湖北教育出版社.

蘇新春,1997. 漢語詞義學[M]. 廣州：廣東教育出版社.

向光忠編,2006 説文學研究[M]. 武漢：崇文書局.

楊樹達,1954. 積微居小學述林[M]. 上海：中國科學院.

葉楓,2011. “誦讀”溯源及涵義闡釋[J]. 學周刊(9)：5.

余行達,1998. 説文段注研究[M]. 成都：巴蜀書社.

張文治編；陳恕重校,2015. 經傳治要[M]. 海口市：南海出版公司.

趙爾巽等撰,1977. 清史稿[M]. 北京：中華書局.

趙璞嵩,2014. 從“吾”“我”的互補分布看上古漢語韵素的對立[D],香港中文大學博士學位論文.

鄭張尚芳,2003. 上古音係[M]. 上海：教育出版社.

鐘明立,2002. 段注同義詞考論[M]. 北京：中國文聯出版社.

Benczes Réka 2019 Rhyme over Reason: Phonological Motivation in English [M]. Cambridge University Press.

Corinne Iten 1998 "The meaning of although: a Relevance Theoretic account", UCL Working Papers in Linguistics 10: 1–29.

George Gamow, 1989 One Two Three ... Infinity: Facts and Speculations[M]. Dover: Dover Publications.

Tobias Dantzig 2005 Number: The Language of Science, The Masterpiece Science Edition[M]. 上海: 上海科學技術文獻出版社.

Tobias Dantzig, Joseph Mazur 2007 Number the language of science[M]. Plume Press.

附録 1

《段注》用語與《精讀選》術語匯釋

＊以下所列爲本書主要術語及其定義，并括注相應的出處；術語大體上按音序排列，而將相關術語排列在一起。

B

【本義】

指"製字之本義"，是造字時所取構意反映的詞義；是"本於字形的詞義"，所以本義與字形密切相關（參見第 84 條"匕"）。

【比較訓詁學】

通過不同語言中相關語詞的比較來挖掘根義及其不同（參見第 49 條"魁"）。

【鄙言、野言】

"讖緯鄙言""謬于史籀之野言"中的"鄙/野言"都是段氏用來表達"無稽之談"意思的用語。不宜從譏諷角度理解，實指沒有論證根據和價值的 nonsense 或 fallacy（參見第 98 條"鎦"）。

【必……而後可】

字面不難解，但在段氏訓詁系統中要進而理解成："……是在原理或公理的強迫之下的必然結果"之義，即如"劉"字的"殺"義，必從金、刀而後著（著＝有著落、有實現的表徵或載體）。這裏暗含一個"公理"，即"漢字是表意構形的系統"。沒有這一公理，不能有"必……而後可（著）"的推理（參見第 98 條"鎦"）。

【不當……又當……】

"於義皆當作驕不當作駒、韻讀又當作駒不當作驕"（見第 89 條"駒"），在"於義"和"韻讀"上建立衝突和悖論的一種"立悖法"，是段玉裁"設立矛盾、創造衝突"的一種論證法。

【不可通】

字面上是"説不通"的意思，但在段氏的理必論證系統中應當理解爲"邏輯上有矛盾"。因此凡段氏斷語之"不可通"處，均有邏輯原理在其前或在其中（參見第 99 條"鎬"）。

【不協】

字面是"不協調"的意思，在段氏理必系統裏，"古未有姓鎬者，且與殺義不協"的"不協"實函"抵觸"或"矛盾"的意思（見第 98 條"鎦"）。

C

【詞意】

命名時的取意（見第 47 條"副"）。

【詞義】

詞義是指某個詞在語言實際使用中的意思，詞義是客觀存在的，并爲語言使用者所熟悉的（見第 15 條"止"）。

D

【當是、必當、皆當】

"當是"，理論上應該如此的意思，相當於 should be，predicted to be 或 theoretically to be 的意思（見第 88 條"砥"）。

"必當"，字面很好理解，但在段氏注論中應理解爲"最強的理論預測"的意思。"必"是不可能不如此、"當"是應該如此（理論要求如此），"必當"相當於 must be 或 should be，no question about it 的意思（見第 99 條"鎬"）。

"於……皆當"，"對/在……而言/方面，（道理上）都應該……"的意思，這是段氏論證中一個理設用語，"理當……"的意思。"《漢廣》《株林》《皇皇者華》於義皆當作驕"，意謂不作"驕"有違"義"的原則和原理。這是把讀者帶入一個超現實的理設推理世界，曉之以"理當如此而事實不然"的理辯世界（見第 89 條"駒"）。

【定、一定】

字面的意思是"一定",但在段氏論注中當理解爲"毫無疑義"的意思,相當於"it is logically certain that..."(見第 91 條"愇")。

"一定","此一定之音理"中之"一定"不是"一個定下來的"的意思,而是"音係確定的"的意思。是"有根據的""經過系統研究得出的"或"據法而定的"意思;相當於英文的 given 或 well-establish 的意思(見第 87 條"硈")。

【斷、斷非】

"斷"是絕對的意思,相當於 absolutely,certainly,surely。斷非是絕對不可能是或 certainly not 的意思。字面意思都不難理解,但在段氏論注中,其邏輯功用要特別注意。第一,這是段氏邏輯裁斷的最高形式;第二,段氏凡用此術語均有學理在其背後。因此,它是 It is certainly not according to the principle of... 的意思,亦即"根據……原則,絕對不可能是……"的意思,而不能簡單理解爲日常表達的"絕對……"之義(見第 85 條"毸")。

【斷疑】

理必論證工作的目的就是要"截斷衆疑"——斷除/消除學者的疑惑。這是段氏理必之學的目標和境界(見第 98 條"鎦")。

【斷知】

這裏的"知"不是字面"知道"的意思,而是邏輯上"可以得出判斷"的意思。"斷知"是"(One) can certainly make a judgement (that)"的意思(見第 88 條"硍")。

F

【凡……皆……】

不必是嚴格的全稱判斷,很多情況下是"一般而言",相當於 in general(見第 98 條"鎦")。

【反訓】

即詞義從某一點出發而引申出與之相反的意義。可以將相反爲訓理解爲同一個事件的兩個方面,相反的兩個意義分別表示該事件的兩個不同角度的對立意思(見第 42 條"自")。

【分化字】

原來一個字有多種用法,後來爲了區分而在原字的基礎上通過添加形符等手段分化出新字。原來的字叫作母字,後出新産生字叫作分化字。(見第 85 條"作")

【分音詞】

一個意義之引申出第二個意思,因引申之義而産生的不同讀音;爲區別引申出的新義而會發生音變,稱之爲"分音詞"(參見第 36 條"數")。

【複合義】

元義可以和別的意義組合成一個新的意義(如"贈"是"使＋增"二義的合成品),即:元義＋他義＝複合義。複合義_{一個音節}不是複合詞_{多個音節}。(參見第 16 條"過")。

G

【概念義、所指義】

概念義就是人們對客觀事物的理性認識,是理性思維的科學定義。隨着人類理性認識的不斷深化,概念義可能會發生變化(或深化)。所指義是取意指稱的對象,是事物本身(見第 23 條"論")。

【古今字】

段玉裁關於古今字的觀念有三個要點:一是古今無定時;二是記録同一個詞項時古今用字不同;三是古今字不是古今字體的不同。簡言之,古今字是不同時期所用以記載同一詞的不同字形符號(見第 26 條"誼")。

【古義】

詞的上古(或遠古)意義。譬如"誼"的古義是"(仁)義"。古義反映古人的看法和觀念(見第 26 條"宜")。

【故】

原因。這是段氏理必之學的一個重要概念,即"學理何以如此的原因(question of why)"。段玉裁説"深思其故,葢……",表現出的是他邏輯探索的慣常思維(見第 89 條"駒")。

H

【漢字構造的系統性】

漢字的構造具有點畫表意的系統性,表現爲構意(或造意)中字意的可解性。漢字的構意系統不是一成不變的,不同時代有不同時代的構意系統和方法。甲骨文、金文、小篆代表不同時代的漢字構意系統(參見第 33 條"寺")。

【合、不合】

"合",符合、滿足推理條件和結果(見第 89 條"駒")。

"不合",字面義是不符合,從理必角度當理解爲"矛盾(contradict)"之義(見第 87 條"砧")。

【何以明之】

字面上就是"用什麼辦法讓它明瞭或説明它"的意思。但在段氏注論裏,"明之"一定要理解成"證明它、使它具有必然性,使它成爲原理的結果"。因此,"何以明之"相當於英文的"how can you prove it"或"how can you justify it."(見第 88 條"硍")。

【互訓】

"互訓"在戴震、段玉裁的系統裏是"轉注",即用 A 訓 B,再用 B 訓 A(見第 3 條"天")。

【或疑】

設疑之辭,設有……。英文是 one may wonder 的意思(見第 98 條"鎦")。

J

【君子不出於此】

這不是邏輯術語,但却是段玉裁做出"裁斷"的一個重要原則,是他力主"學德"的一個原則。"出於此"三字説明段氏爲人做事的行爲也是理必性的——以原則爲基礎：學術行爲基於道德原則（見第 98 條"鎦"）。

【決非】

決非的意思和斷非相近，都有"絶對不 absolutely/surely not"的意思。但二者不盡相同。"決非"背後的必然，主觀性比較强（by theory），"斷非"則實證性較强（見第 88 條"砥"）。

L

【"理必"之學】

乾嘉學術的科學精藴可概括爲"理必"二字（馮勝利 2015a）。故"皖派之學"之其根柢即"理必之學"，亦即"理必科學"。"必"的核心要素包括"推理之必"和"實驗之必"；而"理必"則是 logical certainty 或 logical necessity 之意（見第 67 條"桃"）。

【歷史文化考證法】

以歷史和文化的史實爲證據的文獻語言學考證方法。譬如"則"字構意是取"鑄刑於鼎"還是取"貨幣等畫物"，要通過歷史文化的考證而後可爲據（見第 46 條"則"；同參本書附錄文 3）。

【立解】

建立解釋系統。這裏的"立"反映出段玉裁强烈的"理論"意識——在他眼裏，"解釋"就像學説一樣要"立論"。因此，在段氏的"立解"和"立論"應該是同一性質的學術操作（第 92 條"愃"）。

M

【謬】

是口語裏"胡説"的意思，但在段氏"可證予説之不謬"裏面，"謬"是"不合邏輯（illogical）"或"荒謬（fallacy）"的意思（見第 88 條"砥"）。

【矛盾/ 自爲矛盾、與全……矛盾】

自相矛盾（self-contradiction）。在段氏的理論系統裏，無論是"解"還是"論"，都不能自相矛盾（見第 92 條"愃"）。

"與全……矛盾"，這一用語字面没有難解之處，但是非全面瞭解段氏"矛盾律"的思想而不得其真諦。第一,段氏這裏雖然說的是與整體系統相互矛盾,亦即"contradict with the whole system"的情況,但是我們可以(也應該)從中窺出他的"矛盾系統"還包含了"局部矛盾"和"個例矛盾"等子系統。第二,他的這種矛盾律思想應該是從其師戴震的"十分之見"體系中獲得的,并進而發展出"整體系統無矛盾"的邏輯系統觀。就是說,其字面易解的隻言片語的背後蘊藏着一套科學矛盾律(見第 32 條"㕖")。

Q

【求】

這是《段注》邏輯推演中的一個常用術語,其字面的意思是"尋求"或"求得",但段氏論注中的"求"須理解成"推求",即"推而得之"之義,相當於 infer = deduce or conclude (information) from evidence and reasoning rather than from explicit statements. (見第 91 條"愷")。

【取意】

有兩種:一是造字的取意,二是造詞的取意。造字取意是指構造漢字字形時想要表達的那個意圖;造詞取意是指造詞時所依據的對象的某種特征、狀態或意念(見第 60 條"枲")。

【取義】

造詞或命名時所取的指稱對象具體的意義。取義不是取意,取意是命名的意圖(如"從柔冉的角度"命名"髯"),取義是意圖的意義(柔軟)(見第 64 條"橄")。

R

【容】

容許、允准、permit 的意思。而"豈容"是怎麼允許、決不允許、絕不允准的意思,但不是主觀或客觀的不允許,而是邏輯上、理論上的不允許。因此,相當於 logically intolerability 或者 not logically valid(見第 85 條"毹")。

【如】

如果(像)……的話,假設連詞:"如今本,則此廿餘篆將訓爲和行乎?"(見第 92 條"愪")。

【若 X,則 A 定當 B】

這是一個典型的推理運算式:在 X 的情況/條件下,A 一定會有 B 的結果。其理必屬性工作表現爲:只要具有 X 的屬性,那麼爲 X 決定的 A 就會導致 B 的結果。"其義訓殺,則其文定當作劉"即用此邏輯式(見第 98 條"鎦")。

【若無……】

假設用語。這裏是虛擬邏輯的用法:虛擬一種可能出現的結果的不可能性,即"若無劉字,劉聲無本矣"(見第 98 條"鎦")。

S

【聲訓】

是一種用音同(或音近)的詞來解釋詞義的訓詁方法(見第 3 條"天")。

【聲與義同原】

"聲與義同原"中的"原"當理解爲"義根",而"龤聲之偏旁多與字義相近",是説不同的字(詞)的聲符之中,含有相同的根義(見第 3 條"禛")。

【施受同辭】

主動和受動可用同一個詞表達,是一個事件的兩個方面的合成品。雖然後代用不同的詞去記録主動、受動雙方,但均源自同一個詞根(root)(見第 54 條"宁")。

T

【同律引申-同律互證】

詞義相同或相關的詞語沿着同一語義路徑派生(或引申)的現象,叫作"類從義變"或"同律引申";用這種規律考證詞義關係的方法,叫作"同律互證"（見第 16 條"過"；同參本書附録文 2）。

【同意】

　　有兩種意思：造字意圖相同（就字而言）；取意的意思相同（就詞而言）（見第 14 條"叏"）。

【同意詞】

　　取意相同的一組詞。如"套"、"襲"均取意於覆蓋（cover）（見第 47 條"副"）。

【同義詞】

　　有相同義位的一組詞。如"一套""一襲"均指所組成的整體（見第 48 條"副"）。

【同義詞辨析】

　　同義詞辨析，即辨別相同（或相近）意義的詞的（音義）异同，尤其是找出其相异點。區別詞義的一個辦法就是把義素的時空屬性標識出來（見第 37 條"敲"）。

【同音假借】

　　借 A 字來説 B 詞（＝兩詞音相同，但詞義不同或不通，詞形不同或 B 詞無字）（見第 42 條"翔"）。

【同源异義詞】

　　核心義相同而詞義不同的詞（見第 50 條"竿"）。

W

【望文生訓】

　　不知道詞義、文意是什麽，只照字面意思來猜測解釋（見第 10 條"茲"）。

【未可知也】

　　該用語不能就其字面意思來理解，而是"不能做出判斷"的意思。其中的"知"是"判斷"的意思。注意：《段注》裏的"知"字很容理解爲與認知相關的"知識"的意思，但在段氏注論系統中，它不是知識系統的概念，而是理必邏輯系統的表達，是"（據理）判斷"的專用語，不是日常認知的常用語(見第 88 條"硍")。

【文獻語言學】

文獻語言學是陸宗達先生創造的術語,謂以文獻文證據來研究和解釋語言現象的語言學學科。文獻是其媒介,語言是其落脚點(見第 12 條"余")。

【文意訓詁】

文意訓詁是馮勝利(1983)提出的一個概念,指解釋語詞以外的、闡述該詞言外之意的訓詁(見第 14 條"毄";同參本書附録文 1)。

X

【訓詁語體】

解釋古代語體的訓詁叫作"語體訓詁"(見第 17 條"迡";同參本書附録文 6、7)。

Y

【意】

"意"是《説文解字注》中很重要的概念或術語。"意"可以分爲兩個層次:一是視角方面的形象(意象);二是視覺形象在大腦中的反應(意念)。"意"是有某種狀態的意象(image)及其生成的意念的結合(見第 60 條"枀")。

【義根、根義、派生義】

義根即意義的根,能夠派生詞義的那個意義叫義根。不是每個意義都是義根,派生詞的那個詞的意義叫義根,即意義之根,義根自身的意思叫根義。義根是産生意義的母體。義根和根義是同一個東西,但是從不同的角度來説的(見第 4 條"禛")。

【一詞兩造】

用兩種不同的構字方法爲同一個詞造字(見第 75 條"犵")。

【以……求……】

字面上,"以"是根據,"求"推求;但這種運算式的背後均藴含着一個通理。譬如"以音求義"的背後是段玉裁發明和用以推理的規律,即聲音本身含有意義(所謂"音以見義"説),亦即今之所謂"語音象徵性sound symbolism"(見第 88 條"砅";同參 Benczes 2019)。

【義隔而通】

不相關的兩個意義,在特定的上下文(或環境)中發生了"相通"的關係,這種"相通"叫作"義隔而通"(見第 20 條"雦")。

【義軌】

古人習慣性地從某個角度將詞義引申到另一個意義上,這一路徑稱爲詞義引申的軌迹(或軌道),簡稱"義軌"(見第 47 條"副")。

【异源同義詞】

取意相同而語根不同的詞,雖同義但不同源,叫作"异源同義詞"。"异源同義詞"有兩種:一是同取意,另一種是同使用義(見第 50 條"竿")。

【義源】

是意義的源頭(見第 38 條"敨")。

【音理】

字面的意思是"語音的道理"。在段氏古音學裏,應當是"古音的規律",是段氏的語音理論的一部分,相當於今天 phonology;段玉裁從事的是 historical phonology(歷史音系學)的前期工作(見第 87 條"碏")。

【引申義學】

探索 A 義到 B 義的引申的原理、機制和規律的學問。段玉裁在引申方式、引申途徑、引申範圍以及引申辯證、引申原理等方面做了大量的探索和工作,爲建立引申義學奠定了繼續發展的基礎(見第 31 條"孚")。

【引申義族】

由一個"根義"繁衍出來的一個"意義的族群"(見第 5 條"理")。

【引申方式】

指詞義引申的起止、方向、路綫、步驟和程式。一般而言,引申方式包括散點式引申和連綫式引申（見第 31 條"孚"）。

【引申方向】

　　即詞義發生引申時所慣常的走向。其方向之一是與句法相關的運作。如動作可引申爲使動用法（Causative）、輕動詞移位法如施事（Agent）、對象（Target）、目標（Goal）、來源（Source）、方所（place）等（見第 34 條"皮"）。

【引申假借】

　　借 A 義來説 B 義（＝詞義相因，詞形、詞音都相同）（見第 42 條"翔"）。

【語體】

　　是根據不同的對象、不同的内容和不同的場合而使用的不同的詞彙和語法。語體不同，詞彙、句法、語調也往往因之而异（見第 17 條"迟"；同参本書附録文 6）。

【元義】

　　元義是最基元（primitive）、最原始且不能分解的意義，它是語義組合、發展的基本單位和要素（見第 16 條"過"）。

【元義素】

　　包括兩個方面，一是指詞義的基本構成成分，是不可再分解的最小單位；二是指同源詞的核心義素，這一核心義素是構成同源詞的最原始的、不可分解最小單位（見第 23 條"論"）。

Z

【證、明證】

　　論證的常用術語，即英文的 prove，verify 的意思。讀《段注》應從兩個角度理解這個術語：一爲"實證"、一爲"理證"。譬如"許偁《詩》證毳衣色赤，非證毳篆體"中的兩個"證"，是實證；而"毳與璊皆於虋得音義"則是"理證"——用"音兒義（語音的像似性）"的原理，證明璊與虋音義相通。"證"要求的是用事實和原理推演出的正確結論（見第 88 條"砥"）。

"明證"也有兩層含義：一是"明顯的實據"；二是"不容質疑的理據"（見第 88 條"砥"）。

【恉】

"恉"的字面是"意旨"，在段氏注論中指"原理"和"學理"，相當於 reason 或 reasoning，如"淺人改從玉改從毛，失其恉矣"（見第 85 條"璑"）。

【轉注】

段玉裁從其師戴震之説，認爲"轉注"就是"互訓"。即用 A 訓 B，再用 B 訓 A，就是"轉注"（見第 3 條"天"）。

【字感】

字感指的是對字形上附載哪些和詞義相關的構意要素的系統認識，它是溝通字形及其筆意所記録的系統意義和詞之間的感官反應，亦即人們看到一個字形時所得到"字係"上的刺激反應（見第 15 條"止"）。

【字義】

字義是字意和詞義溝通的橋梁，即通常所説的本義（見第 15 條"止"）。譬如"齊"的字義是"（麥穗）齊平。"

【字意】

是給某個詞義造字時設計的字形所反映的構造意圖的意義。字意也叫造意或構意（見第 15 條"止"）。譬如"齊"的字意是"禾麥吐穗上平"。

【字中義】

字中字的構意所反映的詞義叫作"字中義"。譬如"自"在"息"字構意中的詞義是"鼻"（見第 42 條"自"）。

【字中字】

作爲成字構件的字，叫作"字中字"。譬如"息"中的"自"，"瀘"中的"水"（見第 42 條"自"）。

附録 2

作者著有關本書論文

1. 區分詞義訓詁與文意訓詁,《辭書研究》1983 年第 3 期。

2. "同律引申"與語文詞典的釋義,《辭書研究》1986 年第 2 期。

3. 古漢語詞義的歷史考證法,《辭書研究》1986 年第 5 期。

4. "寡人"詞義觀念考與"2＋1"三重證據法,《中國語文》2022 年第 5 期。

5. 訓詁的屬類與體系——論經學訓詁、子學訓詁、史學訓詁、文學訓詁的獨立性,《古漢語研究》2019 年第 3 期。

6.《詩經》語體與《詩經》訓詁,《社會科學戰綫》2023 年第 7 期。

7. 上古漢語的焦點、重音與韵素音步——以《論語》"吾""我"爲例,《民俗典籍文字研究》2023 年第 30 輯。

1. 區分詞義訓詁與文意訓詁①

　　語文詞典的義項，是編纂者在豐富多彩的單個詞義現象的基礎上，通過歸納、概括，逐條地建立起來的。我國古代的典籍傳注中，保存了文獻語言中大量的單個詞義現象，是語文辭典編纂中釋義和歸納義項時的重要參考和依據。然而古人的典籍傳注，主要是以疏通文意爲目的，有時解釋詞，有時却在一個詞下直接解釋片語甚至句子，就是在解詞的形式中，又加進了解釋語詞義以外的、闡述文辭含意（以下簡稱"文意"）的訓詁内容。這種混雜在詞義訓詁中的文意訓詁，影響着詞典編纂者在詞典的釋義中對某些古注的正確利用和處理。

　　古代典籍傳注中的文意訓詁，是經常出現的。

　　《詩·大雅·大明》："天監在下，有命既集，文王初載，天作之合。"《毛傳》："載，識也。"涵咏詩意，句中的"載"即"年載"之義。"初載"猶言"初年"。所以孔穎達《毛詩正義》説："文王初載，謂其幼小。"詩人用"初載"本來是表示"天作之合"時文王的年齡。但毛亨却"以意逆志"，謂"文王初載"指文王出世後剛剛具有思想意識之時（故孔疏又説："大似於文王生有所識不過二、三歲也"），這樣他就在"載"下注了一個"識"。可見毛氏此注，并非對"載"字詞義而言（"載"字在這裏的詞義很清楚：《爾雅·釋天》："夏曰歲、商曰祀、周曰載。"此載字常訓），而是統觀全詩，針對"文王初載，天作之合"這句文意所作的訓詁。

　　又如，《左傳·哀公十二年》："苟有盟焉，弗可改也已。若猶可改，曰盟何益？今吾子曰必尋盟，若可尋也，亦可寒也。"杜注："尋，重也，寒，歇也。""寒"字訓"歇"，用詞義的引申或文字的假借均無法解釋。於是朱駿聲説："尋者，燅之借字。注'寒，歇也'非是。"（《説文通訓定

---

　　①　本文發表於《辭書研究》(3).1983：78-86.按，當時期刊没有文章提要、關鍵詞和參考文獻的要求，這裏也一仍其舊，望讀者理解（下仿此）。

聲·乾部》)一否了之,倒也乾脆。但問題并没有解決。還是唐代孔穎達在這點上獨具慧眼。他説:"傳意言若可重温使熱,亦可歇之使寒,故言寒歇,不訓寒爲歇也"(《左傳》本年疏)。他從"傳意"上推求杜預的訓詁,故知訓寒爲歇是解傳文之意,而非寒字之義。

這類以解詞的形式點明文意的訓詁,其實早在毛亨之前就出現了。《禮記·祭義》:"唯聖人能爲飨帝,孝子能爲飨親。飨者,鄉也,鄉之然後能飨焉。"這裏"飨"字的語詞義實際就是"食其所獻",并没有"饗往""饗慕"之義。《祭義》於"飨帝""飨親"之後,直接用"鄉"解釋"飨",意在點明下面"鄉之然後能飨焉"那句話的意思。所以孔穎達説:"此一節明孝子祭祀欲親歆飨之意。"這個"意"正是經文"飨"字的言外意。

顯然,這種貌似解詞的訓詁,實際都與詞義無關。可是長期以來,它一直混雜在詞義訓詁裏,迷惑了不少人。

上述文意訓詁的出現,以及它同詞義訓詁相混的原因,是與古代典籍注釋的原則和體例分不開的。《孟子·萬章》説:"説詩者不以文害辭,不以辭害志,以意逆志爲得之矣。"趙岐解釋道:"斯言殆欲使後人深求其意以解其文,不但施於説詩也"。這正是古注家始終沿襲的一條注釋原則。它要求注釋家不僅要準確地釋出具體語境中字詞的語詞意義,而且還要揣摩文意,以意逆志,清楚地把文章、辭句所要表達的内在含意揭示出來。譬如《孟子·離婁上》:"子之從子敖來,徒餔啜也。"趙注:"學而不行其道,徒飲食而已,謂之餔啜也。"焦循《孟子正義》説:"趙氏以飲食解餔啜,於章指又以沈浮解之,則餔啜二字乃假借之辭,非實指飲食也。……餔啜即與世推移同流從俗之意。"可見,趙氏正是本着"以意逆志"的注釋原則,才既用"飲食"解語詞,又用"沈浮"解文意。

然而,在很多情况下,古注家對有些比較淺顯的語詞義不加詮釋,就直接借助句中的某一詞來解釋它所在片語或文句的含意了。例如《國語·晉語》:"虢之會,魯人食言。"韋昭注:"食,偽也。""食"字這裏的語詞意義,《左傳·哀公廿五年》表現得最爲清楚:孟武子惡郭重曰:"何肥也?""公曰:是食言多矣,能無肥乎?"顯然,韋氏此注已撇開了"食"字的語詞義,徑直借助它來闡釋"食言"這個片語的言外意了。當然,就古人作注的原則及宗旨而言,這種注釋本不足爲奇。可是容易令人誤解的是,這類解文的訓詁却時常采用詞義訓詁最一般的形式來表達(一般説來,"某,某也"這是詞義訓詁的基本形式),這就導致很多人不是武斷地否定它、修改它,就是錯誤地把它收進辭書,與詞義并列。不但《爾雅》《經籍籑詁》有類似的情况,就是在《中華大字典》裏,象"載,識也""寒,歇也""食,僞也"一類文意訓詁,也都以詞義的身份置身於該書的義項之列。毋庸諱言,在詞典編寫中,這種不辨真僞,"一視同仁"的作法,不僅會嚴重影響詞典釋義的科學性,而且還會貽誤讀者。

如何嚴格地區分這兩類形式相同而性質迥異的訓詁現象,這是擺在我們詞典編纂者面前一個不可回避的問題。這裏試提出幾種區别這兩類訓詁的具體方法,作爲辨識它們的一種嘗試性的探索。

一　判定訓釋詞的確切含義

一個古注,通常是由訓釋詞與被訓釋片語成。作爲注家用來解釋詞義或文意的訓釋詞,也和其他字詞一樣,一般都有幾種不同的含義。然而在一個固定的訓詁中,注家使用的究竟是它的哪一種意義,如果不事先確定,就談不上瞭解它所解釋的對象究屬字詞還是文句,因而也無從判定這一訓詁的性質。首先判定傳注訓釋詞的確切含義,還由於有些訓詁家恰是從改解訓釋詞的特定詞義入手,才把本來的文意訓詁牽强地説成了詞義訓詁的緣故。例如清人胡承珙在《毛詩後箋》裏就把《毛傳》"載,識也"中的訓釋詞"識"(本指意識),改解爲"記識"之義,因之"載"就成了"記載"之義、"文王初載"就成了"文王剛生下來身上就有大姒爲其配偶的印記"了。再如王引之《經義述聞》廿六也把《爾雅·釋詁》"食,僞也"的"僞"(本指虚僞)改解成"爲",進而又説"食乃飾之借"[①]。很明顯,倘若將訓釋詞詞義作任意解釋,那麽莫説這一

[①] 《爾雅》:"食、詐,僞也""食"訓"僞"實際是文意訓詁在雅書中的反映。不屬於雅書訓詁的"二義同條"例。

訓詁的性質難以考定，就是既知的詞義訓詁也將愈説愈亂。

　　我們知道，古人的典籍傳注，無不産生於特定的語境。作爲注家用來解釋特定語境中的具體字詞或具體辭句的傳注訓釋詞，與其他字詞一樣，一旦進入特定的語境，它的詞義往往就是相對穩定、單一的。這是因爲，那種作爲被解釋對象的特定語境，也對這個解釋者的詞義具有極大的限制和約束。它使這個無論曾經怎樣靈活多變的訓釋詞的意義，在這裏都趨於穩定、趨於單一，而不容隨意變解。訓釋詞的確切含義只有在它所注釋對象的語境中確定。例如，“虢之會，魯人食言”，韋注：“食，僞也。”“僞”在給“魯人食言”這一語境中的“食”作注時（是注“食”的詞義還是文意，現尚不知，可暫時撇開不管），如果把“僞”代入“食”的語境中後，它的詞義就受到它所解釋對象（儘管這個對象目前尚未具體確定）的語境限制，因此它只能是“虛僞”之義，即魯人“虛僞其言”（韋注語）。如果把它説成“作爲”，在這個語境，無論如何也是講不通的。再如“文王初載，天作之合”，《毛傳》：“載，識也。”“識”所注釋對象的上下文内容也限定它在這裏只能是“意識”之義，才合乎情理。如果把它解成“記識”，於文情文理也是説不通的。

　　由於訓釋詞是解釋特定語境中的某一語言現象的，所以我們可以充分利用它所解釋對象的上下文對其意義的限制這一條件，認真細緻地判定它在這裏的確切含義，從而爲進一步確定它所解釋的具體對象究屬語詞還是文句打好基礎。

二　考察被訓釋詞的本義、引申義

　　確定了訓釋詞的確切含義後，須進而考察訓釋詞這一意義是否被訓釋詞的本義或引申義，這則要從被訓釋詞的詞義發展系統來考察。例如“食”訓“僞”，“僞”確定爲“虛僞”之義後，就要從“食”的引申系統來考察，看其詞義發展的各階段，能否與“虛僞”之義發生聯繫。詞義的引申，是錯綜複雜、變化萬端的。引申義的確定，必須根據詞義引申的規律。同時也可以借助同類互證法——即詞義相同，而其引申義亦同的兩個同類引申義段的相互佐證——的幫助。譬如“食”本是吃的對象，引申之則有"吞吃"之義。這一階段引申義存在的合理性，可以通過與它引申階段相同的"飯"字加以佐證。"飯"也是吃的對象（《説文》："飯，食也"），同時也有"吞吃"之義（《曲禮》："飯黍毋以箸"）。又如，"食"引申後有"吞吃"之義，吞吃則消盡不見，故"食"又可由此引申出"吞滅"之義來，"食言"即吞滅其言。這一階段引申義的真實性，又可由與其義段相同的"吞"字得到證明。"吞"有"吞吃"之義是明顯的，同時也有"吞滅"之義，并且吞滅的對象也可以是"言語"。江淹《詣建平王上書》"亦當鉗口吞舌"。"舌"即指"言語"。《論語》"駟不及舌"鄭玄注"過言一出，駟馬追之不及"。揚雄《太玄》"吐黄酋舌"范望注："舌，言也。""吞舌"即吞滅其言。從"吞"的"吞吃""吞滅"二義相通，可證"食"有"吞滅"之義的合理性。經過這樣的分析，較爲客觀地把握了"食"字不同階段的引申義，同時也看出，"食"的引申系統中不可能與"虛僞"之義發生聯繫。由此可以斷定，"僞"絶非"食"的本義或引申義。

確定其他被訓釋詞的本義、引申義，在可能的條件下（有與它同類的引申義段），也應采用上述方法來考定。[1]

三　考察被訓釋詞的假借義

在很多情況下，被訓釋詞與訓釋詞的意義毫不相干，是由文字的假借造成的。這是因爲，古人作注常就沿用成習的假借字來釋其本字之義。如《詩·汝墳》"伐其條肄"。《毛傳》："肄，餘也。斬而復生曰肄。""肄"本是"學習"之義，與"餘"義毫不相干。但是瞭解了"肄"在文獻使用中的假借情況，就會清楚，"肄"實即"枿"的假借字（《説文》："枿，伐木餘也"），訓"餘"，是因文字的假借而產生的意義。因此破其假借之字而讀以本字，則渙然冰釋。當然，有些字的假借義，很難找出它的本字，於是就須根據古人所通常使用的它的假借義去

---

①　同類互證與引申規律，在引申義的考定中，各有長處及局限，可相濟爲用。參見陸宗達、王寧《談比較互證的訓詁方法》，文載《訓詁研究》第一輯。

分析了。

　　在考證本字與確定文字的假借義時,一定要慎重,絕不能一見訓釋詞詞義與被訓釋詞本義、引申義有所抵牾,就視之爲假借。聲音相近固爲假借的首要條件,但也須有文獻的證據以資參證。例如我們説"肄"是"蘗"的假借,不僅《廣雅》有"肄,梆(即蘗字)也"之訓,而且《方言》還有"肄、梆、餘。秦晉之間曰肄"的證據。所以儘管"載"與"識"古韵部相通(載,咍部;識,德部。爲平入相轉),但由於沒有充分的文獻證據,則不能説"載"即"識"的借字。同樣"食"訓"僞","食"在文獻中也沒有證據説它一度曾借作"虛僞"之義的字來使用,所以"僞"也絕不是"食"的假借義。①

　　如果經過上面幾番分析後,訓釋詞與被訓釋詞的意義,仍得不到恰當的解釋,那麼訓釋詞的詞義就不是被訓釋詞的本義、引申義和假借義。至於這個訓詁是否文意訓詁,則還要進一步考察。

四　考察注家作注的用意

　　文意訓詁與詞義訓詁的性質、作用以及注家作注的用意是各不相同的。一般説,詞義訓詁,是解釋不易看懂的字詞之義。注家闡釋字詞,是讓讀者依照注釋去理解詞義,進而理解文意。文意訓詁,則是在文句中的某個詞下,直接揭示這個詞所在片語或句子的言外意。注家闡示文意,是讓讀者更深入、更全面地領會文章的内在含意。至於該詞在句中的語詞意義,却讓讀者就其一般的用法自己去理解。因此,如果訓釋詞與被訓釋詞之間的意義仍未得到合理的解釋,那麼我們就必須進而考察注家作注的用意,即考察注家運用此注在這裏所要解釋的究竟是詞還是詞句。

　　分析注家下注的用意,可從下列兩方面入手。一、考察被訓釋詞在句中的使用情況,看它是否就其一般的意義來使用;二、再次將訓

---

　　① 朱駿聲謂"食"訓"僞"是"飾"之借。見《説文通訓定聲·頤部》。但其所據,除"食言"一語外,别無他證。而"食言"即"吞滅其言",不是假借。故朱説不足爲憑。

釋詞放回它所注釋對象的語境中,但與上述方法一的目的不同,這次是要考察它在這裏的具體作用,亦即判定它所解釋的具體對象。① 結合這兩方面的分析結果來辨明注家下注的用意,即可確定這一訓詁的性質。如果分析的結果,被訓釋詞不靠注釋,就其常用義來使用也無礙文章的理解;而訓釋詞又是專釋被訓釋詞所在詞句中的文意而非詞義,那麼這一訓詁就是注家用來解文而非解詞的文意訓詁。例如"文王初載,天作之合",《毛傳》:"載,識也。"這裏被訓釋詞"載"在辭句中的詞義毫不費解,"文王初載"就是"文王初年"。再把《毛傳》也放回去,就是"文王初識"。顯然"文王初識"從文意的理解上比"文王初年"更進了一步。這一步正是毛亨下注的用意所在。再如"今吾子曰必尋盟,若可尋也,亦可寒也。"這裏"寒"與"尋"對,一冷一熱,不言自明。若把杜注放進去,就是"今吾子曰必重盟,若可重也,亦可歇也。"這又是從另一個角度對文意的説明。這種説明,也恰是杜預作注的良苦用心。很明顯,這類古注,若脱開語境,孤立地看,則矛盾叢生不得其解。但放回它所從產生的特定語境,瞭解了注家的用意,則合情合理。

　　分析至此,這個訓詁的性質,大抵可以把握了。

五　考察被訓釋詞在古代的使用情況

　　經過上面諸方面的工作,雖然大抵可以掌握這一訓詁的性質,但是對有些似是而非的現象,若不全面考察被訓釋詞在古代的使用情況,也會導致誤判。如《左傳·宣公十二年》"卜臨於大宮"杜注:"臨,哭也。""臨"本是從上看下之義,引申有"吊臨"之義,"臨於大宮"可解爲"到大宮吊臨"。那麼杜預訓"哭",似於詞義不合,該是文意訓詁了。可是全面考察一下"臨"字在古代的使用情況,就會發現,它訓哭,絕非偶然的詞義使然。《曲禮》"入臨不翔"注:"臨,喪哭也。"《士虞禮》"如臨"注:"朝夕哭也。"《吕覽·觀表》"還車而臨"注也説:"臨,哭也。"② 可

---

　　① 方法一是借訓釋詞所解釋對象的上下文對它詞義限定的條件,確定它在這裏的確切含義。這裏是運用方法一判定出的它的確切含義,考察它所解釋的上下文中的具體對象。

　　② 據《經籍籑詁》所載,古人傳注中訓"臨"爲"哭"者,凡有十次。

見臨已有這個確定的義項應用於文獻語言中了(文章訓詁既與詞義無關,當然不能作爲一個詞獨立的義項單獨使用)。這就迫使我們進一步研究"臨"字的這個注釋,而不能武斷地説它是文意訓詁①。然而象"載"只有《毛傳》一處訓"識";"寒"只有那句話才能訓"歇";"食"唯有"食言"一語可解爲"僞",在其他語境裏,均未見用例,加上上面的考證,所以我們才説它們不是詞義訓詁,而是文意訓詁。

總之,上述幾方面的綜合分析,是基本上能够將文意訓詁辨識清楚的。

在詞典編纂中如何處理這種文意訓詁呢? 這又是一個複雜而有待研究的問題。就文意訓詁出現的一般情況而言,我想大抵可以采取下列兩種處理方式:

(一)徹底剔除、避免干擾　因爲詞典的釋義和義項的建立都是爲解釋詞義服務的,所以它不能受文意訓詁的影響,更不允許讓那些解釋文意的訓詁混入其中,成爲詞典的一個義項。然而,在最近出版的一些詞典中,仍然存在着一種不辨文意與詞義的釋義現象。例如《辭源》在解釋"寒"的第二個義項時説:

> ㈢ 冷却、背棄。《左傳·哀十二年》:"今吾子曰必尋盟,若可尋也,亦可寒也。"《孟子·告子上》:"雖有天下易生之物也,一日暴之,十日寒之,未有能生者也。"

書證"寒"字的詞義,實際都是"冷却",而没有"背棄"之義。如果説"寒"字的詞性變了,需要單立義項以示區別,那麽標出"冷却",也就可以了。在"冷却"之後又加上一個"背棄",這恐怕是受了訓"寒"爲"歇"的影響,從"尋盟"這句話的文意推出來的吧? 可見在詞典釋義工作中,文章訓詁對它的干擾還是很大的。只有徹底排除它,才進而保證

---

① 孫詒讓《周禮正義》:"《雜記》:'臨則哭'。……就宫廟設位而哭爲臨。"《周禮·邑人》疏)是古人吊臨必哭,蓋臨由此引申而爲哭歇。

詞典釋義的科學性。

（二）個別選收，但要加工、改造，因爲有些解釋簡單片語的文意訓詁，并不象針對上下句意所作的訓詁那樣，一旦離開整個語境，便不成立（如"寒，歇也"）。由於這個片語仍然活躍在文獻語言中，甚至被當作一個複合詞來使用，所以注釋它的文意訓詁就仍有價值。譬如，"食言"就被當作一個複合詞而廣泛的使用了。因此它訓"僞"的言外意也保存下來。對這樣的詞，詞典就不能不收。但收入後的釋義，却不能照搬古注。最好是先注明它的詞素義，再解釋它的所指義。最近修訂的《辭海》就收了"食言"一詞，解釋得也比較理想：

"食言：食，吞没。謂言而不信，不履行諾言。"

總之，如何辨識和處理這類以詞義訓詁形式出現的文意訓詁，避免把古人對文意的解釋帶到詞典的釋義中來，這是值得我們詞典編纂者研究的一個重要課題。

2. "同律引申"與語文詞典的釋義①

在古漢語詞義運動中,存在着一種數詞共循同一引申規律而發生變化的義變現象。這些詞駢比相衍,從同一起點出發又全都到達相同的另一點,遂形成數詞引申義列上的一段或數段的重合現象。這類現象在古漢語詞義發展中是相當普遍的。譬如:

　　對　《廣雅·釋詁》:"對,當也。"《易·象傳》:"先王以茂對時育萬物。"孔疏"對,當也。"是對有"對當"之義。《後漢書·梁鴻傳》:"鴻同縣孟氏有女,狀肥而黑,力舉石臼,擇對不嫁,至年三十。"《周語》:"棄其伉儷妃嬙。"韋注:"伉,對也。"是對又有"配偶"之義。

　　當　《公羊傳·莊公三十年》:"然則君請當其君,臣請當其臣。"注:"當猶敵也。"按,敵即"對當"之義。是當與對同義。《漢書·司馬相如傳》:"相如時從車騎,雍容閒雅,甚都。及飲卓氏弄琴,文君竊從戶窺,心說而好之,恐不得當也"。注:"當謂對偶之"。是當亦有"配偶"之義。

　　合　《爾雅·釋詁》:"合,對也。"注:"皆相當對。"郝懿行曰:"凡物相對謂之合,四方上下謂之六合,……皆取相對之義。"是合與對、當同義。《荀子·富國》:"婚姻娉内送逆無禮,如是則人有失合之憂,而有爭色之禍矣。"注:"失合謂喪其配偶。"《詩·大明》:"文王初載,天作之合。"傳:"合,配也"。是合亦有"配偶"之義。

　　會　《爾雅·釋詁》:"會,合也。"注:"謂對合也"。又,"會,對

也"。注："相當對。"是會與合、對義亦相近。《漢相府小史夏堪碑》"娉會謝氏幷靈合柩",《風俗通》:"汝南有張妙會杜士",其中之會均"配偶"之義。是會亦有"配偶"義。

　　伉　《莊子·漁父》:"見夫子未嘗不分庭伉禮燕禮。"《禮·燕禮》:"莫敢伉禮。"《釋文》:"伉,敵也。"《左傳·成公十一年》疏:"伉者,相當之言"。是伉有"對當"之義。但《後漢書·張衡傳》:"疇可與乎比伉?"注:"伉,偶也。"《周語》:"棄其伉儷妃嬪。"注:"伉,對也。"是伉亦有"配偶"之義。

　　可見,上述諸詞不僅都含有"對當"之義,且又均有"配偶"之義。這絕不是偶然的巧合,"對""當""合""會""伉"諸詞在彼此引申義列上的重合現象,説明它們是按同一方式和規律生發出的類變現象。這樣的例子是不勝枚舉的。

　　一組意義相同的詞,可沿同一引申規律發展出另一組相同的意義(如上例);一對詞義相對或相反的詞,也可沿同一引申規律發展出另一對相對或相反的意義。如"多""少"義反,"多"引申爲推重贊美之義(《漢書·灌夫傳》:"士亦以此多之"注:"多猶重也。"),"少"亦相應引申爲輕視責備之義(《史記·曹相國世家》:"惠帝怪相國不治事,以爲'豈少朕與'?"索引:"少者不足之詞。《通鑒·一》:"無以尹鐸爲少。"胡三省注:"重之爲多,輕之爲少。")。又如"朝"與"夕"相對,"朝"從旦義引申爲"旦見"(《禮·内則》:"昧爽而朝。"),"夕"則亦與之相應,從"暮"義引申爲"暮見"(《左傳·成公十二年》:"朝而不夕"疏:"旦見君謂之朝,暮見君謂之夕")。很明顯,"多"引申爲"推重贊美"跟"少"引申爲"輕視責備"的方式和規律是一致的(朝、夕亦然)。由此看來,詞義相同,其引申義亦同;詞義相反,其引申義亦相反;詞義相對,其引申義亦相對的義變現象,其實均屬"同律引申"之列。

　　"同律引申"是古漢語詞義運動中的一種客觀現象。并且這種現象還具有依類相從、同步而行的特點,於是它便爲我們探求和考證詞義的演變提供了一條新的綫索和途徑,即通過同律引申的客觀實例,

來考證語詞的引申義。既然同律引申的現象展示了許多沿同一方式
而演變的引申實例,這些引申實例又足以顯示該例諸詞在紛繁複雜的
義變系列中某一階段的具體規律和發展趨向,那麼利用那些沿同一規
律而發生變化的引申實例來相比較、彼此驗證,便成爲考察義變、證明
引申的一種行之有效的方法。訓詁學上的"同例互證"法(以同屬一律
的引申實例來相互校證)即以此爲根據建立起來了。很明顯,如果在
語文詞典的編纂過程中也能從同律引申的角度來考慮釋義,也酌情采
用同例互證的方法來考釋詞義,那無論對詞典義項的建立、義序的排
列以至釋義的證明都將起到重要的作用。

一　比較互證,避免漏略

　　詞典釋義中,哪些義項該收,哪些義項可以不收,似乎并無絕對的
標準。然而作爲幫助讀者解決文獻中疑難詞義的語文詞典,則應力求
義項齊全而避免遺漏。尤其是那些重要的或文獻中屢見的義項,就更
應力避漏略。在這方面,同律引申的比較互證可稱爲幫助考見詞義、
建立義項的一種切實可用的方法。

　　例如,《論語·爲政》:"六十而耳順。"這個"順"字是個千古聚訟、
莫衷一是的難解詞義。楊伯峻先生在《論語譯注》中譯作"六十歲一聽
到別人的話,便可以分別真假,判明是非。"但又注云:"耳順兩個字很
難講,企圖把它講通的也有許多人,但都覺牽強。譯者姑且作如此講
解。"那麼"分辨"是否"順"字的詞義? 語文辭典需否備此義項? 在這
種既無前人成訓可憑,又不能用同音假借妄解的情況下,同例互證便
發揮出巨大的效力。試看下例:

　　　　流　《太玄·玄攤》:"知陽者流。"注:"流,順也。"《後漢書·
　　周黃徐姜申屠列傳》序:"余故列其風流,區而載之。"注:"言其清
　　潔之風,各有條流,故區別而紀之。""流"有"條順"之義,也有"區
　　別"之義。《史通·叙事》"叙事之體,其流有三","流"正爲
　　"別"義。

　　倫　《廣雅・釋詁》：“倫，順也。”《考工記・弓人》“析幹必倫”注：“倫，順其理。”“倫”有“順”義，亦有“別”義。《儀禮》“雍人倫膚九”注：“倫，擇也。”“擇”正謂“別擇”。

　　理　《説文》：“治玉也。”朱駿聲曰：“順玉之紋而剖析之。”“理”有“順”義，亦有“別”義。《廣雅・釋詁》：“理，順也。”《説卦傳》云：“和順於道而理於義”。“順”“理”對言義同。《管子・君臣》：“別交正分謂之理”。《樂記》：“樂者通倫理者也”注：“理，分也。”

　　條　《漢書・地理志》：“草繇木條”注：“條，條暢也。”“條暢”與“順”義近，故“條”亦有“別”義。《漢書・禮樂志》：“條理信義”注：“條，分也。”

　　可見，“條順”與“分別”二義古本相通。因爲凡屬條順之物，大多都有條理可循，故《尚書》説：“有條而不紊。”楊子《法言》云：“事得其序謂之訓（順）。”而條縷細密，則界畔分明，彼此有別。故《中庸》云：“文理密察，足以有別也。”《説文》序云：“知分理之可相別异也。”既然如此，“順”本身具有“條理”之義（《説文》：“順，理也”），自然可以引申出“區分”“辨別”之義來。“六十而耳順”的“順”，正當作“辨別”講。既然“順”字確有“分辨”之義，并且“六十而耳順”的話又爲人所習知，那麼語文詞典就宜爲“順”字此義立一義項。

二　比例明源，條理義序

　　詞典釋義，一般總要從詞的本義、引申義，以及引申義的先後次序上來考慮義項的排列。義項排列得合理，可以顯示該詞的詞義系統，從而使人得其要領、易於掌握；反之，義序紊亂，使人不明所以，則會降低詞典釋義實用性和科學性。因此，某一義項是不是該詞的引申義，某兩個引申義孰先孰後，都是辭書編者煞費苦心的地方。無疑，這裏所涉及的是詞義的源流及其序列的問題。這些問題運用同律引申的比較互證來處理，同樣可以收到良好的效果。

　　譬如“倍”，在古漢語裏有兩項主要含義：一是“加倍”，二是“背反"。這兩義之間是引申還是假借呢,釋義者必須作出明確答案。段玉裁説:"(《説文》:'倍,反也。')引申之爲加倍之倍。以反者覆也,覆之則有二面,故二之曰倍。"段氏此説有無道理,就可用同律引申的實例來驗證:

　　反　《説文》:"反,覆也。"《論語·述而》:"子與人歌而善,必使反之。""反之"即"二之",亦即"再加一次"。

　　倍　《説文》:"倍,反也。"《墨子·經上》:"倍,爲二也。"《荀子·治國》:"民倍貸以給上之徵。"楊注:"謂貨一還二也"。按,"倍貨"即"二其貨"。

　　兼　《説文》:"兼,并也。兼持二禾。"《儀禮·聘禮》:"兼執之以進。"注:"兼猶兩也。"《後漢書·吴祐傳》:"此書若成,則載之兼兩。""兼兩"即"二其兩",亦即"倍兩"。

　　由此可見,古人正是從"二之"(再來一次)的角度來表達"增加一次""增加一倍"這種概念的。不僅古人,就是今人所謂"翻一番",不也是從"再反復一次"的角度來表示"加倍"的嗎? 因此,以"反""倍""兼"以及今語"翻一番"諸例求之,把倍字的"加倍"之義作爲"背反"之義的引申,是信而有徵的。那麼詞典釋義就應以"背反"爲第一義項,"加倍"爲其引申。如把"加倍"列爲第一義項,視"背反"爲假借,顯然破壞了該詞的詞義系統。

　　又如,"襲"在古漢語裏可以表示① 衣物的全套;② 衣上加衣(見《辭海》1979 年版,下同)兩項含義。這兩個義項執源執流? 如僅孤立地看,難以遽定。如用同律引申的實例加以比較、印證,即可涣然冰釋。我們知道,"套"也有與"襲"相應的兩項含義:① 罩在外面,② 成套事物的量名(見《辭海》)。以"襲""套"兩例相較,則不難看出,它們相應的兩對詞義,是循着同一規律的,即"全套""一套"之義是從"罩在外面""衣外加衣"之義引申出來的。《辭海》把"套"的"罩在外面"作爲第一義項,把"全套"之義視爲引申,是對的。而把"襲"的"全套"之義列爲第一義項,把"衣上加衣"作爲第二義項,則欠妥。

由此看來,詞典義項順序的排列,如能突破隻字單詞的局限,而參照同律引申的其他實例來安排,則可使釋義的工作更趨嚴謹和科學。

三　取譬相明,以資旁證

詞典義項的建立以及釋義的根據,無疑應以書證爲主。然而隨着辭書編纂工作的不斷深入、讀者要求的不斷提高,詞典的釋義就絶不能只滿足於對詞的不同義項作平面的、簡單的描寫,還應當進而對詞的不同義項的來源作些必要的交代,就是説,語文詞典的釋義,要力求釋及詞源和義源。這已是時代賦予我們辭書編纂者的使命。很明顯,闡釋詞源和義源,僅僅依靠書證這種證明方法是不夠的。書證往往只提供實現該詞某一具體含義的特殊語境,并不能直接提供判定詞義源流所需要的客觀依據。書證可以解決"順"在一定語境中確可作"分辨"解,但無法直接證明"順"所以有"分辨"之義。從某種意義上講,證明語義之間的聯繫(淵源關係),最切實可靠的方法,就是以義證義、以引申證引申,也就是以同律引申的義變實例相互校證。正因如此,如果在詞典釋義闡明義源的地方,適當地用同律引申的實例加以説明,則可收到取譬相明,足資爲證的效果。例如:

　　會　a. 相當、相對。
　　　　b. 引申爲"配偶"。猶"對"爲"對當"引申爲"配偶"。[①]
　　數　a. 屢次。
　　　　b. 引申爲"疾""快"。猶"驟"爲"疾速"引申爲"屢次"。
　　多　a. 數量大。
　　　　b. 引申爲"推重""贊美"。猶"少"引申爲"輕視""責備"。

　　[①]　因爲這裏不是該詞全部義項的綜統籌安排,故用 a、b 表示該詞某兩個義項的源流關係。

其實,這種以同律引申的實例證明語義關係的做法,古來就有。如:

> 《方言・十三》:"鼻,始也。獸之初生謂之鼻,人之初生謂
> 之首。"

"鼻"與"首"都是動物(包括人)軀體上的一部分,以其出生始見,故又
都有"初始"之義。揚雄釋"鼻"而取譬於"首",正因兩者義變之律相同
的緣故。類似的做法,在今人的詞義詮釋中也時見之。如:

> 《同源字典》:"左手與'佐'的關係,跟右手與'佑'的關係是一
> 致的。"(第 442 頁)
>
> 《理想的字典》:"後代把'朝夕'的'朝'和'朝見'的'朝'念成
> 不同音的字,更容易令人疑心它們不是同源。關於這種地方,最
> 好能找出若干旁證。試看《左傳・昭公十二年》:'右尹子革夕'。
> '暮見'可以稱'夕','旦見'自然可以稱'朝'。"(見《龍蟲并雕齋
> 文集》)

不難看出,如果我們在詞典闡釋義源的地方,能夠自覺地選擇同律引
申的實例來釋證詞義,勢必能收到事半功倍的效果。

總之,研究同律引申這種古漢語詞義發展中的客觀現象,不僅可
以加深對詞義運動形式的瞭解,而且有助於開拓思路,從詞與詞的相
互聯繫和彼此制約,以及它們歷史發展等關係上,多層次多角度地觀
察和研究詞義。同時,它還爲我們辭書編纂者提供了一種考證和詮釋
詞義的有用工具。

3. 古漢語詞義的歷史考證法[①]

　　編纂語文辭典,離不開詞義的考證。考證詞義是辭典工作者必須具備的技能和必須研究的方法。詞義是錯綜複雜的,考義方法亦因之而多種多樣。"因聲求義""因形考義""比較互證"等等,均已成爲人們慣用的考義手段。這裏只擬就詞的語義聯繫——甲義引申爲乙義的客觀性,談談詞義的歷史考證法。

　　我們知道,研究詞義,不僅要"求其然",而且還要究其"所以然";不僅要求證一個詞含有某義的用例,而且還要進一步探索一個詞爲什麼會有某義的緣由。後一個問題,只滿足於知其然的讀者或許不以爲然,但對詞義考釋者,對辭典編纂者來説,却不可回避。他在疏理義序、排列義項和或歸引申或定假借的複雜工作中,就非觸及到它不可。只有瞭解了詞義的所以然,詳悉語義的來龍去脉,才有助於在閱讀中深刻地理解它。照此看來,建立一套探索、發明、驗定、核實語詞含意所以然的科學方法,就是十分必要的了。"歷史考證法"正是爲解決這類問題提出的一種嘗試性的方法。

　　譬如"雉",《左傳·隱公元年》:"都城過百雉,國之害也。"注:"方丈曰堵,三堵曰雉。""雉"作爲一種丈量單位,是引申呢還是假借呢?辭書編纂者必須給予回答。"雉"本是鳥名,顯然不是引申。《周禮·封人》:"置其絼",鄭玄注:"絼,若牛鼻繩,所以牽牛者,今時謂之雉。"清阮元説:"雉、絼皆用長繩平引度物之名。"他認爲雉是"絼"字之借。絼爲牛鼻繩,引申爲繩索,《晉語》"雉經於新城之廟","雉經"即用繩縊死。是"雉"爲繩。然而就此即説雉爲丈量之名,人們會問"古人是否用繩丈量土地",於是詞義考證的焦點便轉而成爲史實考證的問題了。

---

　　①　本文發表於《辭書研究》(5).1986:26-33;按,當時期刊没有文章提要、關鍵詞和參考文獻的要求,這裏也一仍其舊,望讀者理解。

這一環節至爲重要,因爲它是詞義發展有無客觀基礎、釋義結果有無客觀依據的問題。歷史考證法就是要設法解決這類問題。《左傳·定公四年》"疆以周索""疆以戎索"即謂以索丈其封疆。更有明證:王禹偁《佘田詞》:"大家齊力斸屠顏,耳聽田歌手莫閑。各願種成千百索,豆其禾穗滿青山。"①作者自注云:"山田不知畎畝,但以百尺繩量之,曰某家今年種得若干索,以爲田數。"這條史料足以證明,即使到了公元十世紀末,我國有些地方的農民仍保存着以繩丈地的古風。因此可以得出結論:"緢"初爲牛鼻繩,引申爲繩索的泛稱,古人以繩丈地,故又引申爲丈量單位。後借"雉"字爲之,久借不歸遂判若二詞。

又如"寡",《説文》:"寡,少也。"引申爲"獨一"之義。《廣雅·釋詁》:"寡,獨也。"《釋名》:"寡,踝也。踝踝然單獨之言也。"此外,在古漢語裹它還有"嫡""長"之義。《詩·大雅·思齊》:"刑於寡妻,至於兄弟。"毛傳:"寡妻,適妻也。"《尚書·康誥》:"乃寡兄勗。""寡兄"即"長兄"。那麼"寡"之有嫡長之義是引申呢,還是假借呢? 顯然首先要對"獨一"與"嫡長"之間的語義關係做出明確的判斷。應當指出,判定語義聯繫絶不能僅僅依據邏輯推理去解決,當然也不能憑藉今人的思維習慣去推斷。因爲語義關係帶有强烈的時代色彩,它是特定時代的社會生活和社會意識的反映,離開了它所以産生的特殊環境(一定的民族和社會),不僅無法叫人理解,甚至會被視爲荒唐。所以要解決問題,就須到那個社會去尋找綫索。《文子》云:"一也者,無適之道也。"《淮南子·詮言》:"一也者,萬物之本也,元適之道也。"又《原道》云:"所謂一者,無匹合於天下者也。"無匹無敵這是古人對"單一"的理解和看法。這些史料足以説明,在他們眼裏,獨一無二,則無匹無敵、則獨尊獨大。所以"寡妻"即"獨尊無二之妻","寡兄"即"獨尊無二之兄"。很明顯,"寡"正是在古人的這種觀念的影響下,才從"獨一"引申爲"嫡長"的。而二義之間的聯繫則是通過歷史考證才予確定的。

---

① 按"佘田詞"凡五首,詩有序。據作者序云,此詩爲歌咏商州豐陽(今陜西山陽)、上津(今湖北鄖西西北)農民佘田而作。

　　由上可見,歷史考證法可分別從兩個方面來使用,一是從古代物質生活入手,以考察語義聯繫的客觀性;一是從其意識觀念上分析,以求語義聯繫的真實性。唯物辯證法告訴我們,人們的物質生活決定人們的思想意識。而語義學家則在這個前提下,更多地注重人們的社會生活怎樣決定、影響和推動着語義的發展。事實上,語義的發展變化說到底無不是在人類物質生活的推動和影響下進行的。只不過有的直接(物質生活改變了,詞義亦隨之而變),有的間接(物質生活通過思維的折光而反映到語義域中);有的明顯,有的隱約而已。歷史考證法的一項重要工作,就是要盡可能地揭示那些被歷史年代所掩蓋的、不易爲今人所瞭解的語義演變的"内幕"。毫無疑問,要達到這個目的,必須從廣泛的社會領域著手,如政治、文化、制度、思想、禮俗……粗分起來,可約之爲物質生活與精神生活兩端。先看前者,如:

　　《爾雅·釋詁》:"林、烝,君也。"王念孫曰:"《爾雅》一書,不但見古人形少,亦見古人義少,以少賅多,義渾圓故也。……君兼君、群二二聲,二義。《爾雅》之帝、皇、王、后、辟,是釋君也;林、烝,是釋群也。"①依王説,君兼君、群二義,但群是君的引申義呢,抑假借義呢? 段玉裁説"《釋詁》《毛傳》皆曰'林,君也',假借義。"②是君借爲群來釋"林"呢,抑"林"經過假借而具君義呢? 很明顯,君、林、烝三字的語義現象如果僅僅局圍於語言範圍内,是永遠糾纏不清的。歷史證明,中國社會,也同其他民族一樣,經歷過原始社會的漫長歲月。而林、烝、君三字既含"衆"義又有"君"義的現象,正是原始社會晚期(軍事民主時期)的社會現象的一種反映。這一時期的首領(君),是由衆人推舉,代表大家意志的。《詩·大雅·公劉》:"君之宗之"的"君",即應作軍事首領來理解,而非後世所謂的君王。③《逸周書·謚法解》:"從之成群曰君。"《白虎通·三綱六紀》:"君者群也,群下所歸心也。"這類解釋,只有放在這

---

　　①　《龔自珍全集·説文段注札記》。
　　②　同上。
　　③　見劉家和《説〈詩·大雅·公劉〉及其反映的史實》,載北京師範大學史學研究所編《史學論文集》。

一歷史時期才能得到合理的解釋。古希臘人有"巴賽勒斯（Basileus）"一詞，即君王之義，而在荷馬時代則表示的正是軍事首領。這與漢語的"君"初而爲"群從之首"，其後爲君王之稱所反映的史實是一致的。由此看來，"君"的本義當是"群從之首"，郝懿行説："君之言群也"確爲的詁。此後演變爲"君王"之義，則是階級社會的産物了。而"林""灷"之爲"君"不過是"君"字義變類型的"複製品"，自然當以引申視之。

又如"水"，《説文》："水，準也。"而《辭源》所列的八個義項中，無一"準"義。"水"有無"準"義？"水"和"準"在語義上有無聯繫？這也須由文獻史實來證明。《考工記・匠人》："匠人建國，水地以懸。"疏云："欲置國城，先當以水準地，欲高下四方皆平，乃始營造城郭也。"可見古人用水取平之事。考古發現，商朝遺址的宮室建築，房基之中常有一條溝渠串通房屋基礎。據研究，這種溝渠正是用來灌水取平的。在我國建築史上，很早就發明了以水取平之法。[①] 所以後世才出現"水者，萬物之準也"（《管子・水地》）、"非水無以準萬裏之平"（《尚書大傳》）、"夫水者，至量必平"（《説苑》）……的説法和認識。水以平物，這是古人的生活常識，這種生活經驗反映到語義中來，是毫不足奇的。《考工記・輪人》："水之以眂（視）其平沈之均也"，"水"正作"準"解。又，《輈人》"輈注則利準"注："故書準作水"，《栗氏》："權之然後準之"注："故書或作水，杜子春云：當爲水。"可見《考工記》諸"準"字，故書只作"水"，此水有"準"義之證也。此外，我們還可從"準""法（灋）"二字上得到旁證。《説文》："準，平也，從水隼聲。"水爲形符，在此唯表"平"義方合形聲之例。而"灋"，《説文》云："刑也，平之如水，從水，廌所以觸不直者去之，從去。"灋字從水而取義於平，則水之訓平其義尤顯。是雖造字之符，亦見古人用字之義者。毋庸置疑，準、灋二字構形之初，水即已含"平準"之義了。"水"之引申訓"平準"，其後音變而孳乳爲"準"，專表"平准"之義，而"水"之"準"義反晦矣。

---

① 見石璋如《殷墟最近之重要發現，附論小屯地層》，文載《中國考古學》，1948 年，第二期，29 頁。

在語義的發展和聯繫上，人類的物質生活幾乎隨時都發揮着它的影響，起有促動語義演變的作用。古人布幅一匹四十尺，從兩端卷起，各二十尺合爲一束。這種布匹存放制決定了"匹"字所含"布匹""匹偶"二義間的語義聯繫；古代房屋，正梁居中，這使得"棟"字既含"正梁"之義，又有"中正"之義；而"極"（脊檁）字則亦因此而發展出"中"（《詩》傳）、"正"（《漢書》注）、"高"（《廣雅》）、"至"（《詩》傳）、"竟"（《楚辭》注）、"盡"（《大學》注）諸義。凡如此類，不明白古制則求的解無望矣。

不僅人們賴以生存的物質生活推動着詞義的發展變化，人們的精神活動、意識觀念也常常滲入語義，影響和規定着詞義的運動。一種抽象的觀念、一個對事物的理解和看法，乃至客觀被曲解的反映，都有可能成爲促發詞義從 A 發展到 B 的一種契機。因之研究古人的思維習慣和特徵，考察古人理解事物的意識和觀念，就成爲語義歷史考證法的又一項重要的內容。"龍"這種現實生活中根本不存在的東西，在古人的意念中竟然成了"人君"的象徵。而"玉"，不過是一種石質的礦物，但古人却認爲它"有五德：潤澤以温，仁之方也；䚡理自外可以知中，義之方也；其聲舒揚，專以遠聞；智之方也，不橈而折，勇之方也；銳廉不技，絜之方也。"①（見《説文》）在這樣的理解和認識下，於是有"玉女"（《禮記》）、"玉食"（《書·洪範》）、"玉音"（《詩·白駒》）、"玉趾"（《左傳》）等用法，以至成爲一種敬語的詞頭。②

日、月是自然界中兩個客觀實物，然而在古漢語中，它們除却指稱具體實物外，尚含"內""外"之義。《左傳·成公十六年》："吕奇夢射月……占之曰：'姬姓，日也；异姓，月也。必楚王也……'"這裏的"日""月"即指"內""外"。又《史記·魏其武安侯列傳》："武安之貴，在日月之際。""日月之際"亦即"內（指武帝）外（指玉太后）之際"。"日""月"之實而用爲"內""外"之義，這與"馬，武也"（《説文》）之訓同出一轍，均

---

① 《禮記·聘義》也大講玉德（文長不録），更可見我先民對玉的崇尚心理。

② 見《管錐篇》192 頁。

屬古人對客觀實物的一種理解和看法。這類詞義現象，在有些人看來，似乎不可理解。其實，人類在認識自然外物的同時，也確定着自己與它們的關係：親疏、遠近、利害……。在上古，客觀外物訴諸人的思維的，不只是理性的概括，其中也參與、儲存了特定的觀念意義。一個表示具體實物的詞，它所表現的往往不只是一個或一種對象，也包括了人的主觀意味、要求和期望。"魚"是一種客觀外物，可它在中國語言中却具有生殖繁盛的祝福含義；①"馬"也是一種客觀外物，然而在漢人眼裏它却是"武"的象徵。當然"日"被理解爲"内"而"月"被理解爲"外"也便不是什麼費解之事了。由此可見，意識觀念既見之詞義，則須由意識觀念而解之，否則便會淹没許多古詞古意及它們間的語義關係。

　　通過古人的意識觀念來考證詞義，還可以從"一"字上得到充分的説明。"一"是個數目字，但在語義範疇裏，它絶不止表示數學概念上的"1"。在它身上，反映出古人對這個數豐富的看法和理解。《説文》："一，惟初太始，道立於一，造分天地，化成萬物。"人們往往嫌這種解釋不詮本義而糾纏玄説，不是釋義正道。其實許氏的解釋恰好反映了古人對"一"的部分理解和認識。他的解釋起碼可以告訴我們"一"的引申用法重於它自身的數目概念。在這個字上，有道家賦予它的"萬物之本"和"道"的理解；也有政治家授與它的"獨尊無二"的尊貴地位；當然也不乏俗常庶民對它的一般看法。語義學家的任務則要從這些紛繁複雜的意識觀念中清理出詞義衍化的軌迹來。他們要問，這個數目字從哪里起步，憑藉什麼，不僅跨入了天子自稱的行列，而且成了"道"的化身？

　　"一"并不簡單。它是一個最小的整數，而在古人心目中，它既小又大，是起點同時又是終點。對九來説，一最小。九進一爲十，"十，數之具也"（《説文》）、"十者，數之極"（《易·屯》疏）、"十，終也"（《太玄·度》注），"數，始於一終於十。"（《説文·士下》）是十爲最大。然而數積

---

　　① 見聞一多《説魚》。

至十復歸爲一，"十爲百數之始"，因此兩位數中它又最小。在十進位制的數列中，古人看到的是"一"字小大相因、終始往復的無窮變化。於是它既可以爲"數之始"，又可以當"物之極"（《老子·王弼注》）。推而闡之，道家的"太一""無形""道本"之説便藉此衍生，藉此表現。而人們的日常用語也因此而賦予"一"以新的含義。《吕氏春秋·知士》："静郭君之於寡人，一至於此乎？"《禮記》："子之哭也，壹似有重憂者。"句中之"一"皆表意外之義，相當"竟然"。"一"而用爲"竟"，當從以一爲終爲竟的觀念上引申而來，恰如終竟之"竟"引申而含"竟乃""竟然"之義一樣。

　　"一者十數之始，十者百數之始"（《周禮·羽人》疏），由此類推，"一"無往而不是整數。"一"的整體性在古人心中有很强的意識。因而"一"既可以表示單個，又可以表示整體和全部。它訓"皆"、訓"全"、制"同"，以至於訓"專一"、訓"不雜"、訓"不分散"（見《經籍籑詁》）……皆由對一的整體同一性的理解而來。

　　"一奇二偶"，二之有偶，一則無當。這是古人對一的又一種理解。無偶則獨，故《方言·十二》："一，蜀也。南楚謂之獨。"獨則無匹無敵，"所謂一者，無匹合於天下者也，卓然獨立，塊然獨處。"（《淮南子·原道》）把這種觀念，施之人勢，則唯有獨尊獨貴者堪以當之。而獨尊獨貴者莫過天子，於是《尚書·君奭》"一人有事於四方"傳："一丈夫，天子也。"《周書·文傳》"從生盡以養一丈夫"注："一丈夫，天子也。"當這種觀念行於世事時，則單獨無偶之行，即爲出類非常之事。於是：

　　特　"特，一也"。引申之爲"特異"之義。《晉語》："子爲我具特羊之饗"注："特，一也。"《詩·秦風·黄鳥》："維此奄息，百夫之特。""特"爲"特異"之人。

　　介　"介，特也。"引申之"特異"曰"介"。《方言·六》："介，特也。獸無偶曰介，物無偶曰特。"《漢書·律历志》："介然有常"注："介然，特異之意。"

　　奇　"奇，异也。"引申之"一"亦曰"奇"。《周禮》"奇拜"謂"一拜"。《楚辭·涉江》："余幼好此奇服。""奇服"謂"异服"。

　　由此看來，"特""介""奇"以及前文之"寡"，其所由引申之迹，都不外是"一者無匹無偶、卓然獨處"的觀念的連鎖反映（或心理學上的"套版反映"stock response）而已。可見不深入到潛在於語義現象深層的思維意識，不把握促發詞義運動的契機、關紐，很多語義現象便無從得到解釋，因而也很難說對詞義有深刻的瞭解，更不消說在辭典釋義中給以準確恰當的反映了。

　　"我們的語言也就是我們的歷史"，[①]如果僅僅從語義的角度來觀察的話，這個命題也是不錯的。大量的語言事實充分證明：人類社會的各種活動，必然在那個社會成員們所操的語言中（包括詞義中）得到一定程度的反映，因而人們的生活方式以及他們的思維習慣也終究不能不在他們藉以交流的詞語含義上留下自己的痕迹。人類學家可以通過語言去研究歷史，語義學家也可以通過歷史來研究語義，這正是解決和處理資料貧乏的上古歷史與上古語義問題所資之互補之路。

---

① 　見〔蘇〕H. A. 康德拉紹夫《語言學說史》第四章（雅各布·格里姆）。

4. "寡人"詞義觀念考與"2＋1"(三重)證據法 *

摘要　上古君侯自稱"寡人",有解爲"謙稱"者,有解爲"尊稱"者;然而"寡"字之解何據? 其所據之理又有何據? 聚訟紛紜,迄無一是。今在王國維"二重證據法"基礎之上提出三重證據法,從地下、地上及古人詞義觀念上證明"寡人"不是謙稱,而是"獨一無匹"的君侯尊稱。基於此,文章進而提出:詞義考證不僅限於語音、字形及注釋家的成訓,而且還要從古人的觀念上來考察、研究和驗證詞義的來源、引申及使用,在此基礎之上建立起不同(或各種類型的)的義軌(語義關聯的軌道),然後針對同一義軌上的不同形式進行"同律互證",從而爲語義系統找到"二義"同源或同根的理必原理、材料和根據,爲理論訓詁學和文獻考據法,辟出一條新的途徑。

關鍵詞　寡人;二重證據法;同律互證;乾嘉理必

1. 引言

上古君侯自稱"寡人",有解爲"謙稱"者,有解爲"尊稱"者;然而"寡"字之解何據? 其所據之理又有何據? 聚訟紛紜,迄無一是。今在王國維"二重證據法" *① 基礎之上提出三重證據之設想,試解此題。首先,二重證據有其局限:如地下爲 A,地上爲 B,何以知 A 之爲是,

---

　　* 本文發表於《中國語文》(5). 2022:617 - 640;受國家社科基金冷門絕學研究專項學者個人專案"皖派絕學中理必文獻的發掘、整理與研究"(20VJXG038)和教育部哲學社會科學研究後期資助重大專案"理論訓詁學研究"(21HQ003)的資助,寫作和修訂中先後得到何莫邪、施向東、洪波、王立軍、齊元濤、黃樹先、汪維輝、孟蓬生、李明、卜師霞、王利、彭展賜、蘇婧、劉麗媛、韓宇嬌等先生和同學的指正與幫助,他們不僅爲本文提供了大量的信息和材料,而且還爲本文的理論及論證提供了思考的角度和論證的方式,在此一併表示由衷的感謝;儘管本文觀點與之不盡同。文中所遺缺欠和錯誤,概由筆者負責。
　　① 王國維說:"吾輩生於今日,幸於紙上之材料外,更得地下之新材料。由此種材料,我輩固得據以補正紙上之材料,亦得證明古書之某部分全爲實錄,即百家不雅馴之言亦不無表示一面之事實。此二重證據法惟在今日始得爲之。"(王國維,1997:2)

而 B 必爲非? 因此,二重證據之上需更有一判定之法裁斷之。今謂乾嘉“理必論”之發覆,適可濟用(見下文)。倘如此,則可建一三重證據之法①,本文即以梳理“寡人”之“寡”的紛紜衆説及古人之語義觀念及同律互證,試論三重證據之必要。

　　我們知道,“寡人”自戰國以來人們就把它理解爲一個“自賤”之稱。譬如《老子》曰:“貴以賤爲本,高以下爲基。是以侯王自稱孤、寡、不穀,此非以賤爲本邪?”(《老子》三十九章)顯然“孤、寡、不穀”都被看作自賤之稱。但《禮記·曲禮下》有言曰:“諸侯見天子,曰‘臣某侯某’。其與民言,自稱曰‘寡人’。”可見“寡人”是對下而不是對上的自稱。對天子,諸侯需要謙卑,對國人(人≠民)君侯也可以謙卑,但對奴隷(先秦的“民”不是“人”)②諸侯就没有自賤的道理。由此可見,“寡人”在古代名教禮儀中的地位與《老子》對它的理解,是很不同的。這也許就是造成後代對“寡人”命名之意及其詞義所指造成莫衷一是的原因所在。③《左傳·桓公二年》曰:“嘉耦曰妃,怨耦曰仇,古之命也。”段玉裁説“謂古者命名之法”(《説文解字》“述”字下注)。可見,古人自來重視“命名之法”,而本文即從探索古人命名之意來考證“寡人”詞義之所由。下面先看古今人對“寡人”的不同看法。

2. “寡人”的古今异解

　　上古君侯自稱“寡人”,古代注釋家如鄭玄、孔穎達都以爲謙稱。譬如上引《禮記·曲禮下》中“諸侯……與民言,自稱曰‘寡人’”,鄭玄注曰:“謙也,於臣亦然。”孔疏曰:“寡人者,言己是寡德之人。”鄭玄説“寡”是謙詞,對大臣也是如此。在此基礎上,孔穎達進一步解釋“寡”如何爲謙是因爲“寡”還有“寡德”的意思。王泗原(2014:225)破之

---

　　① 按,很多學者繼王國維二重證據法後提出不同類型和性質的三重(甚至四重)證據法,然而就上古研究而言,都還是材料不同來源的實證分類,且大抵均可歸爲地上與地下兩大範疇。故本文立説,仍以王氏二分爲准。

　　② 《説文·民部》:“民,衆萌也。”

　　③ 當然,如下文所示,經學訓詁也是後代將“寡人”解爲謙稱的原因之一。

曰："(寡人)不著'德'字,何以知其意爲寡德之人?"本文認爲,"寡德"之爲謙辭之解,乃經學家之經學訓詁而非小學家之詞義訓詁。從下文觀念訓詁及同律互證之考證,本文認爲:"寡人"命名之意乃君侯自尊之稱。① 當然,我們同時也注意到何莫邪先生所説"it is clearly self-elevating through being — obligatorily and ritually — self-effacing(它顯然是通過[強制性祭儀的]自我謙遜來提升自己)"的觀點(個人通訊)。② 但是基於前引《曲禮》"諸侯⋯⋯與民言,自稱曰寡人"的名教禮儀來看,似乎没有必要在普通百姓或奴隸面前"以謙示尊"。相反,若"寡人"爲謙稱,何以諸侯對天子稱"臣某侯某"而不自謂"寡人"? 當謙不謙,不當反謙,故"寡人謙稱"不足爲信。如若堅持"謙稱説"則於古代名禮之教矛盾叢生,譬如《曲禮下》曰:

> 九州之長,入天子之國,曰"牧"。天子同姓,謂之"叔父";异姓,謂之"叔舅"。於外曰"侯",於其國曰"君"。

據《曲禮下》,"於外"以"侯"稱之,"於其國"則以"君"稱之。既如

---

① 或問曰:"若訓寡爲獨一無二,天子何以不自稱寡人? 又,天子可自稱余一人,諸侯何不自稱余一人?"按,從理論上説不是不能;正如寡大夫、寡君,都用寡;但又都没有用獨一的"一"。注意:"没有用"不等於"不能用",其中道理或即段玉裁所言"求義則轉移則是,舉物則定名難假"的規律:命名原理一樣,但彼此不必一名;而一旦"定名",則"難假"A 之爲 B。而本文所關注者乃"命名原理",亦即"名之由來",而非名之使用。

② 何莫邪説:"It must ritually show humility, emphasizing his bereavement and inferiority to his predecessor in virtue as a matter of ritualized self-deprecation. The lack of virtue is in comparison to 先君,I think."(個人通訊)意謂在禮節儀式上須表現出謙卑,強調其喪親以及其德行劣於先人,作爲禮節性的自我貶損。按,《曲禮》所説非限於禮儀環境之自稱,故何先生所説雖然反映了上古稱謂的某些事實,但絶非必然。此外,《左傳》中的"寡君"用例共 187 次,而沈玉成《左傳譯文》徑用"寡君"而不譯者 182 次,其他譯爲"我國君主""國君"或"我們國君"及"我"。如《左傳·哀公十五年》:"陳成子館客,曰:'寡君使恒告曰,寡君願事君如事衛君。'"其中第二個"寡君"譯爲"我"而没有譯爲"寡德之君"(沈玉成,1981:581),是不以"寡君"爲"寡德之君"。又,《左傳·文公十七年》:"夷與孤之二三臣相及於絳。"《正義》曰:"禮,諸侯與臣民言,自謂寡人,小國之君自稱曰孤。臣與他國之人言,稱己君爲寡君。此歸生對晉稱己君,當云'寡君之二三臣'。昭十九年子産對晉人云'寡君之二三臣札瘥天昏'是其事也。此言'孤'者,蓋鄭伯身自對晉,或自稱孤。歸生因即以'孤'言其君也。"孔穎達以"禮"正"名",其結果,"寡君"亦非自謙之稱。

此,何以"與民言"反而要自謙"寡德"?《論語·季氏》告訴我們"寡"字
絶非自謙:

> 邦君之妻,君稱之曰"夫人",夫人自稱曰"小童";邦人稱之曰
> "君夫人",稱諸异邦曰"寡小君";异邦人稱之,亦曰"君夫人"。

"稱諸异邦曰寡小君",一語破的。國人在外稱己國國君妻子,實無代
人自謙之理。《曲禮下》鑿實此意:

> (公侯)夫人自稱於天子曰老婦;自稱於諸侯曰寡小君;自稱
> 於其君曰小童。

對天子自稱老婦、對丈夫自稱小童,但"自稱於諸侯"則必用平等相待
之禮而不容自貶,於是自稱"寡小君"。由此可見,"寡"不可能是謙
稱。[①]　今按,以"寡"字之詞義、分布及古人觀念考之,"寡人"是君侯自
尊定位之稱(也非尊大獨裁之義),恰如"余一人"(其證見下)。這一
點,以前的學者已有申明此意者。如夏淥(1983)即指出:"'寡人'乃
'獨一無二'、'天無二日,人無二王'之義"。他説:

> 孤、寡、寡人,本當解釋爲"獨一無二"也就是"天無二日,人無
> 二王"的意思……不穀,實際是"不穀食"。"不穀"作爲王侯的自
> 稱,并不是什麽謙虚,和孤、寡人一樣,同樣是表示自己與衆不同,
> 至高無上。[②]

其他學者也不乏此説。如董淑華(2006)即從後代注釋中發掘"少德"
意義之來源。他指出:

---

① 筆者感謝彭展賜、王利提供的上述材料。
② 按,"不穀"據章太炎乃"僕"之緩讀,借到日語爲"buku"。

　　"寡人"一詞在古代注疏中一般認爲是君王用以自稱的謙詞，含有"少德之人"的含義。"寡人"在先秦典籍《左傳》中，并不是一個自謙的詞，而是一個能够標明諸侯的等級和特定身份即他的"嫡正"身份的一個詞。也不含有"少德"之意，"少德"之意的注疏，是漢以後儒學占統治地位後，一些儒學大師以"温良恭儉讓"爲思維準則，主觀臆斷的結果。

董文所謂"漢以後儒學占統治地位後，一些儒學大師以'温良恭儉讓'爲思維準則，主觀臆斷"云云，正是從"注經原則"的角度，道出了"經學訓詁"的結果，雖他的"臆斷"之評有失公允。[1] 除此之外，還有些學者，如王珊（2012）則用統計排比用例的方法考其用例：

　　"孤"和"寡人"二詞歷來被釋爲王侯自稱的謙詞，但學術界對此爭論不斷，文章結合二詞的本義，對《左傳》中二詞的全部 102 條用例進行了窮盡性的分析、比較，認爲春秋時期諸侯有凶事時自稱曰"孤"，其餘一般情况下自稱爲"寡人"，即"有凶稱孤，無凶則稱寡人"。

王珊此説蓋取自《左傳·莊公十一年》："臧文仲曰：'且列國有凶稱孤，禮也。'"杜預注曰："列國諸侯，無凶則常稱寡人。"要之，正如王泗原（2014：225）指出的："寡人與孤與余一人，其意同。唯天子稱余一人，諸侯稱寡人稱孤，以别之耳。"[2]

3. 觀念史考

　　"寡人"爲"寡德"之説雖可破（參看王泗原，2014），但以"寡"稱君的本意爲何？ 無疑"寡"有"鮮少"之義，但君王何以以"少"自稱，又何

---

[1]　參看馮勝利（2019）有關何爲"經學訓詁"的論證。

[2]　按，王氏雖破"寡人"爲"寡德"之説（"不著'德'字，何以知其意爲寡德之人？"），但仍以後起之義將"寡人、孤、余一人"釋之爲謙辭，本文蓋所不取也。

以被鄭玄、杜預、孔穎達等解爲自謙之詞？於是我們要考證寡字的古義爲何。

考義當然要根據古人的注釋，然而，其中還有一個更爲重要的方面需要關注，即詞義背後的歷史觀念。古人的觀念不僅表現在詞與詞之間，語與語之際，其詞義背後還深藏着古人的觀念——他們如何看待事物、理解事物的觀念。換言之，同一事物（譬如同是“國君”），不同時代的古人對它有不同的認識和理解，因而也有不同的名號或名義（命名之意）。這些認識和理解就凝結而成了古人的生活觀念。因此，他們有什麽觀念，就有什麽詞義；他們的觀念變了，詞義也隨之而變。[①]因此，考察古人的詞義，不能不考察古人觀念；解釋詞義，也斷不可用後來的觀念解釋前人的詞義。[②]

以往的語詞研究一般側重兩個方面：一是它們的語音系統，一是它們的字形系統。因爲音與形有客觀標準，可以避免主觀臆説。但是，我們還必須充分認識到，除了語音演變和字形演變以外，意義或概念也在演變、也有規律和系統。譬如，漢朝以後，“論”和“議”兩詞的意義區別不大，但先秦的“論”“議”則截然不同（如《莊子·齊物論》中的“六合之内，聖人論而不議”）。很多今天我們認爲相同的，古人却認爲不同；有些古人認爲非常自然的，今人却無法理解。從觀念史上來考證詞義，不僅可爲我們加深詞義認識提供較爲客觀的或深層的證據，同時也爲我們重構古義（reconstruction of archaic meaning）提供考證

①　當然不排除人類共同認知觀念下的義類關係。如英文的 right 有“正確”之義，和中文之“左”有“錯誤”之義的語義聯繫，可能均爲出於對“左右手功能”的認識而産生的結果。這方面的研究不僅不可或缺，而且非常重要（參看黄樹先，2014），只因本文僅聚焦於先秦“君稱文化”之特有觀念，故不旁涉而已。

②　本文同意審稿人提出的“古人觀念的追溯并非易事，不可避免地會出現見仁見智的情況，這時假如正方舉證不力，效果甚至會適得其反”這一意見。然而，這似乎不能作爲我們不去嘗試發明和使用“觀念考證法”的理由。當然，審稿人的意見也警示我們要不斷爲“觀念考證”建立一套嚴密的方法、操作的規則和運作的程式；更重要的是要認識到“語義，尤其是語義關係，從本質上説，是觀念的産物”，而不同的時代和不同的族群有不同的“觀念”，因此不同時期的語言有不同的語義關係。從這個意義上説，觀念的考證，正是“歷時語義考證法”中的一個尚未引起重視但却必不可少的新途徑。

的標準和比較的手段。

爲説明問題，這裏要先澄清幾個概念。首先，本文所説的"觀念"指的是一種看法或認識，相當於英文的 idea。觀念是存在於文化中的一種習慣性的看法。因此，凡觀念皆有其來源和道理。但觀念不是思想(thought)，思想可以理解爲一種"經周密思維後的系統看法"。因此，思想皆有原理和論據；觀念只有來源和道理(或看法)。從這個意義上説，前者是理性的，後者大多是感性的、經驗的和文化的。本文所涉及和所要考證者，是"觀念"或稱之爲日常觀念，而不是思想。迄今，雖然學界對古代思想史的研究已很豐富，但古代觀念史的研究似乎還没有系統論著；而失考語義，或許就是其中的一個重要原因。[①] 歐洲漢學家何莫邪在談到語義觀念時非常敏感地論到"THIS IS THE CRUCIAL POINT!"(個人通訊)[②]，可見他對觀念重要性的認識。

下面我們就從古人之數字觀、古人之匹對觀、古人之"適""敬"觀、古人之奇偶觀四個方面論證古人的"獨一"和"匹敵"觀念之間的關係，最後證實"寡人"爲"獨一無匹"的君侯之尊稱。

3.1　古人之數字觀

《説文解字・一部》："一，惟初大極，道立於一。造分天地，化成萬物。"

按，這裏的"造分天地，化成萬物"提示我們可從《老子》"一生二，二生三，三生萬物"的角度來理解漢人的數字觀念。換言之，漢語的數字往往表現出古人的觀念。首先，"一"并非簡單的數字。它不僅僅是一個數學的概念，在漢人的眼裏，"一"有"獨一""獨特"的屬性，因此可以引申出"没有匹敵"的意思。商王自稱"余一人"，就含有天地之間

---

① 按，陳寅恪(1935/1986：202)説"凡解釋一字即是作一部文化史"，今謂此説實源於太炎之學(參看陸宗達，1981：157 - 213)，而陳氏之解尚有未盡者。因"文化"一詞過於籠統而字詞中所含之"觀念"尤爲重要，若不綜合考察則將沉埋千年而莫之可知。

② 何莫邪是西方漢學家，是西方學者深入探討訓詁的少數幾人之一，他的意見非常值得重視。

"獨一""無可比配"的意思。①

　　其次,與"一"相對的"二",古人也不是簡單把它理解爲"1＋1",而是賦予了"偶"或"對兒"的含義。"二之"是"使之成雙"②。所以《説文》曰:"二,從耦一",段玉裁注"以一儷一也"("儷",兩者相并之義)。"二"相當於英文的 pair,而不僅是 2 或 two。

　　再看"三",它也不是簡單數字(3 或 three),因此不能把它理解爲三個"一"的相加。《説文》釋"三"曰:"於文一耦二爲三,成數也。"在古人的數字觀裏,"三"與"參"通。章太炎《文始》(2014：407)説:"《説文》:'三,數名。天地人之道也。'孳乳爲參。"《詩經·唐風·綢繆》毛傳曰:"三星,參也。"③《説文》:"驂,駕三馬也。""一"插入"二"中,是爲"三"。因此"參加"是"插入其中"而不是"附在首尾"。所謂"一耦二爲三"者,"二"是"對兒",故也可以指"天、地"(自然界最大的"對兒")。"一"摻入其中後,上與天"偶",下與地"偶",即所謂的"三才之道"、所謂"成數"。數目到了"三"就進入了一個完全不同的範疇——打破了平衡:要麽"1＋2",要麽"2＋1",亦即複雜化了自然的對立,所以"三生萬物",造成了"三者,多也"的觀念。《論語》"三人行必有我師焉""三思而後行"中的"三",以至汪中的《釋三九》,都是這個觀念的反映。④ 相關的研究前人已言之綦詳,兹不贅。

　　總之,數字的語義要從文化觀念入手,而古代的"一""二""三"恰是中國"數字文化"的典型代表,而"寡人"之"寡",我們認爲也深深根植於"一"和"二"的數字文化土壤之中:"寡"出於"一"的"不匹、不對兒"與"二"之爲"對兒",正相對立。

----

　　① 中文的"第一"和英文的 number one 今天仍然均有不可匹敵之義。

　　② 《左傳·閔公二年》:"大子將戰,狐突諫曰:'不可,昔辛伯諗周桓公云:内寵并後,外寵二政,嬖子配適,大都耦國,亂之本也。'"其中"并、二、配、耦"義同,均謂"對等",故沈玉成(1981：68)譯爲"妾媵并同於王后,寵臣相等於正卿,庶子與嫡子敵體,大城與國都一樣"。

　　③ "參"爲三,指參宿中央之三星。

　　④ "馗"是"四通八達之路",而其從九從首,正據"九"爲"數多""首"爲"朝向"的觀念而組成的會意字,意謂"多個方向的交叉路口"。

3.2　古人之匹對觀

《説文解字注·攴部》:"敵,仇也。"段玉裁注:"仇,讎也。《左傳》曰:'怨耦曰仇。'仇者,兼好惡之詞。相等爲敵,因之相角爲敵。古多假借適爲敵。《雜記》:'計於適者。'《史記》:'適人開户,適不及拒。'《荀卿子》:'天子四海之内無客禮,告無適也。'《文子》曰:'一也者,無敵之道也。'按,後人取《文子》注《論語》曰:'敬者,主一無適之謂。'適讀如字。夫主一,則有適矣,乃云無適乎? 敬者,持事振敬,非謂主一也。《淮南書》曰:'一者,萬物之本也,無適之道也。'與《文子》同。正作敵。"

這裏的《段注》既可以看作詞義引申的書證,也可以看作古人觀念的考證。在古人的觀念中,"敵"和"仇"是中性的。只要匹對,就是敵手。"讎"指匹配對象,"敵"也指匹配對象。"棋逢敵手"的"敵手"是匹配(match)、相當(《説文》"當,田相值也")、對等的意思,而"相較、相角"是其引申義。《淮南子·詮言》中對"一"的解釋既給"寡"字奠定了數字"一"的觀念,也通過"敵"字奠定"寡"所以爲"一"的匹對原理:"一也者,萬物之本也,無敵之道也。"其中"無敵"的觀念如果理解成今天的"没有敵人",則大錯而特錯。這裏的"無敵"即"余一人"、即"王者至尊,無敵體之義"[①]。可見,古人有自己的數字觀,有自己的"無敵觀"。我們認爲:考證古人的"二義相通"就要像考證古人的"二音相通"一樣,須持有實據并加以論證才能成立。下面我們揭舉更多的例證來證明"一"與"君"二義相通的觀念,而所用的訓詁"觀念考證法"也可以看作"義通考證"方法的一種努力和嘗試。

3.3　古人"適""敬"觀

詞義反映觀念(參看王寧,1995;齊元濤,2008;王立軍、白如,

[①]　參看《左傳正義·桓公八年》引許慎《五經異義》曰:"《公羊》説,天子至庶人,皆親迎;《左氏》説,王者至尊,無敵體之義,不親迎。"

2016），"觀念訓詁法"雖然早就被用來解經，但如果能夠將其提升到方法論的高度、并自覺加以運用，則或可以取得更科學的成果。譬如，不明古代字詞之"根義"（也即古人觀念之一種），不僅極易誤解古文獻字詞之義，而且會導致誤解古人的思想。《論語・學而》："敬事而信。"朱熹《集注》曰："敬者，主一無適之謂。"段玉裁發現他是"取《文子》注《論語》"，但却將《文子》之"適（＝敵）"理解爲"往"，故而致誤：有"主"（"主一"）則"有往"或"有適"，又何以"無適"呢？豈不自相矛盾？段氏故破之云"敬者……非謂主一也。"無疑這是在糾正宋人誤解古義："適"在《文子》中不能"讀如字（適 shì，義'往'）"，而要"讀破"爲"敵"："無適"即"無敵"①，"無敵"即"無可匹敵"。這裏告訴我們，能否對古人之"適"進行準確解讀，有賴於對古人何爲"敵"、何爲"敬"的觀念的精確理解。"敵"是"等、對"之義；"敬"對古人來説則是"持事振敬"，"非謂主一"。朱熹用《文子》"一也者，無適之道也"來解《論語》之"敬"，先失之對"敬"的本義的理解（"敬"是持小心翼翼、心無旁鶩的態度勤奮做事的行爲，是古人極高的信念與品德之一種），再失之對"無適＝無敵"的古義的理解。用"錯誤的理解（適＝敵）"來解讀"理解的錯誤（敬）"，結果錯上加錯，《論語》的意思自然也就被曲解了。而段氏之所以得出正確理解，在於他對古人的語義"觀念"的深刻認知——觀念乃意義之根。因此，只有對古人的觀念剖解到位，才能發揮"觀念義"的解文作用：觀念不明，則詞義不明；詞義不明，則經義不得而明。

3.4　古人之奇偶觀

我們還可以從與之同類型的其他字義及其關係上，看出數量上的"單獨"與性質上的"特殊"之間的相關觀念。

"特"是"公牛"，它從"特牛"之義引申出單獨、奇特之義。這個引申系列與我們前面看到的從"獨一無雙、無匹無敵"引出"尊大"的概

---

① 《禮記・雜記》："大夫訃於同國適者，曰：某不祿。"鄭玄注曰："適，讀爲匹敵之敵，謂爵同者也。"可爲"適＝敵"之證。

念,如出一轍,可看作是"同律引申"的結果。請看:

> 《説文解字注·牛部》:"特,特牛也。"……《玉篇》"犢"訓"特
> 牛",《廣韵》"犢"訓"牛未剧",此因古有"犢特"之語而製"犢"字。
> "特"本訓"牡",陽數奇,引伸之爲凡單獨之稱。一與一爲耦,故
> "實維我特""求爾新特",毛云:"特,匹也。"

"公牛"怎麽會有"獨一"的觀念呢? 段玉裁説"'特'本訓'牡',陽
數奇,引伸之爲凡單獨之稱",就是説"特"是公牛,公爲陽,陽數奇(陰
數偶),奇則不偶,所以"特"引申爲"單獨"之義。這是在給"引申義"找
"義源"。段玉裁説的是否正確? 我們從古代的"余/予一人""寡人"
"寡兄""寡妻"等例可以看出,"尊大"和"獨一無雙、無匹無敵"的意思
緊密關聯(獨一無二就是尊大)。因此,如果"特"本指雄壯的"牛父",
那麽由此引申出"獨一不偶""奇特不群"的意思也很自然。事實上,獨
一和奇特是一個現象的兩個方面,這個觀念可能更原始,因此,與其説
"獨尊無雙"是受了陰陽數字的影響,不如説數字之奇是受了"獨尊無
雙"的觀念的啓發。無論如何,上古"獨一"則"尊大"的觀念或關係,不
僅是考證詞義的綫索,同時也是考證歷史的依據。從下面的詞義分析
中,我們更可以看出"奇特異常"和"單一不偶"之間的關係,正是"獨一
則尊大"觀念的直接表現:

> 段玉裁注"觭"字曰:"觭者,奇也。奇者,异也,一曰不耦也,
> 故其字從奇。《公羊傳》:'匹馬只輪無反者'。《穀梁》作'倚輪',
> 《漢·五行志》作'觭輪',此不耦之義之引伸也。《周禮》'觭夢',
> 杜子春讀爲'奇偉',此'异'義之引伸也。"

這裏段玉裁成功地解釋了"單獨""不偶""奇异＝非常"三個意思
的有機聯繫。最有意思的是,他進而使用的"异文引申"的訓詁方法證
明他的觀點:

> 匹馬只輪無反者。(《公羊傳·僖公三十三年》)
>
> 匹馬倚輪無反者。(《穀梁傳·僖公三十三年》)
>
> 匹馬觭輪無反者。(《漢書·五行志》)

　　這裏的异文不是假借，不是形近，而是同義詞的替換。但段氏獨具慧眼，從"同義替換"之中看出了詞義引申的軌迹："奇异"通"不耦"。換言之，《穀梁傳》裏的"倚輪"不是"偏輪"，《漢書·五行志》裏的"觭輪"不是"奇輪"，而是用"倚"和"觭"的"奇异"之義引申出來的"不耦"之義，用"不偶"來指"一（只）輪"的。"單獨不偶""奇偉獨尊"這些意思，雖不是一個概念，却是由一個觀念引申而來的同個系列中的相關詞語。這些相關的詞語反映的就是古人對事物的看法，反映的是他們"語義觀念"。毫無疑問，這種語義觀念正是我們在探討上古詞義的時候不可或缺的例據和理據。

4. 單獨之觀念及獨一無二之來源

> 《禮記·曲禮下》："君天下曰'天子'，朝諸侯、分職、授政、任功曰'予一人'。"

　　今按，上古天子自稱"余/予一人"，諸侯自稱"寡人"，皆定位之稱。從今天的角度看，我們可以說上古的天子自稱的同時，就在定位"我"是什麼樣的人——意指"没有和我匹敵的人"。從地位上看，身份固然尊貴；但從客觀存在來看，也就是"單獨而出群的人"；"寡人"之"寡"也不外此。請看下面的例證：

　　在《尚書》《國語》《左傳》，甚至新出的《清華簡》中都有大量的"余/予一人"爲君王自稱之例，足以證明"余/予一人"確實是當時的自稱詞。譬如[1]：

---

[1]　以下諸例取自寧鎮疆(2018)。

《國語・周語上》引《湯誓》云："余一人有罪，無以萬夫。"

《史記・殷本紀》引《湯誓》："爾尚及予一人，致天之罰。"

《尚書・盤庚上》"聽予一人之作猷""邦之不臧，則惟余一人是有佚罰"，《尚書・盤庚中》"暨予一人猷同心"，《尚書・盤庚下》"協比讒言予一人"。

《尚書・文侯之命》："嗚呼！有績予一人永綏在位。"

《左傳・哀公十六年》："旻天不吊，不憖遺一老。俾屏余一人以在位，煢煢餘在疚。"

《詩經・大雅・烝民》："夙夜匪懈，以事一人。"①

清華簡《皇門》："夫明爾德，以助余一人憂。"

清華簡《祭公》："遜措乃心，盡付畀余一人。"

清華簡《周公之琴舞》："桓稱其有若，曰亯會余一人，思輔餘於艱。"

清華簡《說命下》："弼兼月延，乍又余一人。"

清華簡《封許之命》："以勤余一人。"

寧鎮疆(2018)指出：

周初文獻中周公亦用此稱。最明顯的就是《金縢》"能念予一人"、《多士》"予一人唯聽用德""非我一人奉德不康寧"。《君奭》也說"故一人有事於四方"。今本《金縢》"能念予一人"未見於清華簡本，學者推測乃後世史家追叙前事時所擬，當屬可信。

"余/予一人"是天子自稱，何以周公用此？寧鎮疆(2018)又云："可以理解爲周公確曾攝政'稱王'之故。如將'一人'理解爲對天下國家擔負起責任的'一個人'，那麼在武王去世、成王尚幼的情況下，周公無疑就成爲對治理天下負實際責任的'那個人'，如此，其稱'余/予一

---

① 按，這裏"一人"指天子，是本文立論的最佳例證。

人'同樣是很自然的。"①

事實上,如果我們把"余/予一人"理解爲對所處位置的定位,也就不必如上繞道詮解了。而"寡人",我們認爲也可以這樣來理解。

然而,問題并沒有完全解決:"寡"字有"余/予一人"之"一"義的語義證據嗎? 下面我們就嘗試用古人"詞義觀念"的"義軌互證法"考證"寡"字的古義,同時借此説明上古詞義考證的方法和驗定手段。

5. 基於觀念的義軌系統,基於義軌的理證根據

單獨考察"寡人"一個詞,不足以發掘和洞悉古人由"寡"字觀念所形成的詞義系統。下面我們對一批[寡 N]式的二字組合進行考察,結果發現它們幾乎無一例外地反映了古人"獨一、無匹、無敵"觀念在上古漢語中發揮着組詞表義的作用,其例如下。②

5.1　寡妻

《詩經・大雅・思齊》:"刑於寡妻"。

據詩意,這裏的"寡妻"是賦有道德的標準(刑),所以鄭箋褒之云:"寡有之妻,言賢也。"然而,"寡有"和"賢"都不是"寡"的古義③。其實"寡妻"和"寡婦"都是從"獨一"的角度而得名:嫡妻是獨一的(對妾而

---

① 元鴻仁(1984)説:"《説文注》'特牛也。……引申之,凡單獨之稱。一與一爲耦,故實維我特,求爾新特。毛云:特,匹也。'匹,匹配。是特義之又引申。如此,孤引申出了特義,特又引申出了匹義。同理,孤特連言,陳述其罕。而位尊者總居於少,所以又引申出了尊義。而三孤之孤,也訓爲特。《尚書正義》:'言卑於公、尊於卿,特置此三者。'特者,專意也。也因同樣的道理,寡少,引申出'衆之所宗''爲人上者''賢''罕'等義。我們爲其所以然者,蓋因少爲貴故也。孤寡訓尊、宗、爲人上者、賢,正是取義於罕少,這是符合詞義蟬演的規律的。……從上討論看出孤、寡義近,二者與不穀差异尤殊。由於運動發展,使孤寡義同,及與不穀差异縮小。這樣使三者都可以從德行、情操方面表人的缺憾、不足,輕情通理順地被侯王用作自謙之稱。這是由於詞義本身發展的結果即詞義本身有被用作表謙的因素而形成的現象,或叫'异曲同工'。"按,其中義變確有諦論,但"不穀食"是否是自稱之取意,則要有古代觀念之證據,"少爲貴"也要古有"少→貴"之義變的"義軌路綫"的證明。

② 何莫邪説:"The evidence for gua 寡 in this meaning is good. But, in my view, it would be unacceptably impolite to refer to oneself in anything like this mode.(寡的這個意義上的證據很好。但是,在我看來,以這種方式稱呼自己是一種讓人難以接受的不禮貌。)"(個人通訊)

③ "古義"的概念,參段玉裁:《説文解字注》"曾""注""輯""何"等 60 餘字下注。

言），寡婦也是“獨一”的（對失去丈夫而言）。“寡”之古義爲“獨一”，引申之義爲“鮮少”。因此，無論寡婦，還是寡妻，其中之“寡”之根義，都是“無匹、無敵”；“寡人”之“寡”也一樣，唯所指對象不同而已矣（對象爲諸侯是“寡人”、對象爲嫡妻是“寡妻”）。孔穎達在這一點上獨具隻眼：“適妻唯一，故言寡也”。[①] 可見“唯一”才是“寡”的本義，“寡少”是其引申義。[②]

需要説明的是：鄭玄箋《詩》注《禮》，尤其崇尚“經學訓詁”（參看馮勝利，2019）。後人若誤經學訓詁爲小學訓詁，則結論必謬，故言訓詁者，必先判而別之。即如上文之“寡妻”，鄭解爲“寡有”是取其“鮮少”之義，意謂“少有的妻子”，如此才可根據經義解之爲“賢妻”。然而“少有之妻”也可理解爲“少有的惡妻”。但這不是經義所在，故尊經下注，必不如此。鄭玄之所以沒有從寡字的本義解“寡妻”爲“正妻”（没有從地位上解釋“寡妻＝嫡妻”而是從尊經奉教上解釋“寡妻＝賢妻”）的原因，可從兩種可能來推解：一是“寡”字到了兩漢，其“獨一”古義已然丟失（始見於《老子》），因此後代注釋家也只能隨俗而釋。其次乃是經學訓詁之所致：鄭玄注經的首要任務是尊經釋義，故其箋《詩》、注《禮》等，都帶有强烈的經學意識（或釋經精神）。換言之，鄭玄的注經文字裹，至少有兩類本質完全不同的訓詁内容。一類是闡釋經旨“微言大義”的注語，一類是有關句中詞語之義的注釋。前者如《尚書·堯典》開篇的“曰若稽古”的“稽古”二字，鄭玄訓爲“同天”。從詞義上講，“稽”絕無“同”義，“古”斷不訓“天”。但鄭氏要“注經傳道”，要讓人們知道堯舜能同天行道，爲後世立法，因此就把“稽古”解釋爲“同

---

① 按，此孔穎達疏解《毛傳》“寡妻，適妻也”之言，“適”即“嫡”。顯然，“寡妻＝嫡妻”非孔氏發明。然而“寡”何以有“嫡正”之義，乃孔氏點破“唯一”爲“寡”之語義關係；而這一點，正是“寡”爲“獨一無匹”觀念的本質所在。以往研究不重“觀念訓詁”，故而未能辨識毛傳“解詞”而孔氏“解義”之不同。

② 審稿人指出：《詩·小雅·鴻雁》“哀此鰥寡”，毛傳：“偏喪曰寡。”“寡”字原無男女之別，君王稱“寡”其實也是“一人”之義。感謝審稿人提供的例證及“君王稱‘寡’其實也是‘一人’之義”的建議。注意：脱離語境的“一人”既可有“偏喪”之義，也可爲“天下一人”之義；君王稱“寡”即取後一義——適足證明本文之説。《管錐編》“左傳·隱公元年”條增訂，也有説明，可參。

天”。然而,今天的文獻語言學家絕不能把他的“經學訓詁”當作“詞義訓詁”,不僅“稽古”的詞義不是“同天”,“寡妻”之訓爲“賢妻”、“寡人”之訓爲“寡德之人”也不是詞義訓詁之所爲。事實上,依經而訓的兩處“寡”字,是彼此矛盾的:箋“寡妻”曰“寡有之妻,言賢也”,但注“寡人”則曰“謙也”。何以“寡妻”爲“賢妻”而“寡人”則“寡德”? 換言之,寡妻爲什麽不能是寡德之妻;寡人爲什麽不能是“賢人”? 然而,這些矛盾對鄭玄來説都不足爲計,因爲他“隨經立訓”而不是針對字詞的字面語義而做的小學(或語言學的)訓詁。由此可見,無論“寡妻＝賢妻”還是“寡人＝賤稱”,都是經義使然,而不是詞義使然。從訓釋屬類之不同以及鄭氏訓詁之矛盾中,我們不僅可以看出經學訓詁與小學訓詁的結果不同,而且可以看出經學訓詁與小學訓詁的原則的不同。因此,若將經學訓詁作爲爲小學之訓詁,詞義系統便失去標準而無從求“是”了。[①]

5.2　寡兄

《尚書·康誥》:“乃寡兄勗。”

何爲“寡兄”? “寡兄”即没有與之平級匹配的長兄、嫡兄,不能把它解釋爲“寡德之兄”。孫星衍疏曰:“《詩·思齊》‘刑於寡妻’,箋云:‘寡妻,寡有之妻,言賢也。’《書》曰:乃寡兄勗。’言殄殷受命、承文王之志者,是乃寡有之兄武王。”[②]顯然將鄭玄“寡妻”之解照搬給了“寡兄”,結果丢失了“寡”字古義開掘的機會。俞正燮《癸巳類稿·寡兄解》則不然,他一語破的,釋“寡兄”爲“嫡兄”,結果讓寡兄、寡妻的古義系統化。[③] 曾運乾(2011)解之爲“大兄”,没有偏離“嫡兄”的靶心。[④]

---

①　《老子》四十二章“人之所惡,唯孤寡不榖,而王公以爲稱”以及《老子》三十九章“故貴以賤爲本,高以下爲基。是以侯王自稱孤、寡、不榖。此非以賤爲本邪?”中的“寡”都解爲“賤稱”,與本文相左。本文認爲此“古義丢失”後,《老子》作者“隨俗而釋”的“子學(＝哲學)訓詁”的産物,與鄭玄的“經學訓詁”當出一轍。

②　孫星衍撰,陳抗、盛冬鈴點校《尚書今古文注疏》,中華書局,2004 年,361 頁。

③　俞正燮:“篇中周公告康叔,稱武王爲寡兄者,寡,嫡也,少有也,見《詩傳箋》。此言嫡兄聖德寡有之兄。如康王之誥云‘我高祖寡命’,《詩·思齊》頌文王妻太姒嗣徽音,云‘刑於寡妻’,寡命、寡妻、寡兄皆頌美。”(俞正燮撰,塗小馬、蔡建康、陳松泉校點《癸巳類稿(一)·寡兄解》,遼寧教育出版社,2001 年,20 頁。)

④　“寡兄,大兄也。伯邑考卒,武王爲大兄。”(曾運乾撰,2011:169)

總之,"寡兄＝嫡兄"的名義,證明了"寡妻＝嫡妻"的稱謂意圖。

這兩處的"寡"也爲"寡人"的"寡"提供"古義如此"的可靠證據。事實還不止於此,下面我們還將看到:寡大夫、寡君之"寡",同樣是從"獨一無比"之義的命名而來。

5.3　寡大夫、寡君

《禮記·玉藻》:"凡自稱,天子曰予一人,伯曰天子之力臣,諸侯之於天子曰某土之守臣,某其在邊邑曰某屏之臣,某其於敵以下曰寡人,小國之君曰孤,擯者亦曰孤。"①

由上可見,天子(余一人)、諸侯(寡人)、小國之君(孤)三者在自稱禮儀序列上(皆對下或平級之稱)命名一致,有嚴格的等級秩序性。以下記載進一步證實了"寡人"不是"寡德之人"。

《禮記·玉藻》:"上大夫曰'下臣',擯者曰'寡君之老';下大夫自名,擯者曰'寡大夫'。"

《禮記》裏的記載告訴我們:寡君、寡大夫不是謙稱。謙稱是給自己用的,而不是替他人自謙的。"寡"如果用"寡德"來解釋,那麼擯者(這裏指主國接待賓客者)用貶損國君來自謙,對來客說"寡德之君的臣我",非禮之常也。《玉藻》上兩例非常有力地説明了"寡 N"不宜釋爲謙辭。此外,《儀禮·士相見禮》還透漏出一條重要的古代稱謂禮:"非以君命使,則不稱寡大夫。士則曰寡君之老。"②《禮記·玉藻》又云:"大夫私事使,私人擯,則稱名。"據此而言,"寡大夫"之稱一定是一個正式的官方尊名,因爲以君命出使一定要自稱"寡大夫"。代表國君出使國外,古今禮儀都不宜自謙而致辱國尊。《儀禮》明確要求在國外要自稱"寡大夫"是爲了尊君、也是爲了自尊。同理,在外交活動中,對他人稱自己的國君爲"寡君",同樣不可能是謙稱,尤其是在下面的語境中。

秋七月,齊侯、鄭伯爲衛侯故,如晉。晉侯兼享之。晉侯賦

---

① 筆者感謝卜師霞教授提供的上述材料。

② 按,此句鄭玄《注》斷爲"非以君命使,則不稱寡。"倘此,"寡"爲對外之稱則更不可能爲自賤之辭,如《老子》所言。

《嘉樂》。國景子相齊侯,賦《蓼蕭》。子展相鄭伯,賦《緇衣》。叔
向命晉侯拜二君,曰:"寡君敢拜齊君之安我先君之宗祧也,敢拜
鄭君之不貳也。"(《左傳·襄公二十六年》)

這是國君與國君之間的會晤場合,使節稱自家國君(寡君)和自家
祖先(先君)既不宜狂傲,更也不能自卑;寡君和先君的稱呼正是讓彼
此兩國國君彼此互有尊嚴的稱謂。既如此,那麽"寡君"之"寡"何以有
"國尊""身尊"的語義效應,就必須從它"獨居此位"的角度來解釋其得
名原因。

綜上,五個[寡 N]形式(寡人、寡妻、寡兄、寡君、寡大夫)無一不是
從古義"獨一無匹"的角度而得名,這足以證明"寡人"之稱在周初之際
不是謙稱而是尊稱。

在上述分析和論證的基礎上,我們可以進而討論歷來最富爭議的
"寡命"之義。

5.4　寡命

《尚書·康王之誥》:"無壞我高祖寡命。"

什麽是"寡命"? 自來學者衆說紛紜,莫衷一是。戴均衡《書傳補
商》說寡命猶特命。① 注意:"特",如上文所示,本有獨一無二、無可匹
比之義;所以戴氏所解,堪爲諦解。段玉裁認爲"寡命"之"寡"與"寡
妻""寡兄"之"寡"相同,② 在乾嘉學者中這是非常獨到的,他理解到"寡
命"之"寡"應該是"寡義觀念"系統中的一個,而不是例外或假借。俞
正燮也悟到"寡兄、寡命"同於"嫡",解釋得非常正確。王國維(1976:
2479)說"二字不解"——他非常謹慎,但也沒有把"寡命"理解爲"顧
命"③。裴學海、楊筠如認爲"寡命"之"寡"是"嘏"字之借,表示"大"的

---

① 轉引自顧頡剛、劉起釪(2005:1854-1855)。
② 段玉裁:"寡命,與《大雅》'寡妻'、《康誥》'寡兄'同訓。"(段玉裁:《古文尚書撰异》,
《清經解》卷五九三,上海書店,1988 年影印本,第四册第 106 頁下。)
③ 按,審稿人認爲"寡命"即"顧命";今據"寡"字之古義系統,及戴、段、王、裴、楊等學
者之説,認爲"寡命"即"大/天命"。

意思。"寡命"即"大命"或"天命"。① 我們説裴學海得其文意（上下文文意）而失其詞義（詞之古義）。如上所論，"寡"不必假借爲"嘏"，因其本義就可以有"大"的意思。這也告訴我們，古代訓詁學家往往措意於古音假借或字形訛誤——都是詞的外在形式。事實上，詞語内在的意義本身也有規則：義通有管道、有軌則。通過義通軌則我們發現："寡命"的寡與"寡君""寡人""寡小君""寡大夫""寡兄""寡妻"中的"寡"均一脉相承而來的。正如曾運乾（2011：169）指出的："寡兄，大兄也。伯邑考卒，武王爲大兄。大兄稱寡兄者，猶《詩·思齊》'適妻'稱'寡妻'，《顧命》'大命'稱'寡命'也。"

6. 地下與地上及理必之三重證據

孟蓬生（2019）指出：下面乃金文中"寡"字之形，作室内一人（站立）狀：

寡子卣　　作册嗌卣（父辛卣）

圖 1　金文中"寡"字形

而"雇"之字形象回頭顧視之狀：

《甲骨文合集》13925　　《甲骨文合集》7901

圖 2　甲骨文中"雇"字形

"雇"即"顧"字，象鳥回頭顧視狀。前者在室内，後者在户上。孟蓬生

① 裴學海（1930：25－26）："案'寡'訓大，是'嘏'之借字……《逸周書·皇門篇》：'用能承天嘏命。'《書·吕刑》：'庶有格命。''嘏命''格命'，均與《康王之誥》之'寡命'同，亦均與《君奭》之'大命'同義。'嘏'正字，'格''寡'皆假借字耳。"楊筠如（2005：291）："寡，讀爲嘏。《禮記·緇衣》：'君子寡言而信，以成其行。'鄭注：'寡當爲顧，聲之誤也。'"

(2109)認爲"寡、顧"一詞二體。然而,倘若寡、顧一字,而"顧"之本義爲"回視",那麼"寡"字之"鮮"之義遂成謎案。我們知道,在"寡"字的詞義系統中,後代"鮮少"之義最常見,若歸之假借,其本字爲何則又成了一個無解之謎。

我們認爲,"顧"之古文爲甲文(《甲骨文合集》13925)而"寡"的古字爲金文(寡子卣),二者形體不同,構意亦异。許進雄(1995:201)認爲金文之"寡"乃"屋中最高地位只一人。故表達寡少;大頭的頁一般表示有特殊身份者"。此解與"寡"字的語義觀念正相暗合:屋内最高地位者唯此一人(故只凸顯大頭一人)。① 此即"寡人"之像,意味"獨一無匹"之人。因獨一,故不多,則寡少,因而引申爲"鮮少"之義。

有了地下金文字形之證、有了前述語義觀念之證,再加之"寡君、寡人、寡妻、寡兄、寡大夫"等詞義系列之證,我們現在有充分的理由相信,《康王之誥》中的"寡命"即獨有、特有之命,亦即天命。

至此,"寡人"所以爲"獨一無匹之人"在字形上也有了證據:"屋内大首之人"。這樣一來,本文"寡人考"的結果就自然而然地合乎王國維之"二重證據"之範式。然而,"寡人考"之證據并不限於"二重",下面幾點尤爲重要:

6.1　觀念與書證:

1) 發現觀念

獨一無敵,是爲君王;

2) 書證觀念

《文子·道德》:"一也者,無適之道也,萬物之本也。"

《文子·下德》:"夫一者至貴,無適於天下。聖王托於無適,故爲天下命。"

《淮南子·詮言訓》:"一者,萬物之本也,無適之道也。"

────────

① 按,審稿人指出"一般認爲,金文'寡'取意於室内僅一人"。按,金文"寡"字構形乃"室内一人"之象,其構意若如審稿人所説"取意於室内僅一人",則正與所指出的"君王稱'寡'其實也是'一人'之義"的建議相合,而"君王"所以用"一人"自稱,正與"予一人"同出一轍,與本文的論證不相矛盾。

《公羊傳・成公元年》：“王者無敵，莫敢當也”。

《五經异義》引《左氏》説：“王者至尊，無敵體之義”。

發掘古人的觀念是一回事，用古人觀念考證詞義是另一回事。儘管這兩項工作相輔相成，但其目的、方法和程式是不同的。前者靠理性的發明：獨一無二和君王之間關係的建立。後者靠書證的支持：有無直接或間接的文獻證據。二者齊備，方可爲據。然而，僅僅如此尚不足備，下面的理證步驟，亦不可少。

6.2　同律互證：

寡妻爲“獨一無匹之妻”，而“寡兄、寡君、寡小君、寡大夫、寡人、寡命”亦均取意於“一則無偶/匹/敵”之古義觀念，唯對象不同而已。因此，所有[寡 N]式不僅可以彼此“同律互證”①，而且也因此而得到統一的解釋。

6.3　歸謬理證：

1)《康王之誥》“無壞我高祖寡命”之“高祖”與“新陟王（成王）”相對，若“寡命”爲“成王臨終之顧命（遺言）”，則犯“以父爲高祖”之禮法；若“寡命”爲“文王（高祖）臨終之顧命（遺言）”，何從三代之上的遺言而不取其父？於情於理都悖而難通。② 所以“寡命”以[寡＋N]類語義觀念之解爲宜。

2) 若“寡人”爲“寡德之人”，則有“寡德之兄”“寡德之妻”“寡德之大夫”之悖解，更不可能有“我高祖寡德之命”。

---

① 更多説明可參看馮勝利(2016)有關王念孫生成類比法的推證邏輯。

② 審稿人指出：“‘寡命’究竟應該讀爲‘嘏命’‘顧命’抑或‘天命’，還有待進一步研究。”筆者尊重審稿人的意見，認爲據本文論證“寡命”當釋爲“天命”并不排除將來在發現不同材料的三重證據下，有其他的解釋。但就目前的材料而言，《尚書・康王之誥》“無壞我高祖寡命”中的“寡命”似可據《清華簡・祭公之顧命》而解之爲“顧命”，但清華簡只於簡背篇題作“祭公之顧命”而沒有上下文，所以很難説那裏的“顧命”就是《康王之誥》的“寡命”，此其一。重要的是，清華簡裏的“顧命”沒有“我高祖”這類修飾語語法環境，因此即便地上、地下篇中內容相似(都是訓話及遺言)，其所用之詞及語法則不相同，尤其是二者出現在不同的語境裏，就更難定其爲一。因此很難説《康王之誥》的“我高祖寡命”就是“我高祖顧命”。當然，清華簡裏的“祭公之顧命”也不可能是“祭公之寡命”。換言之，“我高祖寡命”與“祭公之顧命”使用了兩個不同的辭彙，是兩個不同的句法結構、兩個不同的所指和意思(一個是“高祖”的[天命]，一個是“祭公”的[遺言])。

　　3）如果將"寡命、寡人、寡君、寡大夫、寡妻、寡兄"逐一分解，那麼不但要爲每一形式各立異説而無法鑿實，更不可接受的後果是打亂了辭彙系統及生成它們的語義觀念。

　　上述 6.2、6.3 兩點即本文所謂"理必證據法"，亦即"2+1"中的第三重證據。①

7.　結語——三重證據法

　　"2+1"型的三重證據法給詞義考證提出新的要求：詞義考證不能僅僅限於語音、字形及注釋家的成訓。詞義的來源、引申和使用，還可以從古人的觀念上來考察、研究和驗證，無論是傳世文獻，還是出土文獻。詞義考證法可以首先在發掘古人觀念的基礎上，建立起不同（或各種類型的）語義關聯的軌道（義軌），然後針對同一義軌上的不同形式做語義訓詁的"同律互證"，從而爲語義系統找到"二義"同源或同根的理訓材料和證據，這樣或許可以爲訓詁和文獻考據法辟出一條新的途徑。

　　我們知道，上古的語詞考證是一項艱辛的工作，倘若"每下一義，泰山不移"就不僅要有字證（金甲出土古文字）和音證（鄭玄"寡當爲顧，聲之誤也"），同時還要牢固地建立在前人已有成訓的基礎之上。在今天電腦的幫助下，上面的材料可以通過電子搜索，立馬可得。於是乾嘉學者的終身事業，今天幾個小時或幾天就能完成。這也是爲什麼今天古典文獻的解讀"破舊立説、新意連翩"者隨處可見的原因之一。然而，言人人殊、莫衷一是之勢也漸成時弊。換言之，王國維之"二重證據法"在電子材料或材料電子化的時代，很容易就轉化成電腦歸納和分類性的統計工作，譬如［寡 N］，在先秦文獻中和金甲文中的

---

　　①　審稿人指出，"本文新提出的三重證據法，其實并非同一層次的證據"，因此"'理證之據'與出土之據和傳世之據三者相提并論，并稱爲'三重證據法'，似有混淆不同性質和不同範疇之嫌"。按，王國維的二重證據（包括後來學者提出的"方言、域外語"等多維之證）均屬"實證"的範疇。與本文提出"理證"恰好組成一對"實證（求實）＋理證（求是）"的科學論證體系，與愛因斯坦所謂當代科學的兩個核心方法——試驗＋邏輯——正相契合。

出現頻率馬上就可以統計無餘。但是"寡"究竟是什麼意思，就不是只靠統計所能完成或只靠電子所能預測的了。就是説，二重證據中的地下材料如果是"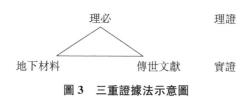=室内一個人"和"祭公之顧命"，而地上材料是"寡人"和"寡命"的話，那麼何以知道"一個人"之爲"寡人"或"寡命"之"寡"而非"顧命"之"顧"？僅憑雙重的材料已無能爲濟。原因很簡單：沒有理由讓"一個人"一定是"諸侯"或"天命"。要使之産生聯繫，如依據"大頭單一所以鮮少、鮮少所以爲國君或爲賢妻"的"義軌"推測，均難以（或無法）趑定爲真。於是，二重證據之外，我們還需要某種"理性裁斷法"的幫助。這就是本文根據詞義觀念（獨一無匹是爲君）建立同律互證（詞群）并賴以進行邏輯推理的理證法。再具言之，即：

如果　1）古人有"獨一無匹則爲君"的觀念（《文子》）

　　　2）🔲=室内獨一人（金文）

　　　3）寡妻＝嫡妻唯一（毛亨、孔穎達）

那麼　1）寡兄→無可匹敵之長兄　　　爲可信

　　　2）寡君→無可匹敵之君　　　　爲可信

　　　3）寡命→無可匹敵之命　　　　爲可信

　　　4）寡大夫→無可匹敵之官員　　爲可信

　　　5）寡＋N→無可匹敵之 N　　　爲可能

這種先建立前提（古人語義觀念及其同律互證）然後進行有效推理的"理證法"，就是本文所試圖提出的："2＋1"三重證據法，如下所示：

理必　　　　　　　　　　　　　理證

地下材料　　　　傳世文獻　　　實證

圖3　三重證據法示意圖

三重證據提及的"2＋1"亦寄有深意焉：它意味着"1（理證）"必須建立在"2"的實證基礎之上（地上材料＋地下材料），否則"理證"就成了無源之水、無本之木。然而，三重證據中的"1"更有它"一般没有（或未及）"的意義。有了"1"，所有的"2"才能有條不紊，依類而從，入居於邏輯預測的位置之上："1"具有預測"必然的可能"的邏輯力和預測力。這就是 5)中"[寡 $N_{=尊者}$]→無可匹敵之 $N_{=尊者}$ 爲可能"的意蘊所在。其中"→"表示必然。爲什麽"寡 $N_{=尊者}$→無可匹敵之 $N_{=尊者}$"既是必然，又是或然呢？很簡單，建設那個時代的語言再創造一個"寡 $N_{=尊者}$"的話，那個"寡 $N_{=尊者}$"必然也是"無可匹敵之 $N_{=尊者}$"。這是它"必然的可能"。當然，是否需要再創造一個"寡 $N_{=尊者}$"則不是必然的（包括"是否能被發現"也不是必然的）。必然只告訴我們能有和應有什麽，没有（也不必）告訴我們"要不要"有什麽或"有没有"什麽（正如生理學解釋"爲什麽雌性可以産子"而不解釋"（她）生没生"的問題一樣）。質言之，必具預測必然的性能才堪稱爲"1"。

就此而言，"三重證據法"的"2＋1"不僅是訓詁學現代化的産物，更是訓詁屬類研究中方法論①的必然結果。當代學術的方法論非綜合"實　證（empiricism　and　induction）"與"理證（rationalism　and　deduction）"而不能立足於當代學術科學理論之峰巔。據此，當代理論訓詁學（如果將來有條件發展完善的話）的詞義考證，凡解一字，最理想的境界需三重證據齊備而後可安，亦即：

1) 出土之據（甲骨、金文、簡帛、玉石等） ⎫
2) 傳世之據（凡傳世文獻、尤其經學文獻） ⎬ 三重證據法
3) 理證之據（所論相關領域、對象之理必） ⎭

本文要旨如斯；是耶非耶，尚祈方家是正。

【附記】按，本文所云"寡人"爲"尊稱"者，乃針對以往之"謙稱"而言；而綜括本文君王自稱之"觀念"，"寡人"與"予/余一人"均"君王定位之稱"。

---

① "觀念義軌"是我們目前發掘的理證之法之一，而"理證"範圍絶不局限於此，諸如"造字之理""音變之理""語法之理"等等，都是將來理證研究所宜關注和探尋的新目標和新專案。

參考文獻

陳寅恪 1935/1986《陳寅恪先生來函》，見附沈兼士《"鬼"字原始意義之試談》，《國學季刊》第五卷第三期；又收入沈兼士著《沈兼士學術論文集》，葛信益、啓功整理，中華書局。

董淑華 2006《"寡人"意義考辨》，《學術交流》第 9 期。

馮 利（馮勝利）1986《"同律引申"與語文詞典的釋義》，《辭書研究》第 2 期。

馮勝利 2019《訓詁的屬類與體系——論經學訓詁、子學訓詁、史學訓詁、文學訓詁的獨立性》，《古漢語研究》第 3 期。

顧頡剛 劉起釪 2005《尚書校釋譯論》，中華書局。

黄樹先 2014《語言：認知世界的方法和結果——哲學語言札記》，《華中國學》（第二卷），華中科技大學出版社。

蔣兆鵠 1985《孤、寡人、不穀淺識》，《湖北師範學院學報》（哲學社會科學版）第 1 期。

陸宗達 1981《説文解字通論》，北京出版社。

孟蓬生 2019《〈尚書〉"寡命"補正》，《民俗典籍文字研究》（第二十四輯），商務印書館。

寧鎮疆 2018《也論"余一人"問題》，《歷史研究》第 2 期。

裴學海 1930《〈孟子正義〉補正》，《國學論叢》第二卷第二號。

齊元濤 2008《重新分析與漢字的發展》，《中國語文》第 1 期。

沈玉成 1981《左傳譯文》，中華書局。

王國維 1976《觀堂學書記》，《王國維先生全集續編》（第六册），大通書局。

王國維 1997《古史新證》，《王國維文集》（第四册），中國文史出版社。

王立軍 白　如 2016《漢字構型與中國古代的天人觀》，《當代中國價值觀研究》第 4 期。

王　寧 1995《漢語詞源的探求與闡釋》，《中國社會科學》第 2 期。

王　珊 2012《〈左傳〉"孤、寡人"意義考辨》，《遼東學院學報》（社會科學版）第 1 期。

王泗原 2014《古語文例釋》（修訂本），中華書局。

夏　淥 1983《孤、寡人、不穀新詮》，《中國語文》第 4 期。

許進雄 1995《古文諧聲字根》，臺灣商務印書館。

楊筠如 2005《尚書覈詁》，黄懷信標校，陝西人民出版社。

元鴻仁 1984《孤、寡人、不穀瑣議》，《圖書與情報》第 1、2 期。

曾運乾 2011《尚書正讀》，黄曙輝點校，華東師範大學出版社。

章太炎 2014《章太炎全集》（第五卷），上海人民出版社。

5. 訓詁的屬類與體系*

——論經學訓詁、子學訓詁、史學訓詁、文學訓詁的獨立性

　　摘要　本文在前人訓詁學研究的基礎上,提出:今日之訓詁學雖經古今學者篳路草創,系統井然,却仍非古人訓詁實踐之全部。秦漢以來之訓詁範圍,除了字詞語法以外,尚有經學訓詁、子學(玄學或哲學)訓詁、史學訓詁、文學訓詁之不同屬類與體系。文章指出:這些傳統訓詁學家所實踐但至今未能明確立科的不同體系,均有其相對獨立的訓詁對象、訓詁原則和訓詁方法。本文發凡起例,爲上述不同屬類的訓詁體系做一嘗試性的定性研究。

　　關鍵詞　字詞訓詁;經學訓詁;子學訓詁;史學訓詁;文學訓詁

　　訓詁或訓詁學一向被人看作餖飣之學,瑣碎於字詞之間,雕蟲小技,壯夫不爲。然而,從古至今,"由文字以通乎語言,由語言以通乎古聖賢之心志"(戴震語),捨訓詁則無以明道。治訓詁,"譬之適堂壇之必循其階而不可以躐等"(戴震語)。古代之文獻典籍,未有不通訓詁而能求其諦解者。是以訓詁之義,亦大矣哉!儘管如此,今日之訓詁學經古聖今賢篳路藍縷以辟體系,①井井然而有序矣!但今之訓詁學所涵括者,仍非古人訓詁實踐之全部。縱觀秦漢以來經、史、子、集四部之學,無不有其獨立之訓詁而至今未能董理成體,以見古人苦心孤詣、以示後生治學之道。故而不揣梼昧,冒爲古人立言、立科,於語言

---

　　*　本文發表於《古漢語研究》(3). 2019: 2-19;受國家社科基金重點專案"乾嘉學者段玉裁《説文解字注》、王念孫《廣雅疏證》的科學方法和理念研究"(專案批准號15AYY009)資助。

　　①　詳參黃侃(1983)《文字聲韵訓詁筆記》,陸宗達(1964)《訓詁淺談》,洪城(1984)《訓詁學》,陸宗達、王寧(1983)《訓詁方法論》,王寧(1996)《訓詁學原理》,齊佩瑢(2004)《訓詁學概論》,白兆麟(2005)《新著訓詁學引論》,郭在貽(2005)《訓詁學》,方一新(2008)《訓詁學概論》,周大璞(2011)《訓詁學初稿》等專著。

文字名物訓詁之外，别立經學訓詁、子學訓詁、史學訓詁、文學訓詁之不同屬類與體系。[①]進而指出：上述古代訓詁學家實踐但至今未能明確立科之四大體系，均有其相對獨立之訓詁對象、訓詁原則及訓詁方法。[②]下面發凡起例，依次而試論之。

一　訓詁及訓詁學簡述

1.1　何謂訓詁？

何謂訓詁？唐孔穎達曰：“訓者，道也。道物之貌以告人也。”又説：“詁者，古也。古今異言，通之使人知也。”所以訓詁（或詁訓）就是“通古今之異辭，辨物之形貌”。黄季剛先生（1983：181）在古人之上又推進一步，他説：“詁者故也，即本來之謂；訓者順也，即引申之謂。訓詁者用語言解釋語言之謂。[③]……初無時地之限域，且論其法式，明其義例，以求語言文字之系統與根源是也。”解釋語言就要調動一切可供使用的工具，因此“文字、聲韵爲訓詁之資糧，訓詁學爲文字聲韵之蘄向。”（黄侃 1983：181）有了宗旨、目標、手段和方法，黄季剛先生因

---

①　趙建成（2017）在《經典注釋徵引範式的確立與四大名注引書》一文中提到：何晏《論語集解》開創了經典注釋的集解之體。我們同意趙氏標舉的“集解體”爲新的“（字詞名物）注釋體”，但“集解”不屬獨立門類的訓詁體。這裏特爲標出，以免混淆。

②　有人可能疑問爲什麽不從現有“注釋學”的角度區分訓詁的不同屬類？毫無疑問，將來的研究一定要汲取注釋學的成果。然而目前没有從“注釋學”的角度討論訓詁屬類的主要原因是：注釋學從朱星先生 1973 年提出以來（《中國注釋學概論》），雖經諸多學者的提倡、翻新取得了長足的發展（如靳極蒼 2000《注釋學芻議》陝西人民出版社、周裕鍇 2003《中國古代闡釋學研究》上海人民出版社、汪耀楠 2010《注釋學綱要》外語教學與研究出版社，等），然而似乎尚未形成一個統一原理下不同訓詁屬類的分辨原則與理論系統。譬如，“注釋應當有明確地要求，這個要求就是以今釋古，以淺釋深，以普通話釋方言，以具體明確的内容解釋含義廣泛的概念。”（《注釋學綱要》）這個要求雖比一般訓詁學具體、細緻，但没有本質的不同。而本文所説的五大訓詁範疇則各有自己的訓詁原理、對象和方法，且相互獨立、彼此有别。因此與“注釋學”的“廣泛的概念”很不同。筆者感謝沈培和章琛二教授提醒關注的這個問題。

③　按，對季剛先生此處“語言”的意思，或有寬、嚴兩解。嚴格地説，這裏的語言指字詞、短語。寬泛地理解，凡解字詞短語所含之微言哲理、所代表之事件場景、所表現之文學意境和美感，均可謂“解釋語言”之一種（雖然不是字詞短語本身）。所以，嚴而言之，“用語言解釋語言”是詞語訓詁的定義，其他屬類的訓詁應當根據自己對象和原理的屬性和特點，作屬於自己的相對獨立的定義。

此而創建了一套訓詁學的理論。何九盈先生（1995：251）説："古代訓詁學幾乎没有理論可言，所以也很難稱之爲'學'。訓詁學真正成爲'學'是從黄侃開始的。"

談訓詁不能不知訓詁學，談訓詁學，不能不知訓詁之緣起。"訓詁"這一術語在西方語文學（philology）裏叫作 exegesis，它是解釋聖經詞語意義的一門學問。這和漢語"訓詁"的意思和來源基本一致；就是説，我們的"訓詁"，也起源於解經。① 最早使用"訓詁"二字的是解釋《詩經》的《毛詩故訓傳》。

1.2 當代訓詁學的新發展

訓詁學研究到了當代，在陸宗達和王寧兩位先生的領航研究下，得到了新的開掘和發展。傳統訓詁學最關心的是"詞語的含義及其解釋"，因此詞的"本義"和"引申義"從段玉裁以來就成了訓詁學的核心議題。然而，從陸宗達先生提出文獻語言學的角度來看，探索詞義使用和演變的規律，是訓詁學現代化的一個重要標志。換言之，賦予訓詁學以語言學的性質，探討訓詁原理、方法和規律，就成了訓詁學當代的新發展。

首先，陸先生在《訓詁淺談》（1964：2－3）中明確指出："訓詁學就是以語義的分析、組合和語義的體系，以及解釋語義的方法爲研究的内容，尤其是研究漢語的歷史語言。"又説："訓詁學是漢語語言學裏研究語言思想内容的一門科學，也就是語義學。"這可以説是歷史上的第一次把訓詁學定義爲語義學。

不僅如此，在陸宗達和王寧先生協力推進的訓詁學現代化進程中，他們根據訓詁的對象及其性質的不同，將訓詁分爲兩大類型：一種研究的是實際語言材料裏隨文而釋的詞義；一種關注的是詞典、辭書中綜合概括的詞義解釋。前者王寧先生稱之爲"使用義"，後者稱之爲"儲存義"。使用義和儲存義的規律，二者獨立分科以後得到了充分和深入的研究，其互動規律的探索也碩果累累。陸、王的開拓與研究，

---

① 注意：這裏説的是"訓詁"而不是"訓詁學"。兹事甚大，將另文專述。

可以説改寫了近代訓詁學的歷史，不僅創造出大量的突破性成果，而且培養出大批的年輕訓詁學家。

二　訓詁的屬類與原理

如上所述，傳統和當代訓詁學的研究，一般側重於字詞名物方面的語義闡釋，語言之外的訓詁問題，譬如經文的理義、詞語的哲理、事件的來由、清詞隽語的文學效應等方面的詮釋，則不在其範圍之内，至今也無人問津。然而，這些和字詞訓詁不同屬類的訓詁實踐和内容，不僅自古就不乏其例，而且自成體系。它們相對獨立於字詞訓詁，既是字詞訓詁的延伸，又是獨立發展的結果；但長期以來學界没有給予它們獨立的地位（它們没有自己獨立的領域、原則和理論）從而混同或掩埋於字詞訓詁之中而倍遭冷遇；不僅影響着詞義訓詁的判定（把不是詞義的訓詁混同於詞義），更重要的是忽視了其他訓詁屬類和系統的存在。具體而言，字詞訓詁之外，傳統訓詁的全部實踐之中，還有經學訓詁、子學（哲學）訓詁、史學訓詁和文學訓詁四大門類。這四個類别的訓詁實踐都亟待系統地整理和研究，需要以當代訓詁學的理論爲基礎，根據它們各自所屬領域的原則和原理，建立一個彼此相關但又各自獨立的"廣義訓詁學"的理論體系。毫無疑問，這應該説是當代訓詁學家的一個時代使命。"非曰能之，願學焉"，故而不揣梼昧，抛磚引玉，分别而試論之。

2.1　經學訓詁的對象與原理

2.1.1　什麽是經學？

經學是研究六經的學問。什麽是六經之學？《漢書·儒林傳》有言曰："六藝者，王教之典籍，先聖所以明天道，正人倫，致至治之成法也。"據此，經是"先王"用來教戒臣民的"典籍"，經學是"明天道""正人倫"的治世之"法"。黄季剛先生在《論治經》的乾中重申這一重要觀點，并用之糾正章學誠的"六經皆史説"。他説："《漢書·藝文志》謂六經者王教之典籍，章實齋本之，因有六經皆史之説。惟章語實有未合處。史學只是經學之一部分，經學於垂世立教大有功焉，故經學爲爲人之學。"(《黄侃先生語録・論治經》)可見,經學是"垂世立教"的"爲人之學"。徐復觀在《中國經學史的基礎》裏更具體地發揮了經學垂世立教之"人學"觀。他説:

> "《詩》《書》的成立,其目的在由義理而來的教戒。""爲了教戒的目的,在編纂(指《詩》《書》——編者)時做了很大的選擇。當然,這些被選擇、編纂而遺留下來的教材,同時即是歷史中的重要資料,并能給歷史以照明的作用;但就選擇、編撰的動機與目的言,這只能算是副次作用。所以章學誠六經皆史之説,歪曲了經之所以爲經的基本意義,把經的副次作用,代替了主要作用。"(徐復觀 1982:2)

　　綜上所述,經學是維繫傳統社會教義的理論和原則。因此,所謂六經都是"教經"。縱然六經之中有記載歷史的典籍(如《春秋經》),也是"以史爲教"的經典。經學中的歷史嚴格地説不是"西方所謂歷史學的歷史(史學 historiography 或歷史性 historicity)",[1]而是明天道、正人倫的"史教"之學(＝經學)。從這個意義上説,徐復觀謂"章學誠六經皆史之説歪曲了經之所以爲經的基本意義",良有以也。

2.1.2　什麽是經學訓詁?

　　瞭解了什麽是經學,就不難理解"經學訓詁"在傳統訓詁學裏的地位和作用了。然而,長期以來人們一般都用"經學訓詁"來説明經典中的文字訓詁。最要區分的是黄季剛先生在《文字聲韵訓詁筆記》中使用的"經學訓詁"的概念。先看下面的論述:

> "説字之訓詁與解文之訓詁不同。小學家之訓詁與經學家之

---

　　① 西方歷史學所關注的基本問題是爲什麽"事情會按照發生的方式發生(以及可能對未來意味着什麽)why things happened the way they did (and possibly what that means for the future)",這和經學旨在人倫教化的歷史,截然不同,尤其是西方學者把历史學定義爲 epistēmē(真知,Heller 1982),就與經學的歷史更不一樣了。

訓詁不同。蓋小學家之説字,往往將一切義包括無遺。而經學家之解文,則只能取字義中之一部分。""小學之訓詁貴圓,經學之訓詁貴專。"(黃侃 1983:192、219)

這裏"經學家之訓詁"指的是"解文之訓詁",而不專指"解經義之訓詁"。事實上,儘管在傳統經學裏,很多學者有感於"經文訓詁"與"經義訓詁"之不同,①但却很少或至今没有只針對"經學義理"的訓詁屬性進行的專門研究,更遑論獨立研究"經義訓詁"之方法、原則和原理了。本文冒天下之大不韙,嘗試發凡起例,賦予"經學訓詁"以新的概念,使之獨立於傳統字詞之解文訓詁。

什麽是我們理解的經學訓詁? 從傳統上説,公羊高、穀梁赤、毛亨、鄭玄等,都是經學訓詁之大師,故而經學訓詁,由來久矣。但經學訓詁不是字詞訓詁,公羊高、穀梁赤、毛亨、鄭玄等儘管使用了大量的字詞訓詁同時有的也很難分辨,但是他們作經學訓詁的時候,使用的原則和方式,與字詞訓詁迥然有別。譬如《春秋公羊傳注疏》有云:

《春秋經》:二十有九年,春,新延厩。

《公羊傳》:新延厩者何? 修舊也。舊,故也。繕故曰新,有所增益曰作,始造曰築。修舊不書,此何以書? 據新宫災後修不書。譏。何譏爾? 凶年不修。不諱者,繕故功費差輕於造邑。

徐彦《疏》:上"二十八年築微之事"實在"大無麥禾"後,而在前言之者,諱以凶年造邑故也。然則去年無麥禾,今兹凶歲而修廄,不諱者正以功費輕也。

《傳》與《疏》均爲解經而作。首先,經文依例要爲魯君諱大惡,但

---

①　譬如季剛先生之"《詩》《書》以訓詁爲先,《易》《禮》《春秋》以義理爲要。《詩》《書》之訓詁明,即知其義;《易》《禮》《春秋》之訓詁明,猶未能即知其義也"(《黃侃先生語録·論治經》),其中就暗含字詞訓詁(=解文之訓詁和季剛先生之"經學訓詁")與我們這裏定義的"經學訓詁(=季剛先生的《春秋》訓詁)"之間具有本質不同的思想。

是,這裏不但不諱反而"譏之"。《公羊傳》曰:"何譏爾?"回答是因爲依例凶年不修,但"今兹凶歲而修厩",是違常規,所以要"書"。然而,去歲禾麥無收,新宮失火而重修之,但却不書。何以如今要"書"? 公羊説:"不諱者正以功費輕也"! 就是説,修馬厩比造宮殿的罪過輕。

這可謂經學訓詁一般方式。《公羊傳》解釋的是"新延厩者何、何以書、何譏爾、不諱者何"等問題,都是經義問題,其目的在於揭示《春秋經》作者寫作的用意。即通過叙事内容的書與不書,揭示《春秋》作者的"微言大義",揭示春秋筆法的"教諷"之義。《公羊傳》的訓詁是通過《春秋》的書寫體例中"無需書寫的事件"來表達對莊公的譴責和譏諷。

如上所示,"經學訓詁"由來已久,但何以是一個新的概念? 這是因爲在訓詁學史上,似乎還没有把古人解經實踐中有關的"經學"屬性的訓詁原理和方式離析出來,使之獨立成科或獨立成爲訓詁的一個門類。正因如此,經學訓詁和字詞訓詁常常混在一起,無法辨别,不僅困惑後來的語言研究者,同時也影響着後來的經學研究者。舉例而言:

> 《詩·國風·邶風·柏舟》:日居月諸,胡迭而微。
>
> 鄭箋云:"日,君象也。月,臣象也。微,謂虧傷也。君道當常明如日,而月有虧盈,今君失道而任小人,大臣專恣,則日如月然。"
>
> 黄焯先生《毛詩鄭箋平議》云:"焯案:范家相《詩瀋》云:'胡常而微,言日月至明,胡常有時而微,不照見我之憂思。'此解頗直截。蓋詩意或爲呼日月而訴之之辭,猶屈子問天之類也。《詩經·邶風·日月》'日居月諸,照臨下土',箋亦以日月喻國君與夫人,似皆失之。"(黄焯 1985:27)

這裏鄭箋以"日月"爲"君臣"同時又"以日月喻國君與夫人",黄耀先批評説"似皆失之"。事實上,從兩處的"日月"所指的意圖來看,鄭玄作的不是字詞訓詁,而是"經學訓詁(闡釋義理的訓詁)"。然而,黄耀先却從"語言學"的角度用字詞訓詁（闡釋字詞之義的訓詁）來批評鄭玄。鄭玄何嘗不知"日月"有"屈子問天"時所指的日月的意思？然而他要作的是經學訓詁，要闡釋的是經文的"義理"，因爲經文是王教之典籍，是先聖所以明天道、正人倫、致至治之成法之作。因此，我們如果用語言學的原則來批評用經學解釋的結果，那麽就從屬類和體系上導致風馬牛的偏誤。有鑒於此，我在《理論訓詁學講義》裏面專門給"經學訓詁"下了一個簡明的定義，即"以闡釋經書微言大義爲目的的訓詁爲經學訓詁"。如果我們明確了什麽是經學訓詁，我們就不會、也不能用詞語訓詁的原則來苛責經學訓詁，更不會和不能用經學訓詁的結果來改變或混淆詞義訓詁的根據與系統。

事實上，混淆經學訓詁與字詞訓詁而帶來的誤解與無謂爭執，古今均不乏其例。譬如《尚書》"光被四表"，戴震從字詞訓詁的角度提出"古本堯典必有作'橫被'者"（根據孔安國"光，充"之古訓及《釋文》古曠之反切）[①]，而鄭玄則訓"光"爲"光耀"。鄭玄所釋乃經學訓詁，故其說不必有作"橫被"者。然而，不知戴震本意者（如王鳴盛[②]）則用鄭玄經學訓詁反對戴震字詞訓詁之理必，這就犯了用經學的"詩教義理"來反對語言學的"求真理必"（參見馮勝利 2018、2019），結果必然兩不相屬也。由此可見，厘清古人注釋中這兩種訓詁的不同，是訓詁學和經學兩個學科將來研究的重要課題。

2.1.3　經學訓詁的原理、方法與要領

2.1.3.1　區分家法之不同

經學訓詁的一個基本原則是要區分家法之不同。黃季剛先生有言曰："（經學）訓詁、文詞、典制、事實、大義等，不可妄爲輕重。此經學之大要也。"（《黃侃先生語録·論治經》）何以"不可妄爲輕重"？因爲秦漢經學之訓詁，家學有自，不可以一家之說而駁另家之說。"不可以一家之說而駁另家之說"的一個範例，是黃季剛先生在東北大學講授

---

① 均見戴震《與王内翰鳳喈書》，載《戴震集》上海古籍出版社，第 53—55 頁。

② 見王鳴盛《蛾術編·卷四》，《續修四庫全書》子部，第 1150 册，第 70—72 頁。

《詩經》時流傳下來的一個美談。

> 《周頌·潛》:"潛有多魚。"《毛傳》:"潛,椮也。"《爾雅·釋器》:"椮謂之涔。"《説文·木部》:"橬,以柴木雝水也。"《字林》字作"罧"。《正義》:"《爾雅》作木邊也,積柴之義也。然則椮用木不用米,當從木邊爲正也。"胡承珙《後箋》:"若椮之從米,釋爲以米投水中養魚,則不得爲器,恐是望文生義。"(引自葉賢恩 2006:164《黃侃傳》)

按,以上諸訓各有所執,亦各有所偏。黃侃先生兼而通之云:

> "投米、積木,二義可通。其書木者,《説文》:'橬,以柴木雝水也。'《廣雅》:'涔,橬也。'郭景純《江賦》:'橬殿爲涔。'此皆積木之義,亦本於古。其實涔、潛、椮、橬,聲皆相轉,即義亦皆可通,不必從米獨是,從木獨非。此等但宜分疏各説,而不必有所取捨,有所取捨則固矣。"(黃侃《爾雅音訓·卷中·釋器》)

這裏"宜分疏各説"是處理經學家法訓詁的一大原則,因此黃季剛先生説"不必有所取捨","有所取捨則固矣"。評者以爲黃先生此説"超越前人",宏通之極。其實,這是深通經學理路原則的具體表現。經學重"家法",因爲它承傳有自,各爲體系,所以從彼此獨立成系的角度而言,"家法有异,但無是非"! 所以季剛先生説:"經學訓詁雖有時亦取其通,必須依師説展轉求通,不可因猝難明曉,而輒以形聲相通假之説率爲改易也。"可見,通曉師説家法,是經學訓詁的一大原則。

2.1.3.2　區分字詞訓詁、文意訓詁與義理訓詁

《黃侃先生語録·論治經》曰:

> 五經應分二類,《易》《禮》《春秋》爲一類,《詩》《書》爲一類。

《詩》《書》用字及文法之構造，與他經不同，《易》《禮》《春秋》則字字有義。《詩》《書》以訓詁爲先，《易》《禮》《春秋》以義理爲要。《詩》《書》之訓詁明，即知其義；《易》《禮》《春秋》之訓詁明，猶未能即知其義也。

這是經學訓詁的第二大原則。黄先生通過五經二分法以及詞義訓詁與經義訓詁之不同，揭示了用字之訓詁（揭示上下文中語言文字的具體意思）與義理訓詁（揭示語言文字背後的義理思想）之間的本質不同。因此，字詞訓詁與經學訓詁的對立，也可以看作《詩》《書》訓詁與《春秋》訓詁的對立。

在訓詁的類別中，不僅要區分詞義訓詁與經義訓詁之不同，更要嚴格區分和處理文意訓詁與經義訓詁的不同。[①]　馮勝利（1983）提出，古代訓詁中存在一種與字詞訓詁完全不同的"文意訓詁"。譬如《國語·晉語》："虢之會，魯人食言。"韋昭注："食，僞也。"其實"食"在這裏的詞義很清楚。《左傳·哀公二十五年》："孟武子惡郭重曰：'何肥也？'公曰：'是食言多矣，能無肥乎？'"這裏的"食"與《左傳》的一樣，都是"吃"的意思。但是韋氏注撇開了"食"的詞義而闡釋其言外之意。必須警覺的是：在《中華大字典》裏"食，僞也"這類解釋文意的訓詁，也以詞義的身份置身於該書的義項之列。今天我們雖然知道文意訓詁不容與詞義訓詁相混淆，但如何區分經義訓詁與文意訓詁却是一個新課題。經義訓詁與文意訓詁有本質的不同嗎？舉例而言，《詩·大雅·大明》："天監在下，有命既集，文王初載，天作之合。"《毛傳》："載，

---

① 《經典釋文·二》"以擾萬民，而小反，鄭而昭反，徐、李尋倫反。"注云"擾猶馴也。"惠棟云："擾有柔音，故《史記》或作'柔'；又有馴音，故徐、李音'尋倫反'；或音'而小反'失之。"吴承仕按語曰：櫻、擾、柔俱古幽部字，而小、而昭、而周諸音皆是也。音擾爲馴，韵部雖亦可通，真、諄、幽、宵通轉之例，説見"有鷺雉鳴"而聲類不近，字書韵書亦不收此音。疑昔人并以徐邈、李軌爲异讀，不謂擾字兼有馴音也。（見《經典釋文序録疏證》附《經籍舊音辯證·卷二》《經典釋文·二》，中華書局，2008，第 252 頁）按：據此則徐、李异讀在解文意，而非注音。是故古人文意之訓詁，不僅義訓，音訓亦然，而今言古音者似皆未明此，故揭而示之於此。

識也。"涵咏詩意,詩中之"載"乃"年載"義,"初載"猶言"初年"。① 但毛亨訓之以"識",這顯然不是詞義訓詁。但這是文意訓詁呢,還是經義訓詁? 如何區別? 這裏我們提出一種簡捷的辨別方法(更詳實的研究,則有待來日):

(A) 用換一種説法的言外之意來訓詁的方法,是文意訓詁;

(B) 用天道人倫來教人如何看、如何做的訓詁方法,是經學訓詁。

簡言之,改換説法的是文意訓詁,教人看法/做法的是經學訓詁(給人想法的是哲學訓詁)②。據此而言,毛傳"載,識也"不是後者而是第一種:謂"文王出世後剛剛具有思想意識之時"(故孔疏又説:"(大姒)於文王生有所識則不過二、三歲也"),這是改變説法,因此不是經學訓詁而是文意訓詁。這和上文所引鄭玄解"光"爲"光耀"不同,鄭玄的注釋是經學訓詁而非文意訓詁,因爲那裏"光"的詞義是"充斥",而"光耀"乃是鄭玄用假借之法"實現頌揚堯德之目的"的結果。③ 文意訓詁仍然屬於文獻語言學的傳統訓詁的範圍,它與其他四類新建的訓詁範疇(經學、玄學、史學、文學)是截然不同的。

2.2　子學訓詁的對象與原理(子學訓詁也稱玄學或哲學訓詁)

湯一介在《郭象與魏晉玄學》(2016:321)談到:"中國歷史上一直有注釋經典的傳統……漢朝注釋經典多采用章句的方法,一章一句甚至是一字一字地作詳細解釋,還有用'緯'證'經'的方法,形成緯書系統。到魏晉則爲之一變,玄學家或用'得意忘言''寄言出意',或用'辯名析理'的方法。佛教傳入以後,對佛經也有各種不同的注釋,有'音義''音訓'等。"這是訓詁範式在歷時發展過程中的第二個重要里程碑:子學訓詁的出現與建立。

---

① 孔穎達《毛詩正義》云:"文王初載,謂其幼小。"是詩人用"初載"表示"天作之合"時文王的年齡。

② 亦即用提供一種新的想法來加深理解或闡釋自己思想的訓詁方法,是子學訓詁。

③ 當然,經義訓詁、文意訓詁、詞義訓詁之間具有相互影響、彼此互動的關係,它們在詞義演變中也發揮不同作用和效應,但這是另一個問題。顯然,這裏的論證還引發出一個將來需要深入研究的新課題。

人們不禁要問：根據"訓詁屬類系統的理論"，子學訓詁作爲一個獨立的屬類系統，它獨立成體的必然性是什麼？ 這個問題可以通過王弼(226—249)《老子道德經注》得到啓示和回答。

> 《道德經·第三十二章》有云：道常無名，樸雖小，天下莫能臣也。侯王若能守之，萬物將自賓。
> 王弼《注》曰：道無形不系，常不可名，以無名爲常。故曰道常無名也。樸之爲物，以無爲心也，亦無名，故將得道莫若守樸。夫智者可以能臣也，勇者可以武使也，巧者可以事役也，力者可以重任也，樸之爲物，憒然不偏，近於無有，故曰莫能臣也。抱樸無爲，不以物累其真，不以欲害其神，則物自賓而道自得也。

這是在闡釋《道德經》這段話的哲學思想：因爲"道"沒有形體不能維繫，所以一般都沒有辦法給它取名字。因爲無法取名是正常情況，所以説"'道'經常是沒有名字的"。這種注釋顯然與毛亨注詩、鄭玄箋毛的字詞訓詁大相徑庭。毛、鄭的字詞訓詁旨在字、詞、句、章之解釋，而王弼則關注哲理的闡釋，突破只解字、詞、章句的注經方式，長篇大論，頗以自己對老莊玄學思想的理解爲標準去疏解。王弼之注也不是毛鄭的經學訓詁，很簡單，王弼之注意不在六經義理，而在老莊思想。更重要者，王弼所爲與其説是注釋，不如説是他對玄學思想的再創造——所謂六經注我、我注六經者也。據此，我們説玄學訓詁的出現是魏晉時期學術思想解放的必然產物。這一時期的哲學家憑藉我注六經(＝古代典籍)來達到六經注我的目的。因此，我們嘗試性地用下面數條作爲玄學訓詁的原理和方法(更詳細、精密的分析則有俟來日)：

(A) 對象：子學文獻

(B) 原理：辯名析理(用邏輯方法限定字詞概念，辨析其含義)

(C) 方法：寄言出意(將自己的想法深入於原文刑名之理(以意逆志)，化出新的思想)

(D) 目的：得意忘言(闡釋其中的哲理，超越字詞表面之義)

2.3　史學訓詁的對象與原理

史學訓詁與經學訓詁和玄學訓詁皆不同。粗言之，它是用史學語言和背景解釋古代史書的一種訓詁活動。與經學訓詁和玄學訓詁相比，史學訓詁最爲歷代學者所關注、所重視，甚至頗有精闢的總結。譬如清人錢大昭就曾一語道破史學訓詁之真諦：

> 注史與注經不同，注經以明理爲宗，理寓於訓詁，訓詁明而理自見。注史以達事爲主，事不明，訓詁雖精無益也。[①]

就是説，史學訓詁的目的旨在注明事件的來龍去脉。陳垣以"一注訓詁典故，一注本事"概括之[②]。事實上，歷代史學家對史學訓詁的內容也頗有揭舉，如史料的甄別、史實的補充、史實鑒定、史理揭示、史識發明等功能的闡釋，不一而足[③]。史料補充是史學訓詁的基本內容。譬如，漢朝孟喜傳古文《易》的史實，是經裴松之(372—451)《三國志·虞翻傳》注提供的材料，才保留下來這一史實。

劉孝標爲《世説新語》作注，其宗旨、體例都受到了裴松之《三國志注》的影響，也屬典型的史學訓詁。如：

> 《世説新語·任誕第二十三》周伯仁風德雅重，深達危亂。過江積年，恒大飲酒，嘗經三日不醒。時人謂之"三日僕射"。
>
> 劉孝標注：《晉陽秋》曰："初顗以雅望獲海內盛名，後屢以酒失。庾亮曰：'周侯末年可謂鳳德之衰也。'《語林》曰：'伯仁正有姊喪，三日醉；姑喪，二日醉，大損資望。每醉，諸公常共屯守。'"

---

① 見《清史稿》卷四八一《錢大昭傳》，中華書局，1977 年版。

② 見陳志超 1990《陳垣往來書信集》，致陳壽樂(第 53 通)。上海古籍出版社，第665 頁。

③ "史理"是這裏提出的一個新概念，不僅包含西方史學的概念，同時包含中國傳統的史教的意思。斯事至大，當另文專述。

　　顯然,這些風雅倜儻的生活軼事,没有劉氏注文的補充,今天是很難看到的。趙建成(2017)總結劉孝標的《世説注》時説:

　　　　《三國志注》務求周悉,側重於補其脱漏,《世説注》則更注重於勾勒書中人物發言、行事之歷史、時代背景,故又有所發揚。

　　由此可見,即使都是歷史訓詁,由其對象、内容及社會背景之不同,也會帶來注釋方法、體例及系統的不同。

　　然而,如何注史? 何爲史學訓詁? 史學訓詁的理論體系如何建立? 我們看到:史學訓詁雖備受關注,但其原理、方法以及理論等重要問題,學界向無系統研究。不僅歷史學科方面没有關注史學訓詁的研究,訓詁學科方面也没有給予專門的研究,哪怕是初步的史學訓詁理論也尚未提到日程上來。這裏,我們只能綜合前人的訓詁實踐和史論,對史學訓詁的對象和原理作一嘗試性探索。[1] 如果説裴松之開創了新的史學注釋範式的話,那麽胡三省的《資治通鑒注》則全面反映出何爲"史注"的内容、方式和範例。這裏我們姑從陳垣先生總結胡注的20篇目的内容入手,將何謂史學訓詁的初步想法分述如下:

　　(A) 對象:記録歷史的古代典籍(或從歷史角度對待的古代典籍)

　　(B) 原理:注史以達事爲主(錢大昕)、"博采异文多所折中"(李慈銘)

　　(C) 内容:書法、避諱、評論、勸誡

　　(D) 手段:補闕、校勘、解釋、考證、辯誤、出處、徵引

　　(E) 目的:提供事件的來龍去脉(包括作者的意圖)

　　注意:雖然有些史書的訓詁也被歸入"史注"範疇,但注釋家所用仍屬文字訓詁(如趙把《史記集解》歸入史注,但《史記集解》仍屬字詞

------

① 這裏主要參考陳垣《通鑒胡注表微》。按,裴松之《上三國志注表》也談到自己注釋的内容包括補闕、備异、懲妄、論辯等。

訓詁）。其次，某一新訓詁體的開創和出現，并不意味着其他訓詁體（尤其是文字訓詁）就被取代。新體和舊體常常并存無礙，有時不僅共存，而且還你中有我，我中有你，雖表面不易分辨，但其根本仍涇渭分明——不易分辨不等於没有分别。

2.4 文學訓詁的對象與原理

文學訓詁的範式是李善（630—689）創立的。但李善創立的是什麽範式？這裏我們要爲古人立言。

首先，以往研究對李善訓詁的認識，雖得其承傳，并未切中其創新之諦。譬如：認爲李善注既有傳統的訓詁、章句、音注，又有補闕、備異、糾謬等體例。我們知道，引述繁複是李善《文選注》的重要特色和風格，或曰"這是由其作注宗旨決定的"。然而，這裏的宗旨是什麽呢？不得而知。趙建成（2017）引李善《上文選注表》"弋釣書部，願言注緝，合成六十卷"後，總結道："弋釣書部（＝徵引）的一個重要目的在於揭櫫文本背後的事典與文辭來源，從而確立了集部注釋學的一種新的範式。……可以説是中國古代集部典籍注釋最高成就的代表"。這裏確認了李善文選注的學術地位：里程碑式的注釋學體。然而問題是：如果説徵引文獻的一個重要目的在於揭櫫文本背後的事典與文辭來源，我們不禁還要更深一步地追問：李善爲什麽要"注出事典與文辭來源"？日本學者岡村繁（2002：319）似乎看出了其中一些奥妙，於是説到：

> "李善繼承并超越了以往對《文選》作語言學注解的傳統方法，進而從文學的角度深入《文選》的内面。他致力於凸現漢魏六朝文學的本質特徵，由此而把重點放在《文選》作品中用語所依據的出典，對之逐一探幽溯源，精心施注。"

但問題仍然存在：爲什麽從文學的角度注釋，事典和文辭來源就如此重要？此其一。第二，經學訓詁不用此法的原因何在？爲什麽史學訓詁也不用此法？爲什麽事典和文辭來源單單對文學"情有獨鍾"？

在這些問題澄清以前,李善注釋的里程碑性質,就只能是一個標籤而沒有實質性的内容。如此一來,不僅他對後代的影響所以如此之大也變成不得而知,而且李善所以如此下注的原理,也以其昏昏難使昭昭。

爲揭示李善注釋的真正要旨,我們不妨先看下面的例子:

> 曹子建《贈徐幹》:驚風飄白日,忽然歸西山。
>
> 李善《注》:"夫日麗於天,風生乎地,而言飄者,夫浮景駿奔,倏焉西邁,餘光杳杳,似若飄然。古《步出夏門行》曰:行行復行行,白日薄西山。"

李善爲什麽要用樂府詩《步出夏門行》來注釋曹植詩歌中的"白日""西山"? 論者會説:爲了提供文辭的來源。但爲什麽要提供文辭的來源? 事實上,李善在注釋王仲宣《從軍詩五首》中"白日半西山,桑梓有餘暉"一句時,亦采用古《步出夏門行》之"行行復行行,白日薄西山"來作注。不錯,他的目的是要提供文辭的來源,但這只是手段而不是的目的。我認爲,文學注釋"提供文辭來源"不僅僅是要提供背景知識,更重要的是提供已有文學語境中意象與意境。換言之,李善在告訴讀者:王仲宣詩歌中的"白日"和"西山"這兩個意象,不僅出自樂府詩的意境之中,更重要的是要結合"行行復行行,白日薄西山"中的白日和西山的意象來理解、構思、欣賞現在原文中的"白日"和"西山"。原因很簡單,文學鑒賞過程是讀者重新構建意象之美的再創造的過程。具體而言,我們認爲文學閲讀也是一種文學創作(被動性創作),是讀者在作者提供的文字信息的基礎上,根據自己的經驗,再度創造出與作者相諧的文學美感和效應(參馮勝利 2016)。在這種"閲讀創作論"的思想指導之下,李善注解中的語詞出處、意象來源、"詩句脱變"和"化用詩歌意境與意象"等,都是文學訓詁幫助讀者建立審美經驗的手段。也就是説,文學訓詁提供出典和文辭來源的目的,就是要標出"意象"取景或取象之所自。再如:

　　（1）劉楨《贈五官中郎將四首》：秋日多悲懷，感慨以長歎。

　　李善注：毛萇《詩傳》曰：“秋士悲也。”

　　（2）謝靈運《登石門最高頂》：晨策尋絶壁，夕息在山棲。

　　李善注引《江賦》“絶岸萬丈，壁立霞駁”；又引郭璞《游仙詩》“山林隱遯栖”。

　　（3）陸士衡《招隱士》：富貴苟難圖，稅駕從所欲。

　　李善注引《論語》：“子曰富貴可求也，雖執鞭之士吾亦爲之，如不可求，從吾所好。”

　　上文（1）中的引文出自《豳風·七月》毛傳，原文作：“傷悲，感事苦也。春，女悲；秋，士悲，感其物化也。”如果再結合鄭箋：“春，女感陽氣而思男；秋，士感陰氣而思女”，則原詩“秋日多悲懷”的情景和意境就更加豐富多彩而躍然紙上了。（2）中的引文則將原文“絶壁”放到了“萬丈絶岸”和“云霞壁立”的景象之中，更加之以游隱遯迹之處的林夕仙境，於是讓讀者盡情想象原文“晨策尋絶壁，夕息在山棲”的多維、多層的意境，自然景象叢生而飄然欲仙了。（3）則是從思想背景的深度上，引導讀者如何去“圖”，如何去“欲”——引文一出，則將一番窮途的道理和隱退的情趣，直抒無遺而又餘味無窮。

　　總之，李善所爲，意在提供原文所出之意境和意象。正如王寧先生（1988）所説：“這些都不是僅尋找出處，更重要的是以境比境，爲讀者提供一個在前的境界，以加深對選詩的體會。這種注釋方式是唯文學作品可取，又爲文學作品所必取的。”這正是李善創造的文學訓詁的一個新範式，①他徵引的目的不僅僅是解釋字詞之義，也不只是給出出處，其根本目的是提供給讀者多維度的歷時文學語境，讓他們可以藉此想象和創造富有時空厚度和立體感的文學意境和意象，從而獲得超時空美感的文學享受。這就是爲什麽李善文選注在四大名注（裴松

─────────

　　①　筆者感謝張伯偉先生所見告李善參比語境的“互相憲述”之注法，早在宋高似孫《選詩句圖》中已發其凡。然而其所以如此者，仍未明其詳細。

之、劉孝標、酈道元和李善)之中,徵引典籍最多;而最多之中又以引集部書數量最多(1 157 家),占全部引書的 59％(趙建成 2017)原因所在,因爲文學作品的意境和意象越豐厚,其藝術效果就越强。古今中外,概莫能外。

根據上面的分析,我們可以嘗試性地給文學訓詁列出如下特徵:

(A) 對象　古代文學作品(詩、歌、詞、賦及古代散文)

(B) 原理　事出於沉思,義歸乎翰藻(《文選·序》),翰藻＝文學意象之載體

(C) 手段　用徵引方式提供事典與文詞來源

(D) 内容　字詞、短語、詩行、警句、詞法、句法等

(E) 目的　揭示歷時文學語境中的意境和意象

三　結語

根據本文的分析,在漢語訓詁學史上,語言文字之訓詁與經學義理之訓詁一直就并駕齊驅,劃水難分;很難説哪一個是源、哪一個是流。東漢以後,玄學訓詁和史學訓詁打破了對經注的因襲模擬,確立了注釋學中的新範式。不僅把子注和經注區分開來,史注更是孑然成體,分道揚鑣。然而,歷代學者雖然都看到了這些不同門類的訓詁體系,但是尚未洞悉它們彼此不同之原理所在和系統之异,因此未能真正區分和發掘它們之間的本質不同。譬如,雖然裴松之、李善均用"徵引"之法,但如上所示,二者"徵引"目的之本質所在,截然不一。本文不揣梼昧,提出上述四大訓詁種類之獨立性、範疇性,并初步簡示其各自存在的系統性;爲將來廣義訓詁學的建立與發展提供新的思路、拓展新的空間。就目前的研究和我們初步理論來看,這種"廣義訓詁學"的基本格局是:(A) 小學訓詁學　(B) 經學訓詁學　(C) 哲學訓詁學(D) 史學訓詁學　(E) 文學訓詁學。

毫無疑問,上述每一個分屬學科均可進行自己獨立的專科研究,而就目前的研究狀況而言,下面的工作可謂迫在眉睫的基礎建設:(A) 確定各個屬類彼此特有的研究目的、對象和方法;(B) 構建各自

獨立存在的理論原理;(C) 揭示自己的操作規則及其發展規律。①

　　這既是目前的首要任務,又是奠定廣義訓詁學的理論根據和實踐基礎。當然,凡上種種,皆爲發凡起例、初步嘗試。其中各科均有待詳密的論證和分析,故而挂一漏萬,勢所難免;是耶? 非耶? 尚待方家是正。

參考文獻

白兆麟 2005《新著訓詁學引論》,上海:上海辭書出版社。

陳　垣 1962《通鑒胡注表微》,北京:中華書局。

陳志超 1990《陳垣往來書信集》,上海:上海古籍出版社。

(清) 戴　震 1980《與王内翰鳳喈書》,《戴震集》,上海:上海古籍出版社。

方一新 2008《訓詁學概論》,南京:江蘇古籍出版社。

馮勝利 1983《區分詞義訓詁與文意訓詁》,《辭書研究》第 3 期。

馮勝利 2016《駢文韵律與超時空語法》,《聲音與意義:中國古典詩文新探》,上海:上海古籍出版社。

馮勝利 2018《論黃侃的"發明之學"與傅斯年的"發現之法"》,《勵耘語言學刊》第 2 期。

馮勝利 2019《論乾嘉學術的科學突破》,《語言教學與研究》第 3 期。

[日] 岡村繁 2002《文選之研究》,陸曉光譯,上海:上海古籍出版社。

郭在貽 2005《訓詁學》(修訂本),北京:中華書局。

何九盈 1995《中國古代語言學史》,廣州:廣東教育出版社。

洪　城 1984《訓詁學》,南京:江蘇古籍出版社。

黃　侃 1983《文字聲韵訓詁筆記》,上海:上海古籍出版社。

---

① 　筆者感謝施向東、汪維輝、張美蘭、齊元濤、史文磊等同寅指出的,在本文五種訓詁屬類之外,它如中醫、建築等專科領域,是否亦當自立訓詁屬類? 我們不排除這種可能,但是否獨立成科的條件和標準是:(1) 有獨立的原理;(2) 有獨立運作的機制。

黄　侃 2006《黄侃先生語録・論治經》,載張暉編《量守廬學記續編:黄侃的生平和學術》,北京:三聯書店。

黄　焯 1985《毛詩鄭箋平議》,上海:上海古籍出版社。

陸宗達 1964《訓詁淺談》,北京:北京出版社。

陸宗達、王　寧 1983《訓詁方法論》,北京:中國社會科學出版社。

齊佩瑢 2004《訓詁學概論》,北京:中華書局。

湯一介 2016《郭象與魏晉玄學》(增訂版),北京:中國人民大學出版社。

(清) 王鳴盛 1995《蛾術編》,《續修四庫全書》第 1151 册,上海:上海古籍出版社。

王　寧 1988《李善的昭明文選注與選學的新課題》,《昭明文選研究論文集》,吉林:吉林文史出版社。

王　寧 1996《訓詁學原理》,北京:中國國際廣播出版社。

徐復觀 1982《中國經學史的基礎》,臺北:臺灣學生書局。

葉賢恩 2006《黄侃傳》,武漢:湖北人民出版社。

(清) 趙爾巽 1977《錢大昭傳》,見《清史稿》卷 481,北京:中華書局。

趙建成 2017《經典注釋徵引範式的確立與四大名注引書》,《浙江學刊》第 2 期。

周大璞 2011《訓詁學初稿》,武漢:武漢大學出版社。

Eran Viezel 2017 The rise and fall of Jewish philological exegesis on the Bible in the middle ages: causes and effects. *The Review of Rabbinic Judaism*, 20: 48 – 88.

Heller Agnes 1982 *A Theory of History*. Routledge & Kegan Paul.

6.《詩經》語體與《詩經》訓詁①

摘要：《詩經》的小學訓詁與經學訓詁包括：《詩經》之風、雅、頌與語體之口語體、正式體、莊典體的對應性。文章討論朱熹《詩集傳》經學訓詁與毛傳、鄭箋之不同；馬其昶《毛詩學》出而"經學不得廢"；戴震《毛鄭詩考正》的小學訓詁與經學訓詁考證法，以及《詩經》三體與《春秋》褒貶所表現出孔子"語體施教"的特徵與思想。

關鍵詞：《詩經》；語體語法；小學訓詁；經學訓詁；語體施教

一　《詩經》的訓詁

孔夫子删詩三百篇以爲經，其中有兩大原則不得輕忽。其一是詩之語體，即《詩經》風、雅、頌三分之體：

```
風：風化民俗；屬俗常民歌 ┐             ┌ 口語體
雅：尊君正法；屬官方雅言 ├ 語體語法 ┤ 正式體
頌：敬祖畏天；屬恭威頌詞 ┘             └ 莊典體
```

"風"是民謡，屬百姓口語體；"雅"是國歌，爲軍政正式體；"頌"是神曲，乃莊重典雅體（民＝口語體、君＝正式體、神＝莊典體）。以今觀之，此三體當屬《詩經》的語體語法。

其二是詩之經義。孔子詩教不僅別詩爲三體，且以"詩義"立教。傳説子夏作詩序："《序》義乃孔子親問於太師，以授子夏。"（黄焯《毛詩鄭箋評議·序》）而孔子云"詩三百，一言以蔽之，思無邪"。此三百篇皆合"序義"之謂也。序義乃孔子"詩教"之本。故吕祖謙《吕氏家塾讀

①　本文發表於《社會科學戰線》(7)．2023：139－147；受北京語言大學院級科研專案(23YJ170008)及國家社會科學基金重大專案(22&ZD257)資助。

詩記》曰:"學《詩》而不求序,猶欲入室而不由戶也。"陳奐亦云:"讀詩不讀序,無本之教也!"(陳奐《詩毛氏傳疏‧自序》)

今天,《詩經》已不再爲"教典",故上所云之"破的"之語也不再有往日意義。然而,研究《詩經》之訓詁若不從"經義"角度去理解,則很難得其真諦。下文可見,語體和經義在傳統的經學系統裏,互爲一體。

二　《詩經》的經學訓詁

1.《詩經‧大序》分語體之意旨

> 上以風化下,下以風刺上,主文而譎諫,言之者無罪,聞之者足以戒,故曰風。至於王道衰,禮義廢,政教失,國异政,家殊俗,而變風變雅作矣。國史明乎得失之迹,傷人倫之廢,哀刑政之苛,吟詠情性,以風其上,達於事變而懷其舊俗者也。故變風發乎情,止乎禮義。發乎情,民之性也;止乎禮義,先王之澤也。是以一國之事,系一人之本,謂之風;言天下之事,形四方之風,謂之雅。雅者,正也,言王政之所由廢興也。政有大小,故有小雅焉,有大雅焉。頌者,美盛德之形容,以其成功告於神明者也。(《詩‧大序》)

《詩經》經義即如《大序》所云:"先王以是經夫婦,成孝敬,厚人倫,美教化,移風俗。"今天讀《詩》所當注意者:朱熹《詩傳綱領》所云"詩之始作"是一回事,從"詩教"之人倫文化角度揭櫫《詩》之教化作用,則是另一回事。《詩》雖"發於男女之間"且"達於父子、君臣之際",但孔子的經學則以之"興善""戒失"來"道夫婦君臣之常,而成父子君臣之道"。故從經學原理角度看,《詩經》訓詁旨在揭櫫經文"正三綱、厚人倫、美教化、移風俗"的經教功能和意蘊。離開"經教"之原理,則不爲《詩經》之經學訓詁。

然而,施教之《詩經》何以分風、雅、頌?此種分類與"經教"何干?《大序》所言"風、雅、頌"雖各有經教之异,但"經教"何以分爲三體,而非四體或五體?《詩經》訓詁不能不對此給予恰切的解釋。換言之,今天的《詩經》訓詁不僅要解釋何爲已然——三體經義不同的傳統根據，而且要解釋何以爲然——爲什麼古人選擇這樣而非別樣的深層根據，此即本文所欲揭示之"《詩經》訓詁"者。我們不止要闡釋《詩經》的"經旨"，更重要的是要從語言學的角度闡釋"詩語"（《詩經》語言）和"詩旨"（《詩經》經旨）之間的内在關係。事實上，無論從哪個角度來研究、來解釋，都不能忽視《詩經》分三體的事實與原理。請看下面《詩經》語體三分的韵律證據①：

《詩經》四言句中全部 ABAB 式例舉如下：

類別	個數	次數	篇數	全　部　句　例
國風	20	35	13	悠哉悠哉 委蛇委蛇 （3）歸哉歸哉 （3）簡兮簡兮［班兮班兮 瑳兮瑳兮］其雨其雨 懷哉懷哉 （3）碩鼠碩鼠 （3）［樂土樂土 樂國樂國 樂郊樂郊］子兮子兮 （3）采苓采苓［舍旃舍旃 采苦采苦 采葑采葑］如何如何 （3）鴟鴞鴟鴞 撠兮撠兮 （2）
小雅	7	13	5	蒼天蒼天［左之左之 右之右之］采菽采菽［采薇采薇 （3）曰歸曰歸(3)］黄鳥黄鳥 （3）
大雅	0	0	0	
頌	4	6	4	敬之敬之 有駜有駜 （3）有客有客 有瞽有瞽

《詩經》四言句中全部 AABB 式例舉如下：

類別	個數	次數	篇數	全　部　句　例
國風	1	1	1	委委佗佗
小雅	8	8	6	矜矜兢兢［潝潝訿訿 戰戰兢兢］［緝緝翩翩 捷捷幡幡］嘽嘽焞焞 濟濟蹌蹌 苾苾芬芬

① 表格來源於袁愫：《〈詩經〉四言句重複式的韵律與語體》，《韵律語法研究》2020年第2期。

續　表

類別	個數	次數	篇數	全　部　句　例
大雅	11	12	6	穆穆皇皇 蹌蹌濟濟［顒顒卬卬 奉奉蓁蓁 雝雝喈喈］［兢兢業業 赫赫炎炎］［赫赫明明 赫赫業業 綿綿翼翼］［皋皋訿訿 兢兢業業］
頌	2	2	2	烝烝皇皇 實實枚枚

由上可見，《詩經》三分乃以語體爲據，此其節律重叠別體之證明。另有辭彙標識之語體（如《周頌·清廟》"於穆"、《周頌·我將》"儀式刑" 等頌體辭語）、句法構建的語體（如《商頌·玄鳥》"宅殷土茫茫"等句式），均可見出《詩經》"詞氣不同，音節亦异"之語體特徵。篇幅所限，兹不贅。

2. 朱熹對"詩體"的認識和突破

宋朝的經學有了突破性的發展。首先是朱熹對《詩經》三體的經學詮釋。他對《詩經》的解釋與以往一個很大的不同是將"經教"之《詩》與一般的詩歌結合或等同起來：

> 風者，民俗歌謡之詩也。（《詩集傳》卷一）雅者，正也。正樂之歌也。其篇本有大小之殊……正小雅，燕饗之樂也；大雅，朝會之樂，受釐陳戒之辭也。故或歡欣和説，以盡群下之情；或恭敬齊莊，以發先王之德。詞氣不同，音節亦异。（《詩集傳》卷九）
> 頌者，宗廟之樂歌，大序所謂美盛德之形容，以其成功，告於神明者也。（《詩集傳》卷一九）

朱熹把"風"解釋爲"民俗歌謡"。認爲：

> 詩之始作，多發於男女之間，而達於父子君臣之際，故先王以詩爲教，使人興於善而戒其失，所以道夫婦之常，而成父子君臣之道也。三綱既正，則人倫厚，教化美，而風俗移矣。（《詩傳綱領》）

　　雖然"民俗歌謠"可以爲王教,但對《詩》之爲"經"而言,"詩之始作"(詩意)是一回事,"以詩爲教"(詩義)是另一回事。朱熹追始爲"男女之間",於是讓經學的詩接近於文學的"民歌"甚至"情歌"(《詩集傳》解《褰裳》篇爲"淫女之謔辭")。當然,此前的歐陽修已開始質疑毛傳、鄭箋之"據文求義,是言静女有所待於城隅,不見而彷徨爾。其文顯而義明,灼然易見,而毛鄭乃謂正静之女自防如城隅,則是捨其一章但取城隅二字,以自申其臆説爾"。(《詩本義》)朱熹更變本加厲,在《詩序辨説》中謂《詩序》"全然不似詩意"(《静女》)、"非詩之本旨"(《姣童》)、"《序》意與詩情不協"(《無衣》)。他的理由是"《序》出於漢儒,反亂詩本意……《詩》本易明,只被前面《序》作梗"(《朱子語類》卷八十)。雖然朱熹堅持"發於男女之間"的民歌仍可"達於父子君臣之際",但這種"捨《序》言《詩》"的做法,從客觀上大大減弱了《詩經》"風化"和"詩教"的作用。因爲"思無邪"就是要"脱去"始作之"男女之間";而追其始作的結果,就使今天的《詩經》幾乎只剩下它的文學作用。

　　3. 馬其昶的"經學不廢"

　　我們現在看到,《詩經》經義的傳承,從毛亨、朱熹,到五四以後,隨着經學廢弃而壽終正寢。[①] 然而,其間仍有承襲者。民國學者馬其昶,繼承經學香火,把《詩經》的經義,依照經學傳統和近期的研究,用現代人的體會和做法闡發出來,可謂民國時期的《詩經》經學。譬如:

　　　　(1)"《關雎》后妃之德也",風之始也。孔穎達曰:"諸序皆一篇之義,此爲篇端,故以詩之大綱并舉於此。""所以風天下而正夫婦也。故用之鄉人焉,用之邦國焉。"孔曰:"《儀禮》:鄉飲酒禮乃合樂《周南·關雎》,是用之鄉人也。《燕禮》:遂歌鄉樂《周南·關雎》,是用之邦國也。"風,風也,教也。風以動之,教以化之。(《詩毛氏學》卷一)

---

①　參見范文瀾:《範文瀾全集》第 10 册,石家莊:河北教育出版社,2002 年,第 45 頁。

（2）大雅：襄二十九年傳，爲之歌大雅，曰：廣哉熙熙乎，曲而有直體，其文王之德乎！又，《樂記》師乙曰：廣大而靜，疏達而信者，宜歌大雅。○黄佐曰：文王之德，章於《關雎》《麟趾》之化，純亦不已，猶於穆之神也。武王成康，儀刑而已，屬及宣幽，依違文王之德者，則變大雅之美刺作矣。然歌樂以養成，天子之德惟正，雅爲常奏之聲而太師道其德焉。故經解曰：其在朝廷，則道仁聖、禮義之序，燕處則聽雅頌之聲。所謂直己而陳德也。理義深長，詞旨廣大，其斯所以异諸小雅者與？（《詩毛氏學》卷二十三）

（3）頌："孔曰：'頌之言人容歌成功之容狀也。'……《樂記》師乙曰'寬而靜、柔而正者，宜歌頌。'"（《詩毛氏學》卷二十六）

陳漢章《詩毛氏學·序》曰："號爲《毛氏學》者，所可比擬求七十子之微言大誼，捨此其奚適焉？此書出，經學不得廢矣。"可見馬氏承經之功。馬其昶本持經學傳統，不取宋以來"情歌"之說，每篇均按《詩序》來闡解和領會；恪守"經夫婦，成孝敬，厚人倫，美教化，移風俗"的經義。其釋"君子好逑"爲文王娶配的好國母，"窈窕淑女"是淑嫻的皇后、婦女的典範。這與魯迅"漂亮的好小姐，少爺的好一對兒"，把"經詩"作爲"民歌"來欣賞大不相同。

我們不否認魯迅的讀法，但必須承認，這不是經學釋"經"的方法，即便按照民歌來翻譯，也不宜譯作"少爺"和"小姐"，而"小夥兒"和"姑娘"才合民歌體。換言之，上面的翻譯，語體不對。或許魯迅的本意就在文學的調侃。由此可見，經學在那個時代被世人"嘲弄"的情景。百年之後，我們回過頭來重新理解什麼是《詩經》訓詁時，必須看到：傳統的經學之本就在於經義。所以《詩經》每一篇都有"解讀大綱"（詩序）。《風》是教育"鄉人"如何成爲合格入道之人，與孔教、儒教的教育理念正相吻合；而大小雅的經義，亦不外此，雖然內容和方式在給人什麼樣的教育上有所不同。因此，讀經與讀詩，是兩回事。《詩》是"經"，所以《詩經》訓詁也須區分經學訓詁、小學訓詁和文學訓詁之不

同————文學訓詁最容易(歐陽修所謂"其文顯而義明,灼然易見"),
經學稍難,小學爲最,而以小學方法證經學,則爲最上之最。這一點,
從戴震的訓詁可見一斑。

三　從《毛詩補傳序》看戴震的解經概念

1. 區分訓詁的性質

有清一代的學者中,戴震可謂自覺地將"經學"與"小學"分別開來
的第一人。他在《毛詩補傳序》①裏説:

> "《詩三百》,一言以蔽之,曰'思無邪'",夫子之言《詩》也。而
> 《風》有貞淫,説者遂以"思無邪"爲讀《詩》之事,謂《詩》不皆無邪
> 思也,非夫子之言《詩》也。
> 　先儒爲《詩》者,莫明於漢毛、鄭,宋之朱子。然一詩而以爲君
> 臣朋友之辭者,又或以爲夫婦男女之辭;以爲刺譏之辭者,又或以
> 爲稱美之辭;以爲他人代爲辭者,又或以爲己自爲辭。其主漢者
> 必攻宋,主宋者必攻漢,此説之難一也。余私謂《詩》之辭不可知
> 矣,得其志則可通乎其辭,作詩之志愈不可知矣,蔽之以"思無邪"
> 之一言,則可通乎其志……宋後儒者求之不可通,至指爲漢人雜
> 入淫詩,以足三百之數,欲舉而去之,其亦妄矣!

何謂"思無邪"? 一言以蔽之,這是"夫子之言《詩》"的經義原則。然
而,人們看到《風》中有貞、有淫,"説者遂以'思無邪'爲讀《詩》之
事"————把經義原則改變爲"讀詩之事":讀詩的時候要分辨哪首詩是
淫詩,哪首是正經之詩。"思無邪"便成了告誡讀者詩中有"淫"的警示。

戴震認爲這并非孔子之意。首先,他肯定孔子"思無邪"之意,"先
儒爲《詩》者,莫明於漢毛、鄭,宋子朱子"。他把朱熹也包括進來,并用
"朱子"稱之,説明戴震對朱熹的敬佩和尊重。因爲朱熹也承認"詩之

---

① 戴震:《戴震全書》之二《毛詩補傳》,合肥:黄山書社,2010 年。

言美惡不同、或勸或懲,皆有以使人得其情性之正"(《詩集傳·魯頌·駉》)。然而,戴震筆鋒一轉,提出了自己對朱熹"作詩之意"的不同看法:"然一詩而以爲君臣朋友之辭者,又或以爲夫婦男女之辭",即如"關關雎鳩,在河之洲",既可以説是戀詩,也可以説是友情;説是諷刺可以,説是贊美也可以;説作者爲他人而作可以,説是自己的抒情也可以。因此,作者詩者的本意到底爲何,公説公有理,婆説婆有理,"此説之難一也"。

戴震可謂第一個明確提出并解決這一問題的《詩經》學者。"《詩》之辭(所指爲何)不可知矣,得其志則可通乎其辭,作詩之志愈不可知。"《詩》的辭語所指(意圖)已不可知,僅憑字面之義推測作詩之意(志),然後再以所得之"意(志)"回解其辭,"作詩之志(意旨)"就更不可知。因此,"蔽之以'思無邪'之一言,則可通乎其志"! 這"一言"實即夫子的"解經原則",而"通乎其志"的"志"乃經義之"義"。可惜,宋後儒者將"思無邪"誤解爲"讀經之事",結果"求之不可通(風=民歌的結果),至指漢人雜入淫詩,以足三百之數(不可通的結果)"甚至"欲舉而去之"。此舉非"妄"而何? 事實上,無論《詩經》的作者是否有所特指,列入《詩經》的"談情説愛"則必有"思無邪"的經義所指。這才是夫子當時將《詩經》作爲布道教材之"初衷"。後人不解,則説孔教不應有淫詩,要麽説那是後人爲湊足三百而摻入,更有甚者則用誤解的"思無邪"删而除之。戴震曰:"其亦妄乎?"《詩經》之詩不能用"是否淫(=邪)的思想去理解",因爲它們是"經";"經"有"經義"之旨。[①] 這是戴震"經學訓詁"的原則,而如何進行經學訓詁的闡釋工作,戴震發明了自己的具體方法:

今就全詩考其字義、名物於各章之下,不以作詩之意衍其説。

蓋字義名物,前人或失之者,可以詳覈而知,古籍具在,有明證也。

---

①　按,"經旨"不能改,不等於不能發展。但這是兩個不同的問題。斯事甚大,本文暫不涉第二個問題的討論。

作詩之意，前人既失其傳者，非論其世、知其人，固難以臆見定也。
（《毛詩補傳序》）

戴震這裏的"考"字非常重要：他不但要考"字義"、考"名物"，而且還要考"經義"。宋人解詩免不了"猜"："猜"這詩是誰寫的、給誰寫的、爲什麽寫的，等等。而戴震的方法是"考"，這就是要用科學方法，要有實據和理據。

戴震繼之曰："不以作詩之意衍其説。"因爲考字義、名物，"可以詳覈而知，古籍具在，有明證也"，詳細地核實，找到證據，才能證明所期的結論。這就是我們所説的乾嘉理必之學"實事求是"的科學方法。什麽是科學？科學必須有（而且能）驗證，唯此才能明"真僞"，所謂"求是"方法。至於作詩之意，因"前人既失其傳"，若後人欲知，也須"考"，而不能單憑字面意思去揣測。如何考"作詩之意"？他的辦法是"論其世、知其人"，否則就是"以臆見定也"。在戴震看來，不僅《詩經》的字義、名物要"考"，作詩之意也"非考不知"，即使是孔夫子"思無邪"的教義，也需"詳覈而知"而不能主觀臆定。梁啓超在《中國近三百年學術史》中説戴震的《詩經》訓詁是"詢治詩良法也"。但梁啓超只説這是"治詩良法"，沒點出"良法"具體爲何。實際上，就是戴震的科學理必之法。具言之，戴氏《詩經》訓詁有三種方法：

第一種是根據經義，解釋經的字面意思，這是語言學的工作，亦即那個時代的"小學訓詁"；第二種是根據作者的意圖（是情歌，或贊詩）來解釋其文學語言和藝術，此爲"文學訓詁"；第三種是從"詩教"經義的角度來解釋該詩如何教化人生，是爲經學訓詁。而這三種之中，凡可考的、可鑿實而有根據的論斷和結論，是小學訓詁。可以説，戴震創造瞭解釋經學語言的語言學，或語文學；它與闡釋經義的經學訓詁有着本質不同。據此，今人如欲理解和闡釋古代訓詁，亦須將小學訓詁和經學訓詁嚴格區分開來。經學訓詁不同於小學訓詁，即使下注與字面詞義有出入（見下文鄭玄訓"稽古"爲"同天"），也不爲錯。爲什麽？原因很簡單，經學家的經學訓詁不是語言學，二者目的不同。今天學界有將清朝學術一概統稱爲經學者,實乃混淆了"經學"和"小學"的本質不同,似乎凡治"訓詁"者都是"經學家"——謬矣!

2. 戴氏訓詁之一:以小學訓詁定語言文字之是非

戴震區分了小學訓詁與經學訓詁的不同後,也示範了什麼是他的小學訓詁。譬如:

> 《尚書·堯典》:曰若稽古,帝堯曰放勳。
>
> "曰"當從古本作"粵"。
>
> 《爾雅·釋言》:"若,惠,順也。""若"與"如"一聲之轉,"惠"與"順"一聲之轉。《說文》:"如,從隨也。"從隨之義,引而伸之爲順、爲同。篇内"若"字多矣,皆相因無异解,不得合"曰若"二字爲發語辭。《召誥》之"越若來三月",越者,發端語辭。徐鍇《說文系傳》釋"粵三日"云:"心中暗數其日數,然後言之。"若來三月,則由二月順數之,至方來之三月也。"若"字宜從古注。稽古,猶言考之昔者,凡往則稱古昔。《盤庚》篇謂前王曰"古我先王",《孟子》書謂數日之間爲昔者,是也。前史所注記,後史從而删取成篇,故發端言"粵若稽古",猶後人言"謹案"云爾。明不敢以臆見爽失其實也。自漢迄今并誤讀"粵若稽古帝堯"爲句,漢唐諸儒以"稽古"屬堯,鄭康成訓"稽古"爲"同天",於字義全非。(《尚書義考》卷一)①

戴震從字詞考證的角度,解釋《尚書·堯典》"曰若稽古"的"曰若"爲"發語辭"。其方法是通過考核語音相同或相近的假借字,得出有根據、合語法的結論。其結果確否是一回事,其所采用的方法和理論是另一回事。在他之前沒有人這麼做,更沒有這麼清醒的方法意識。"稽古"何義? 鄭康成訓爲"同天"。戴震說"於字義全非"。這是從語言學的角度說鄭玄錯了。然而從經學的角度來看,鄭玄下注根本不是

---

①　按,戴震旨在小學訓詁及"經義訓詁",而未別"經傳 chuán 訓詁"(稽古爲同天)。經義訓詁與經傳訓詁俱經學訓詁也。漢以來經學訓詁雖有古今之异、之争,至東原戴氏始畔小學訓詁與經學訓詁之畛域。

爲了解釋詞義,其旨在經義。所以,從經學角度説鄭玄并没有錯。這就是漢朝所謂的"家法",即不同的傳經家有不同的"解經法"。要研究古人訓詁的"用意"而不懂"家法",動輒云"誤",實無關痛癢,不得要領。

3. 戴震訓詁之二:以考據之法定經義

戴震對《鄭風·褰裳》的經義考證,可以代表他的經學訓詁。請看原文:

> 子惠思我,褰裳涉溱。子不我思,豈無他人?狂童之狂也且!
> 子惠思我,褰裳涉洧。子不我思,豈無他士?狂童之狂也且!

有人這樣翻譯這首詩:"你若愛我想念我,趕快提衣蹚溱河。你若不再想念我,豈無別人來找我?你真是個傻哥哥!"儼然一首愛情詩。朱熹稱之爲"淫奔之詩"。而戴震在《毛詩補傳》裏考證云:

> 震按:褰裳二章。
>
> 毛詩序:"思見正也。狂童肆行,國人思大國之正己也。"
>
> 鄭箋曰:"子者,斥大國之正卿。子若愛而思我,我則揭衣渡溱水往告難也。"
>
> 正義曰:"溱、洧大水,未必褰裳可渡,示以告難之疾意爾。作亂不已,故鄭人思欲告急也。"
>
> 余曰:詩之意隱,當以近古者證明之。《春秋傳》:"晉韓起聘於鄭,鄭六卿餞宣子於郊,子太叔賦《褰裳》,宣子曰:起在此,敢勤子至於他人乎? 子太叔拜,宣子曰:善哉,子之言是。不有是事,其能終乎?"詩之本意,以"狂童之狂"指國之權寵日爲狂行,以涉溱、洧爲奔告大國。子太叔賦是詩,則以狂童喻侵陵己者,而"子惠思我"指韓起,"褰裳涉溱"指與晉往來親好,故宣子受之曰"起在此",又善其言"褰裳涉溱",佗意親好於晉,終必踐其言,故曰:"不有是事,其能終乎?"凡詩稱"豈無他人"皆申言其意向所

專,若曰不告他人而告子者,以子能恤己也。豈無他人,彼不恤己,故不往告。使子不思我,我必不急告子矣。狂童之狂如是,子寧能坐視之乎? 其言迫,其辭反。《式微》之勸歸,有似怨君,亦反辭類也。若以爲男女戲謔之穢言,子太叔不宜歌於燕饗賓客,"狂童之狂"褻狎之甚者,宣子豈堪任受邪?

戴震首先承認"詩之意隱",亦即作詩之意不得而知了。如從表面文字而臆測,那就是朱熹《集解》的"淫女"謔辭。戴震不以爲然,認爲"當以近古者證明之"。即使"意隱之詩"也不能"臆測",而要"論世知人"地加以"證明"。於是他用《左傳》韓起、鄭六卿之事分析證明毛、鄭與孔穎達之意,并説明此詩并非"男女調情",否則子太叔不會在如此莊重的外交場合用"戲謔不經"之辭進行對話。勞孝興《春秋詩話》云:"若《朱傳》以爲皆淫詩,而莫淫於《褰裳》,誠如其言,諸卿不且自揚國醜乎! 大抵時人取興,多托之男女綢繆之辭以言其情……其非淫奔之詩也明矣。"可見,倘若不能"知人論世"、不諳當時社會、不精夫子經義,而惑於字面,則極易從此詩中猜出男女之義來。戴震不然,他從"思無邪"的角度來考義,告訴我們: 經義也需要標準和原則,也需要"考"和"證"(by investigation and argumentation)。

4. 考義的標準與原則

從戴震的訓詁實踐中,我們可以領悟和概括出訓詁的標準與原則。訓詁若無標準,即如黃季剛先生所云"訓詁作孽"。因爲僅憑"假借"一項技術,就可以把遂意排列的一行"鉛字"斷句爲有意義的表達。古代的文獻語言亦然,倘無標準(如字詞的音、形、義互求,詩文的構造之法、音詞的虚實之位、句法的層級結構、語體的雅俗界畔,等等),則可逞訓詁之技法,對原文進行不同的斷句、解讀和發揮,從而得出一己之思,歪曲原文之意。考義要嚴格遵循"經學訓詁"與"小學訓詁"不同的基本原則。注意: 方法、技術倘無原則和原理,則可漫言無章,不成其爲學。從學理上説,没有原則,不是理論。小學雖脱胎於經學,其服務對象也鍾於經學,但從原理上説,小學不是經學。同理,經學雖然需要訓詁,但經學訓詁不等於小學訓詁。二者原理不同,方法亦異。加之文學訓詁更在小學與經學領域之外,没有原則和界畔,則渾然不知己之所爲是何學、何術。

上文看到,《論語·爲政》:"詩三百,一言以蔽之,思無邪。"陳奂《詩毛氏傳疏》、俞樾《曲園雜纂》均解"思"爲語辭或語助,此小學訓詁。據此,則夫子之意謂"詩三百餘首,一句話,(均)純正無邪!"此庶爲迄今定論,建基於經學與小學之規則。然今有不同解讀者,如:"無邪＝無邊"①,"無邪＝中和之美"②。异説不是不可立,一則需有標準:新説是解《詩經》之"經義"？還是該詞之"詞義"？文學之"藝義"？抑或詩人之"作義"？即使無所不包,也要一一定性。若漫無標準,則難以成立。二則,立説要有理論:如何定義"經義""詞義""藝義"或"作義"？没有原理、原則和理論,很容易淪爲"姑立一説"。戴震立論,如"堯典'光被四表'必有作'横被四表'者",其所以至今在學理和結論上巋然不動,是因爲他從文字("横"從黄聲,黄從光聲)、音韵(光,古曠反)、語義(光,斥也)、句法("格於上下"對應塞/横/於四方)和版本幾個領域,考而證之得出的結論,故"泰山不移"。

四　《詩經》語體與語體語法

1. 語體語法與孔教

兩千餘年的語體教化,在我們身上仍有體現。《曲禮上》云:"夫禮者,自卑而尊人。"今天北京人見到長輩必稱"您",言及長輩必説"怹"。這種敬稱文化就是莊典語體中的"尊重體"。中國人交際中的這種語體文化源遠流長③。然而,兩千年以至於今,人們習以爲常而鮮從學理上探究其源、其諦。今謂,敬體文化可從《詩經》語體和《春秋》語體材

①　薛耀天:《"思無邪"新解——兼談〈詩駉〉篇的主題及孔子對〈詩〉的總評價》,《天津師範大學學報》(社會科學版)1984 年第 3 期;楊敏:《"思無邪"新論》,《陝西師範大學學報》(哲學社會科學版)1993 年第 1 期;孫以昭:《孔子"思無邪"新探》,《安徽大學學報》(哲學社會科學版)1998 年第 4 期。

②　杜道明:《"思無邪"辨正》,《中國文化研究》1999 年第 2 期。

③　胡明揚:《漢語禮儀用語及其文化内涵》,上海:上海辭書出版社,2004 年。

料中探知其源、其理。司馬遷説:"古者《詩》三千餘篇;及至孔子,去其重,取其可施於禮義……三百五篇,孔子皆弦歌之以求合《韶》《武》《雅》《頌》之音。"(《史記·孔子世家》)孔子删《詩》三百而統分爲三,曰風(民歌)、曰雅(國歌)、曰頌(神曲)者,即可看作從語體角度"分體爲教"。

　　《詩經》之"詩教"如此,《春秋》之"名教"亦如此。孔子作《春秋》,創"春秋筆法"。以今觀之,實即"春秋語體"。司馬遷在《史記·孔子世家》中亦云:"西觀周室,論史記舊聞,興於魯而次《春秋》。""至於爲《春秋》,筆則筆,削則削,子夏之徒不能贊一辭。"孔穎達《春秋左傳正義·序》更一語破的:"(夫子)據周經以正褒貶,一字所嘉,有同華衮之贈;一言所黜,無异蕭斧之殊。"這就是中華禮教的力量。"字辭"在其他民族沒有這樣的威力,而中國傳統所以"敬惜字紙"而望"名垂青史"者,正是孔夫子用"字辭"的語距力量來定斷"倫理是非"的結果。在孔子的教義裏,沒有天堂,也沒有地獄;但仍有榮辱、生殺之機。何以然哉? 夫子是把拉距的語言機制發展爲懲惡勸善的禮教工具,這在人類文明和倫理史上,恐怕還是第一次。孟子的話點破了其中的奥秘:

　　　　《春秋》,天子之事也。是故孔子曰:"知我者其惟《春秋》乎!罪我者其惟《春秋》乎!"孔子作春秋,亂臣賊子懼。(《孟子·滕文公下》)

　　《詩經》之詩教以吟誦"鄉人、邦國、神靈"的"詩歌語體"來施教;《春秋》之大義則以"字辭"之"褒貶語體"來懲惡勸善:"貶天子,退諸侯,討大夫,以達王事,爲天下儀表"(司馬遷《太史公自序》),這是孔子的創造! 但"語體參政"在中國歷史上仍根深蒂遠。請看:

　　　　天子處位不端,受業不敬,言語不序,聲音不中律,進退節度無禮,升降揖讓無容,周旋俯仰視瞻無儀,安顧咳唾,趨行不得,色不比順,隱琴瑟,凡此其屬,太保之任也……天子宴瞻其學,左右之習反其師,答遠方諸侯不知文雅之辭,應群臣左右不知已諾之正,簡聞小誦,不傳不習,凡此其屬,少師之任也……號呼歌謠,聲音不中律。宴樂雅誦逆樂序,不知日月之時節,不知先王之諱與大國之忌,不知風雨雷電之眚,凡此其屬太史之任也。(戴德《大戴禮記·保傅》)

孔子的"語體教化"可謂遠承周禮。周禮是語體政治,孔子是語體教化,二者同根於語體語法。什麼是語體語法?簡言之即"風、雅、頌"三體對立的語體系統,如:

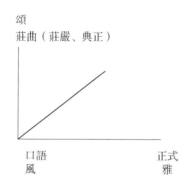

"人(交際對象)、事(交際内容)、地(交際場所)、意(交際態度)"是定性語體的四大要素。或疏遠,或親近;或尊崇,或鄙視。交距不同,聲氣亦異。細言之,即:

(1) 親疏——定是不是一家之人——口語體
(2) 遠近——別屬不屬一個群體——正式體
(3) 尊卑——看奉不奉前輩君長——莊典體
(4) 敬畏——斷認不認祖先神明——莊典體
(5) 毀譽——辨歸不歸同一種類(不恥人類)——春秋體

在中國的文化禮教裏,千夫所指,生不如死;罄竹之罪,甚於地獄。這就是孔教語體用語言學原理施教的威力和效應。孔子無論自覺與否,其所使用者恰是近期構建的語體語法的基本原理。這是我們對孔子詩教的一種當代詮釋。

2. 孔教六經語體的一貫性

當然,孔教內涵博大精深,其理論和內容也遠非"語體教化"所能盡。然而,語體教化不僅根植於《詩經》之三體與《春秋》之褒貶,而六經之內,無所不在。《漢書・儒林傳》曰:"古之儒者,博學乎六藝之文。六藝者,王教之典籍,先聖所以明大道、正人倫、致至治之成法也。"這是經學文獻和史學、子學、文學等古典文獻不同的根本所在。正因如此,經學文獻中的"體教"思想具有貫穿諸經的一致性。清代牛運震《詩志》卷八論《周頌・烈文》"無封靡於爾邦,維王其崇之。念兹戎功,繼序其皇之"云:"蕭大沈厚,深得訓誥之體。"論《周頌・賚》曰:"寥寥六語,不必盡其詞,已括諸誓誥之旨。"由此可見,《周頌》之莊典體與《尚書》之雅正體,如出一轍,彼此呼應。《大戴禮記・小辨篇》亦云:"(孔子曰)爾雅以觀於古,足以辨言矣。"孫詒讓説:"是知雅言主文,不可以通於俗;雅訓觀古,不可以概於今。"(《尚書駢枝叙》)[①]"語"分古、今,如同"詩"分風、雅。雅俗之辭,也具敬畏與貶斥之別。故孫詒讓又云:"常語恒畸於質,期於辭約旨明而已;雅辭則詭名奧誼,必式古訓而稱先民,其體遂判然若溝畛之不可復合矣。"語體是語言的規律,一旦與社會倫理相結合,就鑄成了中華民族獨特文化風貌而滲透到中國人生活的各個角落。明代徐𤊹《筆精・卷二・風雅》云:"屈宋之文出於風,韓柳之文出於雅。風者動也,雅者常也。"——就文體發展而言,"風"同樣發揮着塑造口語性文體發展的作用,而"雅"也一直是正式體文學的基礎與模式。

五　結語

《詩經》的語體訓詁啓發我們:在古典闡釋學中,存在一個獨立於其他領域的經學訓詁。經學訓詁之所以具有其獨特屬性,在於它既不是史學,也不是子學;既不是語言學,也不是文學。任何嘗試從子、從史、從語、從文或其他領域和角度來闡釋經學,雖無不可,但均難中諦。

---

① 　孫詒讓:《孫詒讓全集》,北京:中華書局,2010 年。

因爲,以《詩經》爲例,離開大、小序,離開毛、鄭、朱、戴以至於馬,則不復爲經學。《詩經》的經學是一脉相承的詩教賡續,因此它不等於"詩經學"(包括詩學、文學和史學等)。《詩經》的經學須以解經原則爲基礎,包括前文所論的:經義原則(經學原則)、詞義原則(小學原則)、作義原則(詩作原則)、藝義原則(文藝原則)。

　　不僅如此,如果將其翻譯爲外文,還需加入一個"文化原則"。理雅各在翻譯《詩經·關雎》"關雎,后妃之德也"時,雖將其譯作:"Ode 1—Celebrating the virtue of the bride of King Wan, and Welcoming her to his palace." 他却明智地意識到,"后妃"并不等同於"bride 新娘",解釋道:"These glowing pictures do not approve themselves so much to a western reader. "。① 意思是説"這種洋溢光輝的圖景對西方讀者來説并不那麽認可"。應該説,他是心懷敬意來翻譯這首贊美文王后妃的開篇赞歌的(Ode 即赞美詩),然而無論把"后妃"譯成"bride"還是"concubine",都面臨着文化衝突。這給《詩經》的翻譯提出兩大難題:第一,面對文化的不同是否需要修改原文;第二,如何翻譯"經義"。這無疑是經學和經學訓詁如何走出國門的大問題。②

　　不僅如此,訓詁不辨語體,不僅是訓詁在語言學上的疏漏,更重要的是不得"春秋筆法"之語言原理之所本(《春秋》殺、弑、殊,語體有別)③。當然,訓詁不辨語體也不得義同所以有別之機制(《孟子》種粟、樹粟,語體有別)④。由此看來,無論經學之存廢,其語體語法之使用和啓發,及其鑄造中華文化之所以,均不可低估,且可彰明來日。

　　最後所要重複指出的是:漢語根深蒂固的語體觀念不僅是語言的,而且是文化的。孔子"詩、書、執禮,皆雅言也"就足以説明孔子在

---

　　①　理雅各編譯:《中國經典》第5卷,上海:華東師範大學出版社,2011年,第37頁。

　　②　參見胡美馨:《西儒經注中的經義重構:理雅各〈關雎〉注疏話語研究》,杭州:浙江大學出版社,2018年。

　　③　參見段玉裁:《經韵樓集》卷4,鍾敬華點校,上海:上海古籍出版社,2007年。

　　④　《孟子·滕文公上》:"許子必種粟而後食乎?"——非正式的對話體。《孟子·滕文公下》:"所食之粟,伯夷之所樹與? 抑亦盗跖之所樹與?"《孟子·梁惠王上》:"五畝之宅,樹之以桑。"《孟子·滕文公上》:"樹藝五穀。"——較正式的論説體。

語體範式上的言傳身教。宋代楊簡説：“雅者，文雅之謂。雅言，謂非俗語鄉音，乃雅正之音也……至談《詩》《書》與執禮之時，則乃爲雅正之音，非聖人之改其常也。”（《慈湖遺書》卷十一）清代俞正燮也説：“詩、書、執禮，孔子皆用雅言，不用齊魯音。而經史多有方言。學者貴知之。然必立一雅言爲之準，而後方言可附類而通也。”（《癸巳存稿·卷九·官話》）“雅俗”之別既見於平日的語音、辭彙和語法，即如王充所言：“冀俗人觀書而自覺，故直露其文，集以俗言。或譴謂之淺。答曰：以聖典而示小雅，以雅言而説丘野，不得所曉，無不逆者。”（《論衡》卷三十）①更重要者，還事關人倫、行爲和功過。劉臺拱道破語言語體和施教語體的關係：“夫子生長於魯，不能不魯語，惟誦《詩》讀《書》、執禮，必正言其音，所以重先王之訓典，謹末學之流失。”（《論語駢枝》）“必正言其音”與“重先王之訓典”在孔教裏，正是一體兩面。

---

① 這裏顯然涉及今天語言學中 diglossic grammar 的概念。

7. 上古漢語的焦點、重音與韵素的語體屬性①
—— 以《論語》中的“吾”“我”爲例

摘要　本文以《論語》中的“吾、我”爲例，討論上古文獻語言中的焦點、重音與韵素的對應/互動關係，及其所處文句的“語音解讀”。文章從“結構重音”“焦點重音”“語體重音”的角度，逐條審校《論語》輕重位置上“吾、我”對立的韵素表現，提出“韵素考證法”須以韵素的音系屬性、句法功能及其語體特徵等爲基礎，來觀察、判斷和確定其在上古文獻中的作用，并應結合出土文獻，分析和區别“不同經本”的不同語體和語法。

關鍵詞　韵素；重音；焦點；傳本語體；經本語體

一　引言

以往學者討論“吾”和“我”者，只關注它們語法上的不同，在解釋“吾”和“我”如何分布及其區别上，很多有待發覆之處。本文試從韵律的角度，尤其是從上古音系上，結合上古音的構擬，力圖在句法和語音上得出一個自然的結論。

首先，從語音系統上來看，上古音系與中古以後的音系究竟在什麽地方不同？這些不同的是全方位差异，抑或偶然的不同？今天各地方言的聲母和韵母均有不同，但是從整體系統上來看都是聲調語言。就聲調而言，所有方言應屬一個系統，雖然有的方言8個聲調、有的4個聲調，甚至有的是2個聲調，但均屬聲調語言則無疑。

———————————

①　本文發表於《民俗典籍文字研究》(30).2023：1-24；受國家社科基金冷門絕學研究專項“皖派絕學中理必文獻的發掘、整理與研究”(批准號：20VJXG038)的資助。成文時蒙齊元濤及洪帥二教授邀請講述，得到與會學者和同學的指正；成文後復蒙王立軍、齊元濤、張健(香港中文大學)、潘銘基、張萬民、彭展賜等指正與建議，在此謹致誠摯謝意！該文定稿後又經劉海成、劉炘壕、余文龍同學幫助校訂核查，謹致謝意。當然，文中所遺問題，概由筆者自負。

　　那麼上古的音系和中古以後到今天的音系之間的不同,到底哪些是本質性或類型性的差异? 當我們從韵律的角度來考慮的時候,則可看出前後不同的本質差异,亦即上古與後代的韵律系統的類型之异。我們知道,漢語和印歐語(如英語)的音系差异,表面看是音節結構或有無聲調等方面的不同,而實際上還有一個很重要的不同,即漢語和英語的韵律的系統和類型的不同。古代漢語是用漢字記録下來的語言,看不出韵律的不同,與現代的韵律似乎也并無差异。《詩經》的節律盡可讀成 2+2,古代的散文也可以以今語讀之;節律之异,殊難判定。但當我們深入考察上古語音中的韵律對立現象後,尤其是從"吾""我"類語音交替上來審視,我們就會發現上古音系裏面隱藏着與後代系統的重大差异。用現代的音系來讀古文(包括粤語),實與古人發音截然二途,但却讀不出"吾""我"之間的不同。古音學家構擬的古音,今人讀不出來;有因音系規則不同而讀不出者,也有因構擬的系統導致不能卒讀者(如李方桂的擬音),其中一個很重要的原因是没有上古韵律構擬的幫助。上古音構擬中的一大空白或空缺就是没有韵律。

　　本文即試從"吾""我"的對立來看上古音"韵律構擬"的問題。我們通過"吾""我"在傳世《論語》及出土文獻中的分布對比,討論"吾""我"在《論語》中的句法、語義、語音及語體等問題。由於出土文獻中有相當數量的《論語》材料,這些新材料給我們提供了可以與傳世《論語》逐條對勘"吾"和"我"之异的新條件。我們有了比較的材料,加之有了新的思考角度和新理論,就有可能對它們進行新的考察。這個新角度就是自 1997 年以來的一個重要發現,即上古韵律是以韵素音步爲基礎的節律結構。在韵素音系屬性及其基礎之上,韵素節律考證法可以成爲分析上古韵律的一個重要方法,據此可很好地解釋"吾""我"的音系屬性和句法功能,并可發掘音系屬性和句法功能所表現出來的語體特徵;基此觀察、判斷和確定上古文獻中"吾""我"替換,可較爲深入全面地發掘其背後"韵素語體"的語法作用。

　　本文第二個目的是有關出土文獻的版本屬性的分析。本文不限於比勘出土文獻與傳世文獻之异同,重要的是通過這樣的對勘研究之後發現一個更爲重要、但尚未引起出土文獻研究者注意的"不同經本"的問題。注意：這裏説的"經本"不是版本。"經本"之"經"乃"經學"之"經"。"經學"的定義取黃季剛先生以"六經"爲本的定義——不僅與太炎先生的"經＝史"的取義不同，也與其弟子范文瀾先生的經學定義不同。季剛先生説：

> 《漢書·藝文志》謂六經者王教之典籍，章實齋本之，因有六經皆史之説。惟章語實有未合處。史學只經學之一部分，經學於垂世立教大有功焉，故經學爲爲人之學。　（《量守廬學記續編》）

在這樣的經學理念和理論下，面對《論語》的出土版本，我們看到的不應該僅僅是簡本和傳世本的版本不同，而是經學"傳人與傳法"的不同。因此我們看到的出土《論語》乃經本的不同，而非簡單的寫本問題。

出土《論語》經本是誰傳的、屬於哪一家，可以再考；但有一點很清楚：上古傳《論語》之經者，絕不止《魯論》《齊論》或《古論》。無論哪位傳經者或經學家，傳經之時均需依照自己轉錄的這部經文和他對經的理解進行傳經；而他經文裏面的"多字少字"也應當看成是由他的理解以及他恪守的經訓和經文來決定。這就是東漢荀悦所謂"仲尼作經，本一而已，古今文不同而皆自謂真本經"的來源，而"古今先師，義一而已，異家別説不同，而皆自謂古今"①的結果也便自然而然。因此，今天看到的"經"自然就有不同的"經文"、不同的"傳本"，而不僅僅是不同的"寫本"②。這一點很重要，不悉傳經，不解"傳本"和"寫本"之異，則很難洞悉何爲經學。根據我們的"傳經理論"，自然會發現其中的另一

---

① 見荀悦《申鑒·時事篇》，上海古籍出版社，1990年。
② 按：《堯典》"光被四表"，戴震謂"追原古初，當讀古曠反，庶合充露廣遠之義"，而馬、鄭、王之注"以光爲光耀，則漢時相傳之本亦自不一"。所謂"相傳之本亦自不一"則暗示"經文"有不同"傳本"之實；即使同今文家，亦有傳本之異。據陳喬樅《今文尚書經説考》所考，"光被""横被"，乃夏侯本與歐陽本所傳之異爾。

個更重要問題：不同的經本和傳本有不同的語體。這又是一個"解經"的新角度，與以往的"寫本研究"大有不同。不解"傳經經本"，則不悉"語體解經"。

"語體解經"所以成立，基於我們對上古音系和上古語法的認識。上古音系有輕重，但上古音系中的輕重與今天不同。上古的輕重基於韻素，用 mora 來表現、來凸顯、來凹顯。

下面即分五個要點來説明。

第一是輕重"位置"的種類和屬性。輕重/凸顯，衆所周知，但知者未必區分位置上輕重屬性。輕重如何，非由人之隨意所定。輕重需從規則產生，由位置定性。沒有位置的輕重則難免印象從事，臆斷立説。因此，輕與重的位置、種類和屬性，乃上古韻律之第一要義。

第二是輕重位置上的對立乃韻素對立。此又言上古輕重所當措意者。

第三是《論語》中輕重位置上"吾""我"的分布，以及與"吾""我"同類的"最小差別對兒"的語音分布，都是輕重位置上的韻素對立。

第四是《論語》之外的韻律對立（上古文獻漢語中），同樣是韻素輕重的對立。

第五是今天所要特別強調的，即在韻素位置基礎上，考證文獻中韻素對立規律和異同，以及通過這種異同得出不同種類的韻素及其標準，藉此判斷出土文獻的經本到底和傳世的經本有何差異。

本文最後的落脚點是韻素對上古語音（擬音）、語法和經本差異的作用和意義。

二　輕重位置的種類和屬性

什麼是重音位置？根據 Metrical Theory 和以往的研究，Metrical Phonology 理論的基礎就是 McCarthy & Prince 的 relative prominence 相對輕重。這是節律學的基元概念。因此，重音的位置也即"相對凸顯"發生或存在的位置。據此及以往的研究，我們發現或歸納出如下幾種重要位置上的"輕重"類型，凡 7 類，兹分述如下。

（一）核心重音（結構重音，廣域焦點）

語句輕重最核心、最基礎的結構是核心重音（nuclear stress），也即所謂的廣域焦點。核心重音關涉句子的很多現象。古今漢語豐富多彩的表現很多都和它與其他各種各樣規則的互動有關。核心重音指任何句子中均需有的主要重音。在回答"怎麼回事"的問題時，答句必有一個主重音，這就是核心重音。這類重音的作用是標記交際語時"全盤托出"的新信息，所以稱之爲廣域焦點。核心重音有兩大屬性：内容是信息，位置在結構。其結構就是"句内最後或嵌入最深的成分最重"。

現代漢語的核心重音跟動詞直接相關（動詞直接支配的成分負載核重）；上古漢語的核心重音則跟英文相類：最後一個短語承載核心重音（如動賓或介賓）。參見下文，兹不贅。

（二）焦點重音（語義重音，狹域焦點）

1）强調重音（局部語義重心）emphatic focus

2）對比重音（對舉成分凸顯）contrastive focus

焦點重音是自由重音，核心重音是固定重音或結構重音。所謂自由重音就是沒有結構的限制，因此它不是句法的，而是語義的。譬如强調 book 不是 nook、或 book 不是 boot 時，凸顯詞中的輔音，即將焦點聚焦在聲母的不同之上。人類語言，信息聚焦一般均用重音標識。

對比也是一種焦點，也可名之爲"語義重音"或"信息重音"——哪里凸顯信息，哪里重。"信息重音"與"結構重音"（核心重音、句調重音）性質不同。

（三）句調重音（以獨詞謂語句爲例）

句調重音可以從單字句的重音來理解。單字句是"句"，句有句調（肯定、疑問、確認等），句又有核心重音，所以可以説兩種類型的重音彙聚在一個載重單位（音節）上。用一個音節來承載重音，現代漢語做不到（除非特殊語境和位置上借助停頓來實現），上古漢語則可以。

（四）排句重音（并列語、排比句）

排句重音指的是并列句（如"爾爲爾，我爲我"）、并列語（如"我與爾，吾語汝"），排序成分如甲、乙、丙、丁（如《左傳·隱公五年》"皮革、齒牙、骨角、毛羽不登於器"，《左傳·隱公三年》："澗、溪、沼、沚之毛，蘋、蘩、蘊、藻之菜，筐、筥、錡、釜之器，潢、汙、行、潦之水……"）等等。

（五）遞句重音（前句鋪墊＋末句）

遞句重音是兩句子（或分句），前一句作爲它的鋪墊或者條件，後一句是核心，是重音所在。在《論語》中可以看得很清楚這樣的重音。譬如，前句鋪墊的時候是用"我"，後面核心句也是用"我"，前面的"我"就變成輕讀的"吾"。

（六）語體重音（正式重 vs 非正式輕）

語體語法決定的重音，叫"語體重音"。在莊重體的環境内（平衡律的作用），并列的兩個同重成分都用重型的語體重音；非正式的情況下，因爲語體長短律的作用，讀音不是字正腔圓，則用語體對立的輕型形式。在《論語》中我們看到：正式的情況下用"我"，非正式用"吾"。

（七）語調輕重

語調重音是由交際者態度決定的，和説話者的語氣直接相關。語氣嚴肅鄭重者"重"，語氣輕鬆隨便者"輕"。這時據上下文的語氣（言者的態度），應該輕的時候則用"吾"。

總之，考證《論語》中的"吾""我"（及相關文獻的相關現象），這七類重音的情況決定者它們的分布。我們先看輕重位置的語音表現（韵素對立）。

三　輕重位置上的韵素對立

韵素對立的現象，古人早有發現，今人不乏討論。今擇其要分析如下。

（一）乾嘉、章黄首發其端

1. 段玉裁：

《論語》二句而"我""吾"互用，《毛詩》一句而"卬""我"雜稱，蓋同一"我"義而語音輕重緩急不同，施之於文，若自其口出。

（《説文解字》"我"字下注）

　　段玉裁首發吾我輕重之异,指出混用"同一我義"乃是語音"輕重緩急不同",而其"施之於文,若自口出"則絶非凡響。段告訴我們,吾我之异是口語的産物,而非讀字的結果。人張口説話,該輕的時候不能重,該重的時候不能輕;急的時候不能够緩,緩的時候不能急;此乃自然語流中的節律規則。從這點上看,段玉裁確具超人的文字觀察力和語言領悟力,反映出他的文獻語言觀。

　　2. 章太炎:

　　　　《祭統》之"若"正當訓"汝",言"汝"、言"若"、言"乃",其義悉同,而語勢輕重有异,猶一句錯見"吾、我"二字爾。[1]（章太炎1985：65）

　　太炎先生晚於段玉裁,段玉裁説"吾""我",太炎先生發展到"若""汝""乃"。同是同義代詞,又同在不同的地方的不同用字,其實質"猶一句錯見'吾、我'二字爾",這是段氏觀點的繼承,點明和强化了"語勢輕重有异"的韵律規則。

　　3. 俞敏:

　　　　"吾"和"我"的分别純粹是個聲音問題:凡在語叢尾巴上的,或者有對比的,一定念得重,所以是 ŋad。凡後頭還有别的字的,因爲往往念得輕,所以寫的時候兒把收尾音忽略了,就是 ŋa。（俞敏1999：137）

　　俞敏先生是太炎先生的三傳弟子（陸宗達先生的學生）。乾嘉段玉裁首發"吾/我"輕重緩急之説,太炎先生治學以乾嘉學理爲圭臬,太炎先生和季剛先生合稱章黄之學,章黄之説又經陸先生、俞先生繼承下來。這裏我們看到的是乾嘉、章黄一脉相承的"韵律輕重説":"'吾'

------

　　① 《禮記・祭統》:"予汝銘,若纂乃考服。"

和'我'的分别純粹是個聲音問題。"俞敏先生用"純粹"二字道明"吾我分别"的實質所在。不僅如此,俞敏先生進而從句法位置上,指出:"凡在語叢尾巴上的,或者有對比的,一定念得重,所以是 ŋad。"

注意,從上古擬音看,ŋad 是入聲字;但今天的入聲字不爆破。雖然俞敏先生這裏説的只是"吾、我"個案,但他的擬音已經透露出他對上古音系的看法,儘管還没有進入節律音系的領域和系統。"吾"少一個 d,念得就輕;有了 d 就重。顯然上古時候 a 和 ŋad 是韵尾輔音的作用。所以從這個意義上説,上古所謂韵尾塞音或塞擦音(stop coda)究竟是不是 release(爆破)的争論,可據此推導一個長期疑惑之定讞之論:不爆破怎麼重? 這就告訴我們:今天漢語方言的音系中的入聲(不爆破)和古代的入聲(爆破)有着本質的不同。但這些不同究竟在哪里,俞先生没有説,也没有讓人們看出到底其中音理的奥妙是什麼。

爲弄清楚這個問題,我們不妨從頭考察段氏"《論語》二句而我吾互用"的例子。如下所示。

(二) 段氏"《論語》二句而我吾互用"例考

段氏"《論語》二句而我吾互用"者,今考之如下(凡 7 例):

　　a. 子貢曰:"我不欲人之加諸我也,吾亦欲無加諸人。"(《論語·公冶長》)

　　b. 閔子騫曰:"善爲我辭焉! 如有復我者,則吾必在汶上矣。"(《論語·雍也》)

　　c. 子曰:"二三子以我爲隱乎? 吾無隱乎爾。吾無行而不與二三子者,是丘也。"(《論語·述而》)

　　d. 子曰:"吾有知乎哉? 無知也。有鄙夫問於我,空空如也。我叩其兩端而竭焉。"(《論語·子罕》)

　　e. "博我以文,約我以禮,欲罷不能。既竭吾才,如有所立卓爾。"(《論語·子罕》)

　　f. 子曰:"回也非助我者也,於吾言無所不説。"(《論語·先進》)

g. "如有用我者，吾其爲東周乎？"（《論語·陽貨》）

這些係段玉裁所指《論語》我吾互用，如若口出，有急有緩之用例。顯然例中之輕重是語音問題。但何以此處爲"我"而彼處是"吾"？段氏無説，亦即没有給出該重的缘由和位置。有人説那是句法問題（如高本漢），但"我不欲"和"吾亦欲"同爲主語，何以一"我"一"吾"？顯然句法（morphology）説不通。現在也有人説那是信息問題，但"我不欲"和"吾亦欲"何以"我"必載强信息而"吾"則不可？何以不能"吾""我"相反？所以信息説也不能解決何以吾、我不能倒置（或反用）的問題。論者於是回歸古人所揭"語音輕重緩急不同"的謎底："輕重"對立就是"焦點和非焦點"的對立。然而，"Focus-prosody correspondence Principle"早成常識，何煩複重立論而爲己説？既如此，何以"我"重"吾"輕，仍懸而未決。古人已見其實，留給今人則是問題與困境。

（三）問題與困境

1. 什麼道理（音理）讓"卬、我、吾""汝、乃、若、爾"等"同一義而語音輕重有异同"？此段、章問題。這兩組詞，每組均含同一意思，但語音有輕重不同，什麼道理讓一個音節重、一個音節輕？這裏的道理就是音系，但何種音系，不得而知。

2. 何以《詩經》有"我、卬、言"而無"吾"？

爲什麼《詩經》裏有"我"，有"卬"，又有"言"，按照前面的説法也應該是有輕有重。如果有輕重之异，何以《詩經》没有"吾"？似乎鮮有問者，大多只從材料上指出"吾"不在《詩經》出現；如今出土文獻發現一個"言=我"。如何解釋？迄無成説。

3. 何以 ad 重於 ŋa？

此俞敏先生的問題，亦即"怎麼重"的問題。當然 ad 比 ŋa 多一個/d/，故重。然而，哪種音系可生成"多一韵尾輔音便重"的現象？哪種音系允準這種"韵尾輔音有無"的對立？能以/-d/爲重的音系的音理何在？現代漢語（甚至中古以後的漢語）的音系并没有"入聲"重於"陰聲"的節律系統；今天的"ban 瘢"也并不因爲多了一個/n/就重於

"ba 疤"。所以上古"何以-d 重"的問題,至今不明。

4. 若自口出的問題

這一説法可謂具有訓詁"語言學"的超前意識,但現代漢語近之"口出"者,并不如此。比較:

表 biao3≯駡 maa4　　但 馬 maa3＞駡 maa4

去通縣 vs. 去*通　　去法國 vs. 去*法

上古一個音節可以獨立"口説",今天則不行:"去通縣"可以,"去通"不能説。因此單音節詞(實詞)今天均没有彼輕此重之别。段玉裁所云"輕重緩急,若自口出"理雖超前,但"疑"也在此。"表"和"駡"在北京話韵母裏的音素(＝韵素)不同:iao 要比 a 多出兩個韵素(如果介音不計也多出一個韵素);但"表"和"駡"没有輕重的對立。反過來,"駡"和"馬"的韵素都是 a,但"馬"是三聲,感覺比"駡"要長。所以"口"裏的單音詞的長短,如果有也不在韵素的多少,而在聲調的不同。如果分别長短的是調的話,那就和音節裏的韵素多少没關係;倘若如此,如何能用 ŋad 的/d/來區分它與 ŋa 的長短呢? 如果按照韵素的數量來區分輕重的話,"表"應該比"駡"和"馬"長(如果計算介音),但它們之間没有輕重對立。無論如何都繞不開下面的兩大問題:

(1) 古今音節的節律屬性有何不同?

(2) 上古音節的音系屬性是什麽?

5. 什麽語音單位的音系分析允準"吾""我"有輕重之别?(普通語言學的音系系統)

古今音系不同,人人皆知。問題是哪些不同? 爲什麽不同? 只言表面的"不一樣"而不知"所以不同"的原因或原理,不能解釋爲什麽那樣就可以,這樣就不行。因此我們要問:是什麽語言單位的音系分析能够允準"吾""我"可以不一樣(且實際不一樣)而"馬"和"表"則不能不一樣?

現在我們看到:第一個問題的答案是我 ŋad 和吾 ŋa 的韵素不同;第二問題的回答是聲調壓制/取代的韵素的節律功能。

6. 允準"吾""我"有韵素之别的音系系統是什麽系統?(現代漢

語的聲調系統不容韵素表量）

如果“吾”“我”是韵素的不同，那麽上古的音系就是韵素音系，如果“馬”和“罵”韵母一樣，聲調長短不一，那就是聲調音系的系統。韵素在輕重上的作用和區別，要用普通語言學裏的音系系統來説明。結果是古人用韵素來構成最小的韵律單位，而今天的“表”和“罵”“馬”和“罵”因其聲調而不能靠韵素“別量”來實現輕重，所以用音節來區分最小的節律單位。韵素爲單位的節律與音節爲單位的節律，兩個節律音系有着本質的不同。於是乎我們現在可以“韵素節律音系”的理論爲綫索發掘上古的輕重在什麽地方有韵素的不同。古音構擬學家有的構擬“我”比“吾”多一個韵素，有的多兩個。韵素多少是由擬音系統和個人體系的不同決定的，但要真正反映上古音節的韵素類型，無論哪家體系，都必須是“我”比“吾”的韵素多（構擬事實也正如此）。這是理論根據古音事實“倒逼”出的結果。

根據上面的理論，我們先可以開始分析《論語》中的“吾”“我”對立。

四　《論語》中“吾”“我”韵素的輕重位置

下面我們就根據上面的韵素音系的理論來分析《論語》中的“吾”與“我”。

（一）核心重音

核心重音（結構重音，廣域焦點＝全句爲新信息）

“我”和“吾”之別乃韵素多少之異。是不是所有的地方都有“吾”“我”之異？不然，要看重音所在的位置。根據上述“重位”種類，我們先看核心重音的位置與效用。

1. 動賓：《論語》沒有〔V＋吾〕

　　大宰知我乎！吾少也賤，故多能鄙事。（《論語・子罕》）
　　回也非助我者也，於吾言無所不説。（《論語・先進》）
　　如有復我者，則吾必在汶上矣。（《論語・雍也》）

如有用我者，吾其爲東周乎？（《論語・陽貨》）

居則曰"不吾知也！"如或知爾，則何以哉？（《論語・先進》）

"知我"不能説"知吾"：賓語位置不能弱讀。事實上，所有動賓位上的第一人稱都是"我"。主語可以用"吾"："吾少也賤"；修飾語也可以："於吾言"。賓語提前，在"不吾知也"的語境中，也可以用"吾"。這無疑是核心重音的作用，因爲離開核心重音才可以有"吾"（當然還要與下面的重音規則互動）。這是結構重音的效應，是重音定性的第一位置。

2. 介賓：《論語》没有〔P＋吾〕

與我、於我、爲我、以我

*與吾、*於吾、*爲吾、*以吾（爲、以二字，是動或介，皆然）

不僅動詞的賓語，介詞的賓語同樣都得是"我"而没有"吾"。核重下的動詞賓語重，上古的介詞具有很强的動詞性，而且常常在句末承載核心重音。因此"與我""於我""爲我""以我"短語中，幾乎是没有用"吾"的。與動賓結構一樣，這裏的"結構重音"不容"吾"是可以"證僞"的。

（二）焦點重音

焦點重音也即語義重音（下面用▲表示；又，"○"表"輕讀"）。相對核心重音的廣域焦點，焦點重音乃狹域焦點。焦點重音一般有兩種：强調重音和對比重音。

1. 强調重音（局部語義重心）

我不欲人之加諸我也，吾亦欲無加諸人。（《論語・公冶長》）

　▲　　　　　　　　　　○

沽之哉！沽之哉！我待賈者也。（《論語・子罕》）

非我也，夫二三子也。（《論語・先進》）

子曰："賜也，賢乎哉？夫我則不暇。"（《論語・憲問》）

　　"我不欲人之加諸我也"中的兩個"我",爲什麼不是"我、吾"? 因爲後面的"我"在核心重音的位置,前面的"我"是强調重音,此凸顯"我"(而非他人)之例。兩句末尾的"加諸我"和"加諸人"是"我"和"人"對立,"我"在核心重音上再加對比重音,則更不能輕。而"吾亦欲無加諸人"的"人"同樣既是核心重音也是對比重音,於是此句主語位置上的"我"就需輕讀爲"吾";這不是信息少,而是相對凹顯的結果:以凹顯重。①

　　"沽之哉! 沽之哉!","我(與別人不同)"是"待賈"的,申明"我是這樣的",故重。"非我也"强調的"不是'我'"——否定焦點,所以這個位置是强調,故用"我"。"夫我則不暇",暗含與他人不同或不計他人,故用"我"。所以上面諸例的"我"均暗含一額外意思,即别於他人。有了韵素的分析,不但能够知道强調的時候用"我",同時也應該清楚怎麼讀。這就牽扯到韵律誦讀的問題,兹不贅。

子曰:"鳳鳥不至,河不出圖,吾已矣夫!"(《論語·子罕》)

　　"鳳鳥不至,河不出圖,吾已矣夫",强調的是"已矣",故其前的"我"要弱化。按:"我"也是新信息,唯非焦點而已。此"吾"讓位於焦點,乃"以輕顯重"之例。

止,吾止也……進,吾往也。(《論語·子罕》)

爲了讓"止"和"進"成爲凸出點,在"止,吾止也;進,吾往也"中,"我"不

_____

　　① 言信息決定者會遇到兩種麻煩:1. 第二個"我"是舊信息,應該輕而不輕;2. 賓語代詞一般輕讀,爲什麼輕讀的"吾"不可以出現? 3. 第三個"吾"與第一個"我"在表達"自己不同於他人"或"自己的原則"的意思上(如:"我不想 A,我也不想非 A"),兩個"我"應當一樣,何以第二個用"吾"?

能念成"我"，否則就有"争焦"之弊。於是弱化成"吾"。如果要理解成："止，是我(不是別人)止的"，"進也是我進的"，那樣就要用"我"，意思就不一樣了(朱熹等訓釋家主此説)。因此在讀"吾"和"我"時，在韵素分析的基礎上，可以限制句意"走偏"的錯誤。换句話説，"我"若輕讀，則焦點在他而不在"吾"。此句可以根據其輕重節律分析爲三種解讀：

①　止，我止也，進，我進也。——是我(不是別人)

②　止，乃吾止，進，乃吾進也。——自己的結果

③　當止，則吾止也；宜進，則吾進也。——我去做

第一種解讀必須用"我"，然而與事實衝突。所以韵律語法的分析可排除不可能的解讀(斷代語法不允准)。第二種可取，因較第三種的"增字解經"爲簡顯。然而，作爲"傳經"，二、三兩種解讀均可各擇其"解"，只要不違背上古韵素節律之法(注意，不是句法)則可。

2. 對比重音(兩相對立成分)

在相鄰同類或相近的位置上，兩兩并舉的重音，是對比重音。

"你是你，我是我"前後并舉，二者均重。凡與本句或下句對舉者，均不能輕。如：

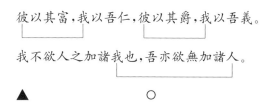

▲　　　　　○

　　爲什麼"我……我"後面跟着"吾"？ 現在我們知道：因爲"我"跟"彼"對立，故"我"必須重。如果第一個"我"要重的話，第二個我就不能再重，否則與"我"衝突，否則兩傷（誰都"重"不了），所以必須讓位，於是要輕。

　　　　爾愛其羊，我愛其禮。
　　　　人皆有兄弟，我獨亡。

　　按：此對比并重例。"人皆有兄弟"，怎麼我就沒有？ 這個地方"人""我"對舉。在"爾""我""人""我"的對立處，"我"不能輕，故不用"吾"。對比重音，各有其位。

　　（三）排句輕重音（并列句）

　　　　始吾於人也，聽其言而信其行；今吾於人也，聽其言而觀其行。

　　"起初，我看人（的時候）……；現在我看人（的時候）……"，這裏"人"是焦點。如果要把"吾"變成"我"，意思就變了：我（不是別人）看人……；變成"講自己"而不是"看人"（做事）。這裏的并列焦點是"人"，承受重音；其相鄰之可輕成分"我"，則取"輕讀形式"。

　　　　甚矣，吾衰也！ 久矣，吾不復夢見周公。

　　第一句和第二句的"吾"，前後都有兩個焦點："X 矣！"是前焦點，其後"衰也"和"夢見周公"是後焦點。所以，在居於兩個焦點之間的"必輕"位置上，"我"一定要弱化爲"吾"。
　　下面看并峙兩詞的并列語。兩對的位置，韵量一致。

　　　　子謂顏淵曰："用之則行，舍之則藏，惟我與爾有是夫！"
　　　　　　　　　　　　　　　　　　　　——兩焦同重

弗如也；吾與女弗如也。① 　　　　　　　　　　　——兩焦同弱

其他文獻可爲例證者如：

其友曰：“吾與女爲難。”（《左傳·文公二年》）

吾與女同好棄惡，復修舊德，以追念前勳。（《左傳·成公十三年》）

君來賜命曰：“吾與女伐狄。”（《左傳·成公十三年》）

曾子怒曰：“商，女何無罪也？吾與女事夫子於洙泗之間，退而老於西河之上，使西河之民疑女於夫子，爾罪一也。”（《禮記·檀弓》）

君喟然歎曰：“吾與女未有過切，是何與我之深也！”（《穀梁傳·僖公十年》）

并列句的語法和韻律都很值得研究。“我與爾有是夫”似乎没預含什麼深意，然而從古音的角度看，其背後隱含着一個“并重”或“并輕”的格式。爲什麼不是“我與汝”或“吾與爾”？這就是并列式中同重、同輕的“cross-the-board constraint”（全局限制）的作用。由此可見古代以韻素别輕重的系統性，古人把韻素作爲表義的聲音，非常精密，甚爲講究。今天我們讀的是字，然而古人用的是音。并列的兩個詞，重則并重，輕則同輕，“若從口出”——是活的語言！把古漢語作漢字讀，就把活的語言讀死了；把虚詞和輕讀詞一律擬爲對應的實詞或“原音”（underline form），不是“‘語言’學”！（仍是文字學！）這裏我們可以深刻地理解和相信，陸宗達先生提倡的“文獻語言學”要旨：文獻必須復原到語言。語言必須有聲音，因此從“聲音通訓詁”（乾嘉），到“聲音通句讀”（章、黄），再到“聲音通文獻”（陸、王），於是產生了文獻語言學，其深刻道理，不言而喻。

當然，事實并不如此簡單。請看：

---

① 朱熹以“與”爲“吾與點也”之“與”，可視爲經學訓詁。《論衡·問孔》云：“弗如也，吾與女俱不如也。”以“與”爲連詞。同參蔣紹愚《讀〈論語〉札記》、楊逢彬《論語新注新譯》有關“與”爲連詞之證。

　　黄帝曰：“彼無爲謂真是也，狂屈似之，我與汝終不近也。”（《莊子·外篇·知北游》）

　　“我與汝終不近也”與前説不符。如何解決這一矛盾？從上例看：并列語〔A&B〕中，雖然相并位置的韵量一致，但受上文焦點“彼……我……”的影響，致使“吾與汝”失去對立（注意：下面“終不近也”是核心重音所在）。當然，這種影響的背後還有一種潛在的原因。我們知道，西周文獻中不見“我與汝”，而《莊子》有之。《莊子》成書已入戰國，戰國往後以至於漢，韵素漸失，聲調趨進，導致“吾、我”之分相混而無別（參趙璞嵩 2014）。所以漢末則吾、我量同（參朱慶之 2012），因爲那時的韵素音步大多均已經變成音節音步，韵素作用被聲調覆蓋。因此寫成於漢初的《公羊傳》也有“吾與爾”的説法：

　　季子不受，曰：“爾弒吾君，吾受爾國，是吾與爾爲篡也。爾殺吾兄，吾又殺爾，是父子兄弟相殺，終身無已也。”（《公羊傳·襄公二十九年》）

就是説“我與爾（或吾與汝）”并非永遠是配對的[1]，隨着時間的發展，它們之間的韵素量的多少逐漸“趨衡”（没有輕重之差）。當然，越往前看，它們越對立。因此，我們可以説西周文獻幾乎没有“*我與女”。此尤可證并列兩端的核心位置韵量必等。而上古文獻鮮見“*我與女、*吾與爾”者，則證“我”與“吾”、“爾”與“女”之韵量，必不等也。[2]

---

　　[1]　《易經·中孚》“九二：鳴鶴在陰，其子和之；我有好爵，（吾）與爾靡之”中的“吾”可視爲四言詩律的“節外拍”。

　　[2]　按，東漢以後“吾”“我”已失韵素對立，故二者的不同分布當從新的語體對立來分析（如“晉”乃古雅正式體，“我”則一般通語體）；其對立的性質與分布也與上古截然不同。這也是本文引發出來的中古“吾、我”并用的一個新課題：不僅要描寫其不同的分布，關鍵是發掘其背後的原因、原理及其預測。要之，不同的時代有不同的語法（包括音法和詞法），因此也有語體不同的重新分析與重新配對。

（四）語體輕重音（正式_重 vs 非正式_輕）

1. 言聖稱"吾"

　　a. 子曰："若聖與仁，則吾豈敢？抑爲之不厭，誨人不倦，則可謂云爾已矣。"公西華曰："正唯弟子不能學也。"（《論語·述而》）

　　b. 子曰："禹，吾無間然矣。菲飲食而致孝乎鬼神，惡衣服而致美乎黻冕，卑宮室而盡力乎溝洫。禹，吾無間然矣。"（《論語·泰伯》）

　　c. 公曰："告夫三子！"孔子曰："以吾從大夫之後，不敢不告也。"（《論語·憲問》）

這裏面有一個新現象值得重視，以前没有注意過。爲什麽説"吾豈敢"，不説"我豈敢"？"禹，吾無間然矣"，爲什麽不説"我無間然矣"？從信息角度用，主語位置上這個"我"應該是新信息，而説的又是自己不是别人。那麽該是"我"而不是"吾"。所以用"吾"者，我們認爲這是語體輕重的緣故。什麽是語體輕重音？語體重音是"特定交際場合使用的輕重策略"。何謂交際的場合？即由交際對象（誰跟誰説話）、交際内容（講什麽）、交際地點（什麽場所/場合）和交際態度（是否敬畏、嚴肅、尊敬、隨便、冷漠等）組成的語體時空，它們決定着什麽情況下用何種語言形式。此即"人、事、地、意"決定"用什麽形式説話"的語體語法。如果該形式涉及語氣的輕重，那麽肯定是在自謙的時候用輕、自重的時候用"重"。在古聖面前，自然要"虔誠恭敬"；對聖上説話一般也是自謙的。於是對"大禹"説"吾無間然矣"；對着國君説"以吾從大夫之後"。

東條弘《論語知言》認爲"夫"是尊詞，有問題；"吾"是親詞，是本文理論預測的結果。他説："我與吾不同，吾與夫對，夫子、吾子；夫人、吾人之類，是夫尊詞，吾親詞。"（關儀一郎 1926：286）這是從語體語義上區分魚（歌）部字夫（彼）、吾（我）在對立中的差異，頗有見地。儘管夫人、夫子之"夫"，確爲尊詞，但其中之"夫"不是"彼"的對應詞，與"吾"

風馬牛不相及。"吾"是我的弱讀形式,表謙敬,没有問題;"吾子"是敬辭,"吾人"親詞;正是語體重音/輕音的具體例證。

2. 申理用"我"

子曰:"有鄙夫問於我,空空如也。我叩其兩端而竭焉。"(《論語·子罕》)

子曰:"蓋有不知而作之者,我無是也。"(《論語·述而》)

申明道理,自宣責任或原則(take a responsibility 或 that's my point)時用"我";從語體語法的"語距"角度看,這是"自我定距"用"我"宣意的結果:"我叩其兩端而竭焉"——表示自己的獨有的意見或者決然的做法。這是説話者的態度,語體語法"人、事、地、意"中的"意",既不是句法(句子結構),也不是一般所謂的信息(外在世界),而是自我定位的語體表現。

凡上種種,《論語》語言是這樣,《論語》之外的語言也是如此,如下所示。

五　其他位置上的韵素輕重
(一)單字句重音

信,噫公命我勿敢言(《尚書·金縢》)

王引之曰:"'信'爲一句,'噫公命我勿敢言'爲一句,言'信有此事,抑公命我勿敢言之也?'"[1]信字爲一句,已經有出土文獻的證明和王引之的分析是一樣的。下面的例子也是單字句:

君子謂是盟也,信。(《左傳·僖公二十八年》)

---

① 　王引之《經傳釋詞·卷三》,第 34 頁,江蘇古籍出版社,2000 年。

一字句中的單字,須是一個節律單位,否則站不住。一個"節律單位",用現在通俗的説法就是一個"音步"。上文看到:"你去哪兒,我去*通",不能説。此外,"餓了,我想*吃",一字謂語也站不住。但上古不然。請看:

　　昔趙衰以壺飧從,徑_{徑行},餒而弗食。(《左傳・僖公二十五年》)

楊伯峻説:"《韓非子・外儲説左下》云:'晉文公出亡,箕鄭絜壺飧而從,迷而失道,與公相失,餒而道泣,寢餓而不敢食。'雖誤以趙衰爲箕鄭,然所謂'迷而失道,與公相失',足證《左傳》'徑'字一字爲句,獨行小路也。説參焦循《補疏》。武億《經讀考異》主杜注,謂從徑猶從行,以'徑'字屬上讀;王引之《述聞》申孔《疏》所引劉炫説,改'徑'爲'經',謂經歷饑餒,以徑屬下讀,皆不確。"(楊伯峻 1981:436)按:杜注等失讀(包括王引之)乃因上古單字獨句之故。"徑",杜注從上讀;王引之把"徑"當作經歷的"經"(謂"經歷餓而弗食")。根據楊伯峻的考證以及我們對上下文的理解及古人的節律,尤其是楊氏指出《韓非子》的"失道"之解,"徑"應當是"走錯路"。"徑"字單獨成句必不僅有《韓非子》的證據,且有上古節律讓這個"徑"字站得住的支持,故楊氏之解可從。這個例子告訴我們:此處的節律是核心重音與該句的句調重音(陳述句調)共同造成的合重(共同作用)結果。

(二)遞句輕重音(前句鋪墊+末句核心)

　　"子張問'十世可知也?'"(《論語・爲政》)
　　段注:"'邪''也'二字古多兩句并用者……皆'也'與'邪'同。"

遞句,即上下兩句,選擇 A 還是 B 句型。如用疑問詞,古人前句用"邪",後句用"也"。注意:"也"上古是疑問詞。前面的是魚(*a)部字,後面的是歌(*al 或*ar)部字,形成韻素多少的對立;與"吾"和"我"

對立同。可見兩句遞進，同樣是問，但是前問不如後問的句末位置分量重，所以才有"邪、也"的對立和替換。如：

> 子豈治其痔邪？何得車之多也？（《莊子·列禦寇》）
>
> 然則鬥與不鬥邪？亡於辱之與不辱也？（《荀子·政論》）
>
> 孔子妻公冶長者，何據見哉？據年三十可妻邪？見其行賢可妻也？（《論衡·問孔》）
>
> 不使之王邪？將使之王，復中悔之也？（《論衡·問孔》）
>
> 言之而是邪？是大王所欲聞也？（《史記·黥布列傳》）
>
> 言之而非邪？使何等二十人伏斧質淮南市以明王倍漢而與楚也？（《史記·黥布列傳》）
>
> 知其巧佞而用之邪？將以爲賢也？（《漢書·眭兩夏侯京翼李傳》）
>
> 今欲使臣勝之邪？將安之也？（《漢書·循吏傳》）
>
> 其真無馬邪？其真不知馬也？（韓愈《雜説·馬説》）

具體而言，首句陳墊語調，末句結問句調；其次"……邪？……也？"魚歌并用：魚部/a/，歌部/al/或/ai/；最後，"邪"爲問詞，似當居末，但未見"邪……也"倒置者。此亦韵素數量多少之故也。根據韵素分析法和韵素構擬法，我們得出跟前面分析一致的結論。

（三）語調輕重音

1. 疑問"也"vs."與"

> a. 子張〔問〕："十世可智與？"（《定州漢墓竹簡論語》）
> b. 子張問："十世可知也？"（傳世本《論語·爲政》）

傳世文獻中"十世可知也"的"也"，今天很容易還把它錯解爲判斷句的句末語氣詞。出土文獻告訴我們："也"是疑問詞。上面我們看到傳世《論語》問句沒有句末語氣詞，這裏又看到傳世《論語》用古"也"發問。由此可見哪種經本更原始,哪種形式爲後出。出土文獻因出於地下,傳世文獻則是 2000 年來經數代人注釋翻印的結果,因此很容易認爲它越來越新而不古。可是,從這兩個例子來看,傳世《論語》的有些地方反映的是上古語法。

2. 語氣"也"vs."者"

a. 有能一日用其力於仁矣乎? 我未見力不足也。蓋有之矣,我未之見也。(《定州漢墓竹簡論語》)

b. 有能一日用其力於仁矣乎? 我未見力不足者,蓋有之矣,我未之見也。(傳世本《論語·裏仁》)

判斷用"也",也有的用"者"。"我未見力不足也"定州本《論語》用"也",傳世《論語》讀的是"我未見力不足者"。問題是: 爲什麼定州本《論語》就改成"也"呢? "者* tjaaʔ"是魚部字,"也* laalʔ"是歌部字。歷史上魚歌旁轉造成很多"同源替換詞",而且這兩個字應該説都是記録傳經的。在儒教的經傳學家的眼裏,"我未見力不足"到底是用"也"傳,還是用"者"傳,取決於傳經者的理解、認識及其傳經法。於是,"者"這個字是指前(指代詞),還是頓(語氣詞)就頗值得思考了。如果我們從傳世和出土文獻之間有對應的情況看,這個"者"應該是個語氣詞。據此,我們可以得出如下結論: 出土文獻的經學家用了一個加重語氣的"也",代替了傳世文獻中比它輕的語氣的"者"。從韵素和及其所反映語義的分析中,可以得出一個"韵素標識語體"的結論來。①

3. 句調疑問"也"的增添

a. ……謂孔子曰:"子何不爲正也?"子曰:"《書》云:'孝乎! 維孝,友……〔弟〕,施於有政。'是亦爲正,奚其爲爲正也?"(《定州

---

① 何樂士《〈左傳〉虛詞研究》(修訂本):"在以上例中(指《左傳·襄公二十九年》"見舞《象箾》《南籥》者"),'者'都是語氣詞,没有實指意義,從上下文可以看出,吳季札是看到《象》《南》等舞蹈是針對舞蹈而發議論,并不是針對那些舞蹈者。"

漢墓竹簡論語》)

b. 或謂孔子曰："子奚不爲政?"子曰:"《書》云:'孝乎! 惟孝,友於兄弟,施於有政。'是亦爲政,奚其爲爲政?"(傳世本《論語·爲政》)

定州本《論語》的"子何不爲正也"的"也"應當理解爲"十世可知也"的"也",是疑問詞。傳世文獻裏今本《爲政》没有"也",只是用一個没有句末語氣詞的句子來問。我們應該問:哪個更古? 而不宜問"哪個對"。如果瞭解一下句末疑問語氣詞的發展,就知道甲骨文裏没有疑問語氣詞,個别的一兩個至今争論不休的(抑與執)即使是,也没有形成句末語氣詞的系統。這是其一。

第二,没有聲調不可能有句末語氣詞。《詩經》的聲調還没完全成熟,到了魏晉才四聲始備。《詩經》時代有無聲調仍無從考實。然而,根據現有的材料和"聲調-句末語氣詞同步發展的規律",没有句末語氣詞意味没有聲調。世界上有聲調的語言,没有一個没有句末語氣詞(或相似的小品詞及其他手段)者可以爲證。因此,聲調是導致句末語氣詞產生的一個重要(或必要)手段或觸發劑。《尚書》中有些問句没有句末語氣詞,《史記》給它加上一個語氣詞。傳世文獻(如《論語》)没有問句句末疑問詞,代表了更古的疑問語法。

據此,我們可以説:傳今本《論語》的傳經家或經學家,在傳經時讀的是没有句末語氣詞的版本(如"你吃飯?"),而另一位經學家在版本裏加上疑問詞"也"。二者語體上有何不同則是需要研究一大問題。這類現象無疑給我們提供了"句末有輕重不同的句調"的事實,同樣讓我們看到:出土文獻和傳世文獻有語體上的重要區别。

4. 句中"也"的增添

a. "雖求也則非國也與?"(兩個語調)(《定州漢墓竹簡論語》)
b. "唯求＿＿則非邦也與?"(一個語調)(傳世本《論語·先進》)

注意：出土句把"邦"給改成"國"，爲避諱劉邦。據此當是劉邦以後的文獻。"求"後面加了一個"也"字。從節律上分析，出土《論語》是兩個句調，傳世則是一個句調："難道冉求就不是國家嗎？"vs. "難道冉求啊，就不是國家嗎？"加上一個"啊＝也"在句中，讓句中有了一個停頓。這説明兩個版本、兩個傳經人的讀法不同。一個苦口婆心（語緩），句中停頓；一個直接陳問（那個求不是國家嗎？）没有間歇。從這裏面我們又一次看到：一是節律及語氣的緩急不同；二是傳經人的語體不同。顯然，只有通過節律，我們才能體會出古人經傳意味之所在，同時才能把古代的經語考活。

六　出土文獻校正的韵素韵律

用文獻校正字詞之异、用韵素考證韵律，"吾"和"我"的用途可以説明很多問題。

（一）定州本與傳世本之"吾""我"互校

1. "我""吾"之用的异同（地上地下，除一例外，全部一致）

"吾"和"我"在《論語》裏的用法，傳世和地下材料對勘，我們發現只有一例不一樣，其他全部一致。這是一個非常有趣的現象。如果"吾""我"是有區别的，這告訴我們什麽？現在的傳世《論語》（包括《魯論》和《齊論》）到底是不是承續更早的版本我們雖然不知道，但是定州本在"吾""我"的不同的用法上居然毫不走樣，完全一致，説明"吾""我"之异是有規則的；如果是混雜亂用的話，它不可能在不同的版本上完全一致。

其中一個不一致者，如下所示：

2. 吾→我

　　a. 季氏使閔子騫爲費宰。閔子騫曰："善爲我辭焉！如有復我者，則我必在汶上矣。"（《定州漢墓竹簡論語》）

　　b. 季氏使閔子騫爲費宰。閔子騫曰："善爲我辭焉！如有復我者，則吾必在汶上矣。"（傳世本《論語·雍也》）

定州本僅有一例將"吾"改成"我"："則吾必在汶上矣"。"必"前之"吾"改作"我"。特別慶幸的是現在的出土文獻可以證實《論語》確爲先秦已有之經本。古今"吾""我"之用99％同，即使一個相異，也有可說者。關鍵是最後一句"則吾必在汶上矣"怎麼讀。如果把"吾"變成"我"，讀法一樣嗎？值得思考。

3. 未見"我→吾"者

第三點，我們發現出土文獻從來沒有把今本的"我"改成"吾"的；只有改"吾"爲"我"者。

4. 定州本《論語》多出一"我"字

　　a. 子曰："我三人行，必得我師焉：澤其善者而從之……"（《定州漢墓竹簡論語》）

　　b. 子曰："三人行，必有我師焉：擇其善者而從之……"（傳世本《論語·述而》）

定州本《論語》還有一例更值得注意：多出一個傳世沒有的"我"。"三人行必有我師焉"，定州本是"我三人行……"，在"三人行"前加一"我"字。問題是到底這個版本對，還是沒有"我"的"三人行"對？或是都對？研究上古文獻若不悉經學，我覺得大概相當於研究古漢語不研究音韵學一樣，不說門外也很難登堂，即使登堂也很難入室。

季剛先生是太炎先生的學生，但是他拜劉師培治經學，這裏面大有值得思考的地方。季剛先生有一個説法：經學很難説孰是孰非。在經學問題上，如果搞是非，那就打錯了靶子——不僅未中靶心，恐怕連靶緣也未擊中。譬如，要分辨其中有"我"者對或無"我"者是的話，則爲"跑靶"。我們説二者都對！但問題是：有"我"和沒"我"二者異同何在？這是問題的關鍵。爲什麼？因爲二者都是傳經的經本，在傳講的時候，可能由於這位傳經家在講解中，或在誦讀中，或在口述中，讓你記住了"我三人行"；而另一位經家在傳講的時候，譬如子思在傳講時，就沒有這個"我"字，於是你記的就沒"我"。但傳經家給你的核心思想和微言大義是一致的。這就是《孔叢子·公儀》所記子思云"雖非正其辭,然猶不失其意焉"的道理所在。亦即在不影響微言大義的情況下,甚至在闡釋微言大義的情況下,有的經學家認爲其中微言的闡釋需有"我",或其中的大義離了"我"則不顯,於是就加上一個"我"。這不是没有道理的。注意:傳經者不是語言學家而是經學家。經學家"用語言學"而非"爲語言學"。區分這種不同非常重要。經學上,如果問"我三人行""三人行"到底誰對、誰錯? 我的回答是:對經學而言這不重要! 重要的是你必須知道"我三人行"和"三人行"有何不同、能否通過一字之差辨别它是哪一個經傳流派。那才是"當行本領"、才是現代經學的使命。當然要想達到這一點,需要知道"我"在這地方的作用是什麼,它的節律是什麼? 它的語氣是什麼?(見下文)

5. 未見多出"吾"字者

上文説過,傳世之"我"被出土文獻改成"吾",但從來未見多出"吾"字者。多出字中只有"我"字。這不是某字有無的問題,而是規律的反映、韻素原理的必然。

(二)定州本《論語》與傳世本《論語》中之"吾""我"互異的初步分析

1. "吾""我"異重的經典性

"吾""我"之異,西漢以前仍具"韻素别體"的經典性("我""吾"之用除一例外全部一致)。"吾""我"有不同的重量,是因爲上古或者遠古是韻素節律的語言。西漢前期,韻素别體的經典性仍在因襲,所以除了一例以外,全部一致。在特殊情況而不影響真正傳經的時候,均需嚴格恪守韻素别體的經典性! 這一點似乎以前還没有人這麼提過。什麼叫經典性("經"的典範性)? 經典性就是原封不動地把《論語》的"經語"按照原樣一代一代傳下去。《論語》整體的原樣是什麼,我們不知道。但就"吾""我"之用之不同(該説"我"的時候不能説"吾",該説"吾"的時候不能"我")我們可以探出"吾我經語"的原貌。按照我們的説法就是它的分布不僅有一定位置,而且賦予它們語體的經義。進而言之,即:説"我"有説"我"的意思,説"吾"有説"吾"的意圖;這兩者必須分開來理解和解讀。如果分不開，經就沒傳到位（失經旨）。由此可知，《論語》用韵素來別體或"標義"，少一個韵素則變一種語體，變一種語體則失一份經義。韵素具有表識人際對話中"人、事、地、意"的效用，因此多一個韵素，多一種標識，多一種效應。

2. "吾→我"的節律結構

"則吾必在汶上矣"中"則"爲入聲，上古自成節拍，是爲韵素節律；"必"爲焦點，故左邊鄰接之"我"讓之爲"吾"。以簡出中山懷王劉修墓（公元前 55 年）推斷之，韵素音步此時口語始有讓位音節音步者，故"則我"以雙音節單位，獨立爲調，是爲音步節律。

　　　　a. 季氏使閔子騫爲費宰。閔子騫曰："善爲我辭焉！如有復我者，則│吾必在汶上矣。"（傳世本《論語•雍也》）
　　　　b. 季氏使閔子騫爲費宰。閔子騫曰："善爲我辭焉！如有復我者，則我│必在汶上矣。"（《定州漢墓竹簡論語》）

但"吾"變成"我"後，難道就不按照原來的韵律規則操作了嗎？這需要進一步考察和論證。首先要考察其替換的原因。注意，"則吾必在汶上矣"的"則"是入聲，兩個韵素，自成節拍。以今語讀之，"則"字必拖腔而不得古味。古人不必拖，因兩個韵素分別可讀，如同英文 big，讀爲 bi-g。今天則需拖而哼之，這就是爲什麼朱光潛先生説讀古文要哼。"哼"就是在需要拖腔的地方加上"韵素（或音節）之頓"，因爲今天是兩個音節一個節律單位。誦讀時該加韵素的加韵素，該加音節的加音節；總之，單音節讀成一個節拍。

其次是"必"。它是一個焦點算子，要求有重音。"必在汶上矣"是該句的焦點。如此一來，"則"可以獨立成拍，重音落在"吾"後的焦點上面，於是"我"就要讓位而變成"吾"。這是傳世本按照上古的韵素音步生成的節律結構。

定州本《論語》出於中山懷王劉修之墓，也即公元前 55 年。從時間上看，正是韵素音步逐漸爲音節音步所取代之際，口語已開始向音節音步轉移。如果是這樣的話,那麼"則"獨立支撐音步單位的能力或承重力便慢慢消失。消失的結果就是和另外一個音節合成一個音步,這時的"則我"就變成了一個單位,"我"字前貼,成爲一個節律短語,於是"我"也不會與後面的"必字短語"競争焦點。這就是出土文獻的讀法,也就是音節音步的節律讀法。换句話説,這是當時"文律(＝散文節律)"的讀法。於是乎,當有"吾"的時候,節律是"則｜吾必在汶上矣",當有"我"的時候,節律是"則我｜必在汶上矣"。體現出前後兩種節律、兩種輕重結構的不同。

3. 未見"我→吾"者,恰恰符合"韵素音步→音節音步"的規律。

當然有人會講,"我"跑到前頭("則"我)是不是應該輕? 注意:此前"吾"輕是因爲"則"獨立,"吾"和"則"没節律單位的關係。但到了漢朝,韵素以前的功效不再用爲口語的輕重的對立要素了,"我"只承擔第一人稱的一般功能,越往後越没有别體的功能,除了仿古①。所以,才出現了我們要討論第三點:定州本《論語》不見把"我"變成"吾"的例子,因爲後代失去單韵素的作用了;"吾"喪失了自己的别體作用,"我"也就丢失了自己的弱讀"夥伴兒"。這正好是韵素音步變爲音節音步的一種自然或必然的反應。

4. 定州本《論語》多一"我"字者,乃"傳經异文",彰夫子之"道"者。

　　　子曰:"我,三人行必得我師焉:澤其善者而從之……"(《定州漢墓竹簡論語》)
　　　子曰:"＿＿,三人行,必有我師焉:擇其善者而從之……"(傳世本《論語·述而》)

我們再看"我三人行"中"我"字的經學含義,我們把它叫作傳經异

---

① 按,"仿古"屬"古今律"典雅體;而非先秦以韵律别長短的"口-正體"。

文。如果根據出土文獻補出"原本"的"我"①,説"我"是傳世文獻的"脱文",則不能發覆其"經學含義"。

首先,"我,三人行"絶不能讀成"我三人行"理解成"我們三個人"。所以"我"一定要斷開:"我,三人行必得我師焉"。這個"我"是強調夫子自己怎麼做。語氣比"三人行,必有我師焉"來得重。正因如此,用"得"替代"有"。這是經師傳經的一種讀法,不存在誰錯誰對的問題,只是誰強調的是什麼。這是第一。其次,既然強調了"我",下面的"必有"則變成"必得"。"得"和"有"又是輕重的對立,意思也加深了:"有"是 have;"得"是 get。必"得"而後"有"。所以從語義的分解上來講,二者差別在於一者是行爲,一者是結果。"必得"顯然重於"必有"。這也看出定州本《論語》經師對傳教語言非常講究,可謂有意爲之的精心之作。其良苦用心可從下面幾個方面來看:

(1) 因其語位,加"我"而不用"吾"——"我,三人行"不能説成"吾,三人行",讓"我"字獨立,以強調"我"與衆不同;

(2) 用"得"代"有"——加重語義的行爲性;

(3) 〔必得我師焉〕=焦點+重讀,"我師"之"我"似當根據古法減量爲"吾",但"吾師"和"我師"語體不同,雖依古法節律,也不能變"我"爲"吾"。②

按,《論語》有"吾子",但沒有"我子"。何以然哉? 今謂:吾師=我媽,我師=我的母親。比較:"這三個人裏一定有我媽 vs. 這三個人裏一定有我的母親"。前者有血緣關係,後者則不必。"吾師""吾子"乃親敬之稱(古人沒有"我子"之稱);"吾師"就相當於今天的"我媽";"我師"就相當於今天的"我的母親"。今天的加重方式雖與古不同,但古人加重用"我"。我師,敬;吾師,親。因此之故,"吾""我"韵素語體

---

① 按,傳世他本亦有作"我,三人行……"者,均當以傳本不同視之。

② 當然,漢時的音節音步也不容"我"字弱讀。

含義或功能,使得這裏"我"不得弱化爲"吾"。這是韵素決定語義和句法的功能,所以"必得我師焉"不能説成"必得吾師焉"。因爲"我"和"吾"在"師"前作修飾語時,其語體語義已有自己的不同分工(韵素標體的功能)。

5. 未見多出"吾"字者(符合"韵素音步→音節音步"的規律)

定州本《論語》没有多出的"吾"字,正合韵素音步到音節音步的發展規律。定州本的"吾"均與傳世本的"吾"使用位置和頻數没有差别,絲毫未變。這一點我們還可以從另一個角度來重新定義:定州本只有自用之我,没有自用之吾。就是説,定州經師已經不會用"吾"了,故只能用"我"。假如説定州本和其他另外版本在第一人稱代詞上有不同,也只"我"字做傳經闡釋的工作,而"吾"字則原封不動,説明它已經作古。

6. 定州本傳經較傳世本更具口語性

這是我們得出的初步結論,有待後繼研究的注意和深思。根據本文的理論,我們可以給出土文獻和傳世文獻定語體,看哪種體更具經典傳授的可接受性。口語性强,則接受度廣;正式度高,則"聖典"性强。我們所以能够觀察和分析出《論語》地上、地下傳本的不同[①],也是因爲韵素音步的發現和幫助。

七　結語

綜上所述,本文的要點可歸納如下。(一)韵素理論可以解釋《論語》中的"吾""我"的輕重分布;(二)利用韵素理論可以解釋不同古代傳本的經學語言——傳經的語體和語法;(三)經有"經體",傳經也有"傳體"。出土文獻固然有版本的不同,但迄今學者似乎很少意識到同一部經,傳者對此進行了"語體的加工"和"闡釋"。進而,若没有以"韵

---

① 地下傳本或爲口語性較强的"口語體傳本",而今天流行的傳世本則可視爲"聖典體傳本"。這也是語體語法預測的結果:聖典體是官方選擇流傳下來的傳本。

素分析法"①爲基礎的韵律語體分析,上古經書很難見出傳經版本的
"語體"之異。

　　本文將地上、地下的版本均稱爲"經學的傳本"。不同的古代傳本
裏面的語言文字,是經學裏面不同的語言。雖經本一樣,但在傳經時
"傳經家"各有自己的經本。他根據自己對"傳"的理解、對其中微言大
義的理解、對經學的理解,形成一個有自己風格(學派)的"經傳之
學"——即所謂的家法。這也相當於西方的《聖經》。《聖經》也分派、
也分流;不僅有版本的不同,也有"教義"和"教派"的分支。我們的經
學也不外此。考經一定要從這個角度來看傳本,而不能拿單一寫本的
標準説誰對誰錯。傳經家自有"傳經法",其發揮、發展和所用的語體、
語法也不同。所以我們提出"經有經體,傳有傳體"的理論,指出"傳經
有傳經體"。"經體"和"傳體"是兩個很重要的不同概念。出土文獻固
然可以提供版本的不同,但至今學者很少(或没有)意識到傳經者對此
進行了語體的加工和闡釋。不區分"經體"和"傳體"本質區別,就會導
致人爲的單一標準,動輒就説誰對誰錯,而没有深入發明或揭示"判定
的原理和原則";在評價傳本語體的不同時,也没有注意不同的時代,
傳本的音系和語法的不同,更没有關注傳本對經學語言的影響。因此
我們説,離開韵素音系或韵素分析法,不能以之爲基礎對傳本作韵律
語體的分析,很難理解上古時期的"經本語言"和兩漢時期的"經傳語

---

　　①　上古漢語韵素音步的概念是 Feng 在 1997 提出的:"The hypothesis that Old
Chinese had a heavy syllable structure and hence permits one-syllable feet is also supported
by the moraic theory of syllable structure, in which a mora (μ)is dominated by a syllable
node (σ)and syllables are dominated by feet (f). The syllable node(σ)may dominate one or
two mora nodes, with each mora dominating at most one segmental element. Consequently,
consonants are daughters of σ (see McCarthy-Prince 1993:21). The following structures
illustrate this analysis:

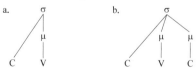

其後,經馮勝利、趙璞嵩、李果、施向東、馮蒸等 20 餘位學者相繼考證與闡釋,迄今已日爲學
界所認同(何大安)并用之於上古音的分析(鄭張尚芳)與上古音構擬(施向東 2022)。

言"及其間的差异與不同。注意：韵律語體包含兩個基本概念：一個是韵律，一個是語體，合之爲韵律語體；這兩領域可以説是理解上古經學不可缺少的工具。

參考文獻

段玉裁 2015 許維賢整理《説文解字注》，南京：鳳凰出版社。

馮勝利 2012《上古單音節音步例證——兼談從韵律角度研究古音的新途徑》，《歷史語言學研究》第五輯，北京：商務印書館。

馮勝利 2015《聲調、語調與漢語的句末語氣》，《語言學論叢》第五十一輯，北京：商務印書館。

馮勝利 2019《訓詁的屬類與體系——論經學訓詁、史學訓詁、子學訓詁、文學訓詁的獨立性》，《古漢語研究》第 3 期。

馮　蒸 2017《漢語歷史音韵學近百年 100 項新發現》，《語言歷史論從》第十輯，成都：巴蜀書社。

［日］關儀一郎編 1926《日本名家四書注釋全書・論語部》，東京：東洋圖書刊行會。

河北省文物研究所定州漢墓竹簡整理小組 1997《定州漢墓竹簡論語》，北京：文物出版社。

何樂士 2010《左傳虚詞研究》（修訂本），北京：商務印書館。

黄　侃 2006《黄侃先生語録・論治經》，張暉編《量守廬學記續編：黄侃的生平和學術》，北京：生活・讀書・新知三聯書店。

黄樹先 2024《比較訓詁學探索》，成都：四川大學出版社。

蔣紹愚 2010《讀〈論語〉札記》，《中國語言學》第四輯，北京：北京大學出版社。

李　果 2015《從姓名單雙音節選擇看上古韵律類型的轉變》，《古漢語研究》第 2 期。

施向東、鄧　葵 2015《上古陰聲韵尾構擬再議》，《語言歷史論從》第八輯，成都：巴蜀書社。

施向東 2022/2023《關於漢語上古音構擬與韵律學的相關性的思

考》，第八屆韵律語法國際學術研討會講演。將刊於《韵律語法研究》第 10 輯。

楊伯峻 1981《春秋左傳注》（修訂本），北京：中華書局。

楊逢彬 2016《論語新注新譯》，北京：北京大學出版社。

俞　敏 1999《漢藏虚字比較研究》，《俞敏語言學論文集》，北京：商務印書館。

章太炎 1985《太炎文録續編卷一·王伯申新定助詞辨》，《章太炎全集·第五卷》，上海：上海人民出版社。

趙璞嵩 2013《從"吾""我"的互補分布看上古漢語韵素的對立》，香港中文大學博士論文。

朱慶之 2012《上古漢語"吾""予/余"等第一人稱代詞在口語中消失的時代》，《中國語文》第 3 期。

Feng, Shengli 1995 *Prosodic Structure and Prosodically Constrained Syntax in Chinese*. Ph. D. Dissertation, University of Pennsylvania.

Feng Shengli 1997 Prosodic structure and compound words in classical Chinese//Jerome Packard. *New Approaches to Chinese Word Formation: Morphology, Phonology and the Lexicon in Modern and Ancient Chinese*. Mounton de Gruyter, pp. 197 – 260.

Liberman, M. &Prience 1977 On stress and linguistic rhythm. *Linguistic Inquiry*, (8). pp. 249 – 336.

Zubizarreta & Maria Luisa 1998 *Prosody, Focus, and Word Order*. Cambridge, MA: MIT Press.

後記

　　《段玉裁〈説文解字注〉精讀選》歷經十年餘的整理、增補和打磨，今天終於和讀者見面了。這在我迄今撰述生涯中可謂時間最長、獲助最多的一目。從其得以出現，到其終於付梓，十年一劍的漫長歲月中，許多聽課同學、訓詁同行和學界師友都給予我無私的幫助和熱情的鼓勵。因此，今天我要感謝的人，亦委實夥矣！

　　本書原本是我到香港中文大學的第二年（2011）講授"説文段注研讀法"的一個授課筆記。當時香港教育大學的博士研讀生錢珍同學來聽講，課上認真筆記，課後又把每次的録音轉寫下來編入課件，集成最初的底稿。應該説，這本書的雛形，錢珍同學首當其功！因爲没有她的努力和付出，"段注研讀法"恐怕還是躺在我案頭的一個教案筆記。後來幾年的授課，都是在這個基礎上進行補充和修訂；集腋成裘，有了初具規模的"段注選讀本"。這裏我要特別感謝每次聽課的同學——他們不僅課上悉心思考、熱情發問，而且課下還認真研討，共同分析；你往我來，忘記時間，使這個"選讀本"逐漸豐富，不斷深入。王利和彭展賜，不只一次來課聽講，次次都給我提出很多挑戰性的意見和寶貴的建議；趙璞嵩、蘇婧、劉麗媛、盧俊霖、劉璐、趙漢生等同學，在選課和聽課同時（他們有的就是這門課的助教），作了大量的課件準備、文字校對、文獻查找和材料補充、修改等工作，不僅深化了我的思考、充實了本書的材料和内容，而且也激發起他們自己的研究興趣和熱情。王利的"段注'家'字考"，彭展賜的"段氏《春秋》議"，趙璞嵩的"段氏'吾、我'論"，蘇婧"'尸、敵、間'的句法義變"，劉麗媛的"段氏'二名不遍諱'辨"，劉璐的"段氏'饗'字考"，盧俊霖的"'食、吃'對立解"，趙漢生的"'牙音'考"等等，均與課上所涉内容、問題及課下討論者息息相關。

　　2014年是這個稿本得以成書的第二次機遇：朱生玉博士來中大做學術訪問，承擔起對這個稿本全面整理、分類、補充和校對的工作，定名爲"《説文解字·段注》選讀"。這本書的成形，離不開生玉博士的辛勞與貢獻。

我們現在看到的《段玉裁〈説文解字注〉精讀選》，是在錢、朱二位勞作的基礎上又重新改組和編寫而成的（包括把講課口語體盡可能改爲正式體的形式），這要感謝清華大學歷史系的彭林先生。他在 2019 年我入職北語時邀我到清華經學院講一個學期的《段注説文》，這給了我一個重新修整、考訂和完善這部手稿的機會。不久（2021 年），我在北語的第一個訓詁專業的博士劉海成同學入學，這也成了他學習、參考的内容，同時還承擔起整理和校對的工作。事實上，他在準備考博的碩士期間就開始幫助整理"段氏用語"和早期訓詁文章的轉録與校對。與此同時，2022 年後入學的幾位碩士生：劉炘壕、余文龍和劉暢，也參加了本書最後的校對工作：應出版社之要求，書中繁體字，尤其引文中的古體字，均須統一字體，而且要與原著一一核對。這種繁難而艱苦的校對工作，都是他們利用自己"業餘時間"完成的。

由上可見，這本書不大，但却凝結着多人多年的辛勞和汗水，可以說是一個集體完成的成果；而這些"成果"的取得，毫無疑問，都是因了三百年前的一個人：段玉裁！下面我便就此談一點《段注精讀》編後的體會和想法，作爲閱讀本書的些微綫索。

段玉裁引起我興趣并對我觸動最大的是他的理性思維（rational reasoning），我認爲且堅信這是理解《段注》關鍵的關鍵。讀段若不從（或没有從）他的理性思維去理解，若非格格不入，也必有隔層之憾（如"惧"字注中的"立解"之意）。段氏治學雖自詡"非好辯也，好疑義相析"①，但他更"樂推明其理"②。不明於此，雖然可以盡享他的考證成果（如古音之分部、字形之構意、詞語之本義……），但終難識其根柢之

① 〔清〕段玉裁撰，趙航、薛正興整理：《經韵樓集》，鳳凰出版社，2010，卷十二，《四與顧千里書論學制備忘之記》，295 頁。

② 〔清〕段玉裁撰，趙航、薛正興整理：《經韵樓集》，鳳凰出版社，2010，卷十二，《與黄紹武書論千里第三札》，312 頁。按，西方學者 Babbie（1973：14）所説"For the scientist, nothing 'just happens'—— it happens for a reason"以及"the scientist assumes that each of these events is susceptible to rational explanation,"正好説明段氏這裏的學術理念。

所在(其所以如此的學理)。即如《禮記》"二名不偏諱"，鄭注曰"偏謂二名不一一諱也"。段玉裁說："注'不偏謂二名不一一諱也'，文理必如是。各本奪上"不"字，則愈令學者惑矣。凡若此類，不必有證佐而後可改。"①讀者不禁愕然："不必有證"還叫考證嗎？哪裏有考據學家不要"佐證"的道理！但是，如果從乾嘉理必、段氏理證(包括他的理校)的角度來理解，"理證"比"實證"的層次更高，其學理意義也更深、更重。②霍金(1998：53)說"一個人無法真正反駁一個數學定理(one cannot really argue with a mathematical theorem)"③，段玉裁說"文理必如是……不必有證佐"，二人的理必思路，豈非同轍？2+2=4 是學理問題(邏輯必然)，不是實證問題。說到這裏，有人或許要問：難道皖派學者也有霍金這般的學理高度嗎？請看曹聚仁(2018：280)的評騭："皖派長於分析……其細密精審，和歐洲十九世紀大科學家相比，毫無遜色，只是研究對象不相同就是了。"④近年乾嘉理必科學研究團隊的成果也充分證明了(并在繼續證明着)這一點。⑤ 誠然，乾嘉學者研究的不是物理和化學，但其理必精神與西方科學家却息息相通；更何況當代生成語言學既爲科學，古代的文獻語言學又何嘗不能爲科

---

① 〔清〕段玉裁撰，趙航、薛正興整理：《經韻樓集》，鳳凰出版社，2010，卷十一，《二名不偏諱說丁卯》，256—258 頁。

② 參劉麗媛、劉璐、馮勝利《段玉裁'二名不偏諱'說中的理必語法》，民俗典籍文字研究，2019(02)，56—71 頁。

③ Hawking, Stephen. 1998. *A Brief History of Time*. Bantam Books. P53.

④ 曹聚仁. 2018. 中國學術思想史隨筆. 北京. 三聯書店.

⑤ 參馮勝利《乾嘉之學的理論發明(二)——段玉裁〈說文解字注〉理必論證與用語札記》，民俗典籍文字研究. 2019(02)，23—42 頁。施向東《試評段玉裁古音學理論的科學品質及其內在邏輯》，漢字文化. 2016(03)，18—24 頁。王用源、施向東、馮勝利《段玉裁〈說文解字注〉科學研究方法例證》南開語言學刊. 2017 (01)，82—90 頁。王用源《段玉裁〈說文解字注〉論證用語體現的歸謬證僞方法》天津大學學報(社會科學版). 2018(03)，281—287 頁。朱生玉《〈說文解字注〉"今補"研究》，漢語史研究集刊. 2021(02)，38—64 頁。陳鑫海《段玉裁增加反切"當"(据某書)"某某切"學理分析》，勵耘語言學刊. 2017(02)，106—116 頁。劉麗媛、劉璐、馮勝利《段玉裁〈二名不偏諱〉中的理必語法》，民俗典籍文字研究. 2019 (02)，56—71 頁。王利、馮勝利《戴震"橫被四表"說的學理探討》，民俗典籍文字研究. 2019 (02)，42—55 頁。彭展賜《從段、顧"四郊""西郊"之辯看段玉裁理必之學》，民俗典籍文字研究. 2019 (02)，72—84 頁。

學? 究其實，是看其系統有無科學的原理、機制和方法。因此，如果不從學理的高度理解段説，那麼他的很多"科學不容兩可"的"裁斷"①，若非"胡説"，也屬"武斷"，甚或蒙誣"鹵莽"之譏。這也預示我們：如果站得低，段説或無理；而一旦躋之與佀，則或睊目其超越時代之思、之理、之論！ 這裏還暗藏着另一個道理（或事實）：段氏用他（時代）"顯微鏡=理必學理"所看到的東西，如果我們丟了或没有，自然會認爲他在胡説八道。

我們這麼説不是没有根據。譬如有的朋友對《"寡人"詞義觀念考與"2＋1"三重證據法》一文提出的 2＋1 三維證據法質疑説："（該文）提出的三重證據法，其實并非同一層次的證據。"因爲"'理證之據'與出土之據和傳世之據三者相提并論，并稱爲'三重證據法'，似有混淆不同性質和不同範疇之嫌。"這種批評恰恰是未解"實證"與"理證"必相挾而後彰之理。王國維的二重證據（包括後來學者提出的"方言、域外語"等多維之證）均屬"實證"範疇，與《寡人考》提出的"理證"，恰好構成一對"實證（求實）＋理證（求是）"的科學論證體系；它與愛因斯坦所謂當代科學的兩大核心——試驗＋邏輯——正相契合。理證，乃段氏之"顯微鏡"！ 離其"理"則失其"證"，這是精讀《段注》的第一要義。

有人也許會問：段氏的"理證"從何而來？ 這又是精讀《段注》所要認識到的另一要點。段氏理證源之其師戴震的"理必"發明（參馮勝利 2010，王利、馮勝利 2022）。"理必"是中國學術史上的一個質的飛躍，一次劃時代的學術革命，是近十年來剛剛被揭櫫的中國思想史上理性主義（rationalism）的突破。因此，只有把《段注》放到學術革命的這一大背景下，才能全面而準確地理解它的學理意義及其成果所自。當然，有的學者也懷疑：這是不是筆者"深受乾嘉學風薰陶，於是把西方的概念套在中國特有學術之上"呢？ 非也！ 即以"理"字爲例，便可知其爲自主體系而絶非"舶取"：從"治玉→紋理→䚡理→條理"的語

---

① 段氏所爲，正是"In the logic of science, it is impossible for an object to have two mutually exclusive qualities"（Babbie 1973：12）這種精神的體現。

義揭櫫，到"事理→物理→理論"的抽象恢拓，再到"自然之理＝必然之理$_{理必}$"的哲學升華(戴震《孟子字義疏證》)，其考據、證明、歸納、演繹、推理與構理的認識，步步深入、層層發展、最後達到理性哲學的高度；此絕非西方學理所固有。不僅如此，有些乾嘉的理必要義，在同時代的西方學者那裏恐怕還未必能及(如"必然＝自然"的思想)。需要警覺的倒是：這一"理必科學"被我們忽略和忘記了近乎數百年，遂成今天之絕學——聞之者感到陌生，思之者疑其外來，便是其證。所以，對乾嘉理必這一思想碩果和理論工具，我們一方面要揭櫫其理必精髓(《段注精讀》即其工作之一)，一方面也要用西方相同和相關的概念和思想與之勘校、比量，以彰顯其比肩西學的精旨所在。譬如，西方所謂"For the scientist, nothing 'just happens' —— it happens for a reason"，這不正是段氏"樂推明其理"的科學注脚(見上引)？ 胡小石先生説：皖派用論證法，這才是清學。因此，離開了乾嘉的"理必論證法"(論證無"必"則不成其論)，就很難説是乾嘉(或段氏)之學。

由是而言，精讀《段注》的一大啓示就是：學術要自立學理。以學理爲基，才能保證學者的獨立思考。這讓我想到裘錫圭先生所説"研究出土文獻有兩個壞傾向：一個是趨同，一個是立異。"[①]而防止這種"傾向"的一個重要的方法，竊以爲，就在自立學理。面對今天豐富絕倫的出土文獻，如果没有自己基於材料發明的"學理"(類似段氏的"諧聲必同部""造字構意説""本義引申義"者)，那麽，趨同(人云亦云)或立异(人各其是)是很難避免的。西方學者柯馬丁面對出土文獻中繁複的异文、异本現象，提出"這些東西是怎麽抄寫的"的問題，就是新材料下的一種"立异"之説。夏含夷説"我覺得他這個提法是很對的"[②]；而國内有些學者説："我們中國學者可以不用問這個問題。"夏含夷反駁道："中國學者反而應該問這個問題。"事實上，我們從《段注精讀》

---

① 參見夏含夷、李若暉(2023：136)"如何以出土文獻飯館經學——夏含夷先生訪談録".《國學季刊》第三期。

② 參見夏含夷、李若暉(2023：136)"如何以出土文獻飯館經學——夏含夷先生訪談録".《國學季刊》第三期。

"迟"字條的注解裏就可以悟出一個新思想："語體訓詁"——不同的語體,用不同的詞彙、語義和語法。據此,我們不僅可以把"小學訓詁"和"經學訓詁"區分開來,而且經學訓詁裏面還可以分出經體和傳體的不同,從而構建一個"經有經體,傳有傳體"的自主體系。相形之下,柯馬丁的問題便成了一個"僞問題",因爲不同文獻傳本的差異不是"怎麽抄寫的問題"(不是抄經的結果或抄手的問題),而是"經本怎麽傳的問題"(是經學傳人語體調整和選擇的問題)。"'經體'和'傳體'是經學語體中的兩個重要概念,對於深化不同文獻傳本差異的本質原因的認識,具有重要意義。"①準是而言,傳世的經學文獻,可以用出土文獻對比研究,深化對"傳本"的認識,但不能率爾用出土文獻來臧否或改替。這又是"經體""傳體"不同説引發出來的新課題和新思想。

　　總而言之,《段注》對我們今天學術的啓迪,可謂深矣、廣矣! 然而,他的學理之學,尚未得到應該得到的重視和繼承②,而《段注精讀》所能闡發者,也只是段學的冰山一角,而且其中很多還是芻蕘之解,一偏之見。故無論其是耶、非耶,還均望專家讀者不吝賜教、批評指正。筆者先在這裏表示由衷感謝!

馮勝利

2024 年 8 月 30 日

---

　　① 取自《上古漢語的焦點、重音與韵素的語體屬性》一文匿名審稿人的意見。原文載《民俗典籍文字研究》第三十輯. 2024：1 - 24.
　　② 其中一個重要原因,筆者認爲,就是乾嘉理必思想及其真傳,兩代(戴震、段王)而後則趨衰,其後雖經章黄繼承恢拓,但五四之後又被邊緣化——其理必思想未能系統發掘、揭橥、整理和承傳之故也。

圖書在版編目（CIP）數據

段玉裁《説文解字注》精讀選 / 馮勝利著. — 上海：
上海教育出版社, 2024. 11. — ISBN 978-7-5720-3174-8

I. H161

中國國家版本館CIP數據核字第2024ZT3818號

責任編輯　朱宇清
封面設計　鄭　藝

段玉裁《説文解字注》精讀選
馮勝利　著

出版發行　上海教育出版社有限公司
官　　網　www.seph.com.cn
地　　址　上海市閔行區號景路159弄C座
郵　　編　201101
印　　刷　上海展强印刷有限公司
開　　本　640×965　1/16　印張 24.5　插頁 3
字　　數　330 千字
版　　次　2024年11月第1版
印　　次　2024年11月第1次印刷
書　　號　ISBN 978-7-5720-3174-8/H・0096
定　　價　98.80 元

如發現質量問題，讀者可向本社調換　電話：021-64373213